Karl Müller

Antike Denkmäler zur griechischen Götterlehre

Karl Müller

Antike Denkmäler zur griechischen Götterlehre

ISBN/EAN: 9783743314290

Hergestellt in Europa, USA, Kanada, Australien, Japan

Cover: Foto ©Thomas Meinert / pixelio.de

Manufactured and distributed by brebook publishing software
(www.brebook.com)

Karl Müller

Antike Denkmäler zur griechischen Götterlehre

ANTIKE DENKMÄLER

ZUR

RIECHISCHEN GÖTTERLEHR

ZUSAMMENGESTELLT VON

C. O. MÜLLER und F. WIESELER.

VIERTE UMGEARBEITETE UND VERMEHRTE AUSGABE

VON

KONRAD WERNICKE.

— — —

DENKMÄLER DER ALTEN KUNST

VON

C. O. MÜLLER und F. WIESELER.

TEIL II.

VIERTE UMGEARBEITETE UND VERMEHRTE AUSGABE.

LIEFERUNG I.

ZEUS. HERA  TEXT

LEIPZIG

DIETERICH SCHE VERLAGSBUCHHANDLUNG

THEODOR WEICHER

Vorwort.

. Als von Seiten der Verlagsbuchhandlung die Aufforderung an mich
herantrat, das altbekannte und viel benutzte Werk neu herauszugeben,
konnte ich mir die Schwierigkeiten nicht verhehlen, die zu überwinden
waren. In den zwanzig Jahren seit der letzten, unvollendet gebliebenen
Ausgabe ist das Material gewaltig angewachsen; gleichzeitig hat auch die
Technik der Reproduction einen hohen Aufschwung genommen, und die
immer besser und billiger zu beschaffende mechanische Wiedergabe drängt
das zeichnerische Verfahren mehr und mehr zurück. Dem Anwachsen des
Stoffes hatte bereits Wieseler, der den Gedanken einer Vollendung der von
ihm begonnenen dritten Ausgabe niemals ganz aufgegeben hatte, Rechnung
zu tragen gesucht, indem er eine Reihe von Ergänzungstafeln stechen ließ,
zu denen er jedoch nie den Text verfaßt hat. Und, wenngleich die schlichten
Linearzeichnungen nach heutigen Begriffen nicht mehr geeignet sind, die
Grundlage stilistischer Betrachtungen zu bilden, so eignen sie sich doch
wieder sehr gut zur raschen sachlichen Orientirung, ja in manchen Fällen,
z. B. bei schlecht erhaltenen Münzen, ist die zeichnerische Wiedergabe der
autotypischen entschieden vorzuziehen. Und wenn man von ganz veralteten
Werken absieht, so giebt es überhaupt keine übersichtliche kunstmythologische
Zusammenstellung von der Reichhaltigkeit der Müller-Wieseler'schen Denkmäler.

Diese Erwägungen, welche die Erneuerung des Werkes als nützlich
und wünschenswert erscheinen ließen, veranlaßten mich, die Neubearbeitung
zu übernehmen. Es sei mir gestattet, mich kurz über die Grundsätze aus-
zusprechen, die mich bei der Arbeit leiteten.

Zunächst mußte, wie dies auch schon Wieseler beabsichtigt zu haben
scheint, der erste, kunstgeschichtliche Teil ausgeschieden werden, da inzwischen
zahlreiche andere, auf mechanischem Wege hergestellte Hilfsmittel an seine
Stelle getreten sind, und Niemand sich jener Linearzeichnungen mehr zu
kunstgeschichtlichen Betrachtungen bedienen wird. Dagegen mußte Sorge
getragen werden, daß eine Reihe bedeutender Kunstwerke, welche bisher im
kunstmythologischen Teile fehlten, weil sie im kunsthistorischen Teile bereits
abgebildet waren, jetzt in den nunmehr selbständig gewordenen zweiten Band

eingeordnet wurde. Die Selbständigkeit dieses Teiles erforderte auch einen eigenen Titel: Antike Denkmäler zur griechischen Götterlehre. Die Wahl dieses Titels läſst das Ziel, welches ich bei der Neubearbeitung erstrebe, deutlich erkennen; losgelöst von dem ersten Bande der »Denkmäler alter Kunst« wie von Müller's Handbuch, soll das Werk eine Übersicht des wichtigsten kunstmythologischen Materiales darbieten, sowohl für den Forscher zur raschen Orientirung, wie für den Fernerstehenden zur allgemeinen Anschauung.

Die erste Arbeit galt den Tafeln; hier muſs ich das Entgegenkommen des Herrn Verlegers rühmend anerkennen, durch das die Vermehrung der Tafeln von 75 auf 120 (also fast auf die doppelte Zahl) möglich wurde. Dieselben sollen aus Zweckmäſsigkeitsgründen, der leichteren Anschaffung und rascheren Publication, in 12 Lieferungen zu je 10 Tafeln herausgegeben werden. Es war auf diese Weise möglich, zahlreiche Lücken auszufüllen; besonders die bisher fast gar nicht berücksichtigte archaische Kunst konnte in ausgewählten Beispielen eingefügt werden; vieles von den Wiesler'schen Ergänzungstafeln war ebenfalls gut verwendbar. Für die neu herzustellenden Zeichnungen wurde in Herrn Max Lübke eine schätzbare Kraft gewonnen; ich bin ihm für seine Sorgfalt zu lebhaftem Danke verpflichtet. Mit der Beschaffung neuer Abbildungen ging die Sichtung der vorhandenen Hand in Hand, eine Arbeit, die auch Wiescler in der dritten Ausgabe der zweiten gegenüber vorgenommen hatte; irrig Gedeutetes muſste in den richtigen Zusammenhang eingereiht werden, auch manche Fälschungen waren auszumerzen; eine der handgreiflichsten (Taf. IV Nr. 1) lieſs ich als warnendes Beispiel stehen. Auch wurden einige allzu mangelhafte Abbildungen durch neue ersetzt; manches wenig Genügende ist freilich noch stehen geblieben, besonders bei den Münzen; aber eine gewisse Grenze muſste doch innegehalten werden. Durch die während dieser vorbereitenden Arbeiten bei gemeinsamen Besprechungen sich ergebende, veränderte Art der Reproduction erwuchs noch eine weitere Arbeit an den Tafeln. Es war nun nicht mehr nötig, den vorhandenen Tafeln das neu hinzu Kommende auf Ergänzungstafeln anzuflicken; Neues und Altes konnte jetzt zu einem organischen Ganzen verbunden werden. Das bedingte freilich eine vollständige Neuordnung; bei derselben hatte ich neben dem Wunsche, sachlich Zusammengehöriges zusammen zu gruppiren, vor allem auch das Bestreben, das Tafelbild als solches erfreulicher, weniger unruhig zu gestalten, als dies bisher der Fall war. Ein Hilfsmittel dazu war mir dabei die Herausnahme der bisher überall zerstreuten Münzen und die Zusammenordnung der Hauptmasse auf besonderen Münztafeln, deren jede Lieferung eine bis zwei enthalten wird; nur in besonderen Fällen, wo der Benutzer den Grund leicht erkennen wird, sind Münzen auch in andere Tafeln eingeordnet. Eine Folge der Neuordnung war endlich die neue Numerirung der Abbildungen; hierbei ist mit dem bisherigen System des Durchzählens gebrochen worden und auf jeder Tafel die Zählung mit 1 neu begonnen. Es würden sich sonst schliefslich vierstellige Zahlen ergeben haben, und eine vielleicht später notwendig werdende Einfügung von Ergänzungstafeln wäre unmöglich geworden. Um die Auffindung von Abbildungen, welche nach den alten Nummern citirt sind, auch in der neuen Ausgabe möglich zu machen, wird jeder Lieferung provisorisch eine nur auf diese Lieferung bezügliche vergleichende Tabelle der alten und neuen Nummern beigegeben, während mit der Schlufslieferung eine Gesamttabelle nachfolgen wird.

Bei der Gestaltung des Textes hatte ich völlig freie Hand. Es schien mir unzweckmäfsig zu sein und der sowohl Otfried Müller wie F. Wieseler gegenüber gebotenen Pietät wenig zu entsprechen, wenn ich den bisherigen Text Müller's aus der ersten Ausgabe mit den (ihn häufig verbessernden oder ihm widersprechenden, in eckige Klammern gesetzten) Zusätzen Wieseler's einfach wieder abdruckte und eigene Zusätze hinzufügte. Es hätte so ausgesehen, als wollte ich meine Vorgänger schulmeistern, wo sie doch selbst über vieles heute anders denken würden, als bei der Abfassung ihres Textes. Aufserdem würde der Umfang des Textes dadurch unnötig erweitert worden sein, und der Leser würde ermüden, wenn ihm oft über dasselbe Denkmal drei verschiedene Ansichten vorgetragen würden. So entschlofs ich mich, unter gewissenhafter Benutzung des bisherigen Textes einen völlig neuen Text zu liefern, dessen Verantwortung ich allein zu tragen habe, ohne meinen Vorgängern, deren Anteil daran (wie ihn eine Vergleichung der neuen Ausgabe mit der alten leicht ergiebt) ich offen bekenne, ihre Ehre zu schmälern. Das mir von Frau Geheimrätin Wieseler, der ich hiermit meinen ehrerbietigen Dank sage, in liebenswürdigster Weise zur Verfügung gestellte Zettelmaterial ihres verstorbenen Gatten ergab trotz mühevoller und zeitraubender Durchsicht leider nicht viel für die Arbeit; zum gröfsten Teil hatten die Zettel bereits Verwendung gefunden, teils waren auch die Notizen so aphoristisch, dafs ein Fremder danach ihre Bedeutung nicht zu erkennen vermochte. Was ich verwenden konnte, habe ich natürlich verwendet; so weit ich bis jetzt übersehen kann, sind die Zettel für die späteren Teile, deren Text Wieseler noch nicht in dritter Ausgabe verfafst hatte, etwas ergiebiger.

Den Text habe ich möglichst übersichtlich zu gestalten gesucht; vor allem durch die Druckanordnung. Hinter der Nummer jeder aus der früheren Ausgabe übernommenen Abbildung folgt in Klammern die alte Nummer; darauf eine kurze Überschrift, der sich Angaben über die Art und den Aufbewahrungsort des Denkmals sowie die (nicht immer mit Sicherheit feststellbare) Herkunft der Abbildung anschliefsen; letzteres beides war früher nicht durchgängig angegeben. In kleinerem Drucke kommen dann Notizen über Mafse, Fundort und Erhaltungszustand; die Mafse fehlten bisher ganz, schienen mir aber (so weit erreichbar) unbedingt notwendig bei Abbildungen, die naturgemäfs auf einen einheitlichen Mafsstab Verzicht leisten müssen; nur bei den Münzen fehlen die Mafsangaben, da sie in Originalgröfse abgebildet sind. In gröfserem Drucke ist dann wieder der eigentliche Text gehalten, dessen Bestreben es ist, so kurz wie möglich das abgebildete Kunstwerk zu beschreiben und sachlich zu erklären. Man wird es billigen, dafs ich im allgemeinen nur die Erklärung gegeben habe, die ich für richtig halte, zumal die Litteraturangaben ja dafür sorgen, dafs der Leser sich über etwa entgegenstehende Meinungen orientiren kann. Wo abweichende Ansichten erwähnt werden, sind kurz die Gründe angedeutet, weshalb ich dieselben nicht für richtig halte; eine eigentliche Polemik ist ebenso vermieden wie ausführliche Darlegungen. Diesem Hauptabschnitte des Textes sind am Schlusse, wieder in kleinerem Drucke, Angaben über anderweitige Abbildungen und Litteratur angehängt; sie machen nicht den unerfüllbaren Anspruch auf Vollständigkeit, doch hoffe ich nichts Wesentliches übersehen zu haben. Endlich habe ich bei jeder Gottheit der Tafelbeschreibung einen kurzen zusammenhängenden Überblick über die Entwickelung der Vorstellung der betreffenden Gottheit, wie sie sich in der Kunst beobachten läfst, voraus geschickt; diese einleitenden Abschnitte wollen die Fachgenossen nichts Neues lehren, sie wenden sich vornehmlich an nicht-archäologische Benutzer, denen auf diese Weise gezeigt werden soll, wie die einzelnen Bilder sich zu einem Ganzen zusammen schliefsen, unter gleichzeitigem Hinweis auf solche Werke, deren Aufnahme, so wünschenswert sie gewesen wäre, die Grenzen des Raumes verhindert haben.

Zum Schlusse bleibt mir noch die angenehme Pflicht, Allen, die durch freundliche Auskunft oder Erschliefsung monumentalen, bildlichen und litterarischen Materiales ihr Interesse an meiner Arbeit gezeigt haben, zu danken; es sind dies die Herren E. Babelon, G. Brandis, A. Conze, A. Dieudonné, H. Dressel, H. Gaebler, F. Jacobs, G. Körte, F. Luban, H. Lechat, A. Michaelis, E. Pernice, C. Robert, C. Smith. Ihnen allen gebührt herzlichster Dank; vor Allen jedoch meinem Freunde B. Pick, dessen unermüdlicher und sachkundiger Unterstützung ich mich bei der Sichtung des numismatischen Materiales und bei der Auswahl neuer Münzbilder zu erfreuen hatte.

Berlin, im November 1898.

Konrad Wernicke.

I. ZEUS.

1. Einleitung.

Unsere Kenntnis von der Vorstellung, die sich die Griechen von ihren Göttern machten, geht im allgemeinen nicht über das homerische Epos zurück. Nur in wenigen Punkten können wir bis jetzt darüber hinaus in ältere Zeit vordringen; und die Religion der mykenischen Culturepoche ist noch nicht genügend erforscht, um hier in den Kreis der Betrachtung hineingezogen zu werden.

Wie bei allen grofsen Göttern der Griechen, hat auch die Vorstellung von dem höchsten Gotte der historischen Zeit, dem Himmelsherrn Zeus, im Laufe der Jahrhunderte grofse Wandlungen durchgemacht, in derselben Weise, wie sich Anschauungen und Cultur seiner Verehrer wandelten. Von den Fetischen der ältesten Zeit bis zum Zeus von Otricoli ist ein weiter Weg; aber doch ist bei aller Verschiedenheit die Grundidee des Gottes als des himmlischen Weltherrschers, des Vaters der Götter und Menschen, der zürnend sich in die Sturmwolke hüllt und seine Blitze sendet oder gnadenreich aus heiterem Himmel herniederschaut, mit wunderbarer Stetigkeit überall dieselbe geblieben.

Auch der Dienst des Zeus ist, wie wir nicht zweifeln können, in ältester Zeit gleich dem der anderen Götter ein Fetischdienst gewesen. Vereinzelte Überreste davon hatten sich, den Anschauungen einer aufgeklärten Zeit entsprechend umgestaltet, noch in historischer Zeit erhalten. Der Zeus Kappotas bei Gythion war ein Stein (Paus. III 22, 1); man erzählte in späterer Zeit, es sei der Stein, auf dem Orestes Heilung vom Wahnsinn gefunden habe. Auch in Delphi gab es einen heiligen Zeusstein, der mit Ölgüssen und Wolle verehrt wurde (Paus. X 24, 6); der Spätzeit galt er als der Stein, den Kronos einst statt des Zeus verschluckt habe. In Chaironeia verehrte man den Zeus Agamemnon in Gestalt eines Speeres

(Paus. IX 40, 11; vgl. Pauly-Wissowa, Realenc. Bd. I Sp. 722); später
erklärte man diesen für das Scepter des Atriden Agamemnon. In Sekyon
sah noch Pausanias (II 9, 6) den Fetisch des Zeus Meilichios in Form einer
Spitzsäule. In den beiden letztgenannten Fällen läfst sich schon ein Fort-
schritt der Vorstellung wahrnehmen. Es sind nicht mehr rohe Naturgegenstände die Objecte der Verehrung, sondern von Menschenhand geformte
Werke, so dafs Symbol und Abbild der Gottheit hier noch in der Vorstellung durch einander gehen.

Auf die Zeit des Fetischdienstes, deren Dauer auch nur annähernd
zu bestimmen nicht möglich ist, folgten die ersten Versuche, den Gott in
menschlicher Form darzustellen. Von einigen dieser ältesten Götterbilder, meist aus Holz geschnitzten Xoana, spricht die Überlieferung. Aber
wir wissen nichts Näheres über ihr Aussehen; und ob wir einige monströse
Bildungen, wie den Zeus ohne Ohren auf Kreta (Plut. *Is. et Osir.* 381 E)
oder den dreiäugigen Zeus auf der Larisa von Argos (Paus. II 24, 3), für
den Panofka den Namen Zeus Triopas erfand (Preller-Robert Bd. I S. 155),
der ältesten oder einer späten Zeit zuzurechnen haben, ist unsicher. So
müssen wir unsere Betrachtung auf die Denkmäler beschränken, die uns
erhalten geblieben sind.

Einige der ältesten Darstellungen des Zeus hat der Boden
der Altis zu Olympia geliefert. Im Giebelrelief des Megareerschatzhauses
(Olympia, die Ergebnisse u. s. w. Bd. III Taf. 2. 3), das zwar bei weitem
nicht so alt ist, wie es nach dem überlieferten Text des Pausanias (VI 19, 13)
scheint, aber wahrscheinlich der ersten Hälfte des sechsten Jahrhunderts
angehört, war ein Gigantenkampf dargestellt; die Mittelgruppe bildete Zeus mit
seinem Gegner. Über das Aussehen des Zeus, von dem noch weniger erhalten
ist als von dem Giganten, läfst sich nur so viel sagen, dafs er bärtig dargestellt, und dafs sein Haar über der Stirn in runden Löckchen angeordnet
war; seine Rechte schwang, wie es scheint, den Blitz. Einige wesentliche
Kennzeichen der Vorstellung, die von Zeus lebendig war, lassen sich bereits
hier erkennen. Der Vater der Götter und Menschen kann nicht jugendlich
vorgestellt werden; Ausnahmen beruhen entweder auf besonderen Culten
(vgl. Taf. V, 12 — 14. IX 13. 30) oder auf Vermischung mit italischen
Vorstellungen (Taf. IV 10. V 16. 17. VI 2. IX 12. 14), oder endlich auf
Porträtzügen (Taf. IV 9); manche scheinbare Ausnahmen sind auch zweifel-
haft (Taf. VI 12) oder falsch gedeutet (z. B. die florentiner Statue Overbeck,
Kunstm., Zeus Fig. 19). Zeus ist das Ideal des griechischen Mannes. Er
wird daher auch nicht greisenhaft dargestellt, wie Gott Vater in der christ-
lichen Kunst, sondern in blühendem Mannesalter und in der Vollkraft des
Lebens; so wird er auch stets bärtig gedacht. Sein Bart hat nach der Sitte

der Männer älterer Zeit eine spitz zulaufende Form. Seine Waffe ist der stilisirte Blitz, d. h. ein Bündel von Blitzen, die in der Mitte gefaßt werden und dort eine Art Handgriff haben, so daß es scheint, als ob aus der vorgestreckten Hand des Gottes nach beiden Seiten Blitze herausfahren. Ähnliche Darstellungen des blitzschleudernden Zeus haben sich im Boden der Altis mehrfach in kleinen Bronzestatuetten gefunden (Taf. I 6). Ähnlich sehen wir Zeus auch auf athenischen Kupfermünzen des vierten Jahrhunderts (Taf. IX 23), die sicher ein archaisches Kunstwerk wiedergeben, nach O. Jahn den älteren Zeus Polieus auf der Akropolis; ferner auch auf archaischen Vasenbildern, wie dem Kampfe mit Typhon Taf. I 10. Der Gott ist hier überall in lebhafter Bewegung und unbekleidet, während ihn andere Bronzen der Altis in ruhiger Haltung und mit dem Mantel bekleidet zeigen (Taf. I 3), der bis in die späteste Zeit das traditionelle Kleidungsstück des Zeus bleibt. Langbekleidet schreitet er auch dem Zuge der drei Göttinnen zum Parisurteil voran auf der ionischen Vase: Gerhard, Auserl. Vasenb. Taf. 170 (wohl nur der Farbenabwechselung halber mit weißem Haar). Im allgemeinen hat die archaische Kunst wohl den bewegten Zeus unbekleidet oder nur wenig bekleidet, den ruhig stehenden mit dem Mantel dargestellt; doch kommt er unbekleidet auch in ruhiger Haltung vor, wie in dem archaischen Typus einer noch späteren athenischen Kupfermünze (Taf. IX 21). Auch sitzend, als oberster Herrscher thronend, findet sich Zeus in der archaischen Kunst; so thront er in einem kyrenäischen Vasenbilde (Taf. I 2) auf seinem Altar, ähnlich dem Zeus Lykaios arkadischer Münzen des fünften Jahrhunderts (Taf. IX 6). Auf der Françoisvase (Wiener Vorlegebl. 1888 Taf. 2. 3), wohl der ältesten attischen Vase, die ihn darstellt, ist Zeus einmal (bei der Rückführung des Hephaistos) auf seinem Lehnstuhl im Olymp thronend dargestellt, und ein zweites Mal neben Hera im Hochzeitszuge der Thetis auf einem Viergespanne fahrend. Beide Male trägt er den Mantel, hat Spitzbart und langes Haar und hält den Blitz. Wie die ganze Erscheinung des Zeus in der archaischen Kunst, so entspricht auch der Kopftypus in Haar- und Barttracht der herrschenden Mode. Langes Haar zu tragen, galt bei den καρηκομόωντες Ἀχαιοί als das Zeichen des freien Mannes, Haar und Bart als die vornehmste natürliche Zierde; daher wurde beides sorgfältig gepflegt. So trägt auch Zeus bald lang herab wallenden Haarschmuck (Taf. I 2. 10; Françoisvase und zahlreiche altattische Vasen), teils ist sein Haar zierlich geordnet, gewellt und gescheitelt. Ein Par gute Beispiele sind der Poroskopf von der Akropolis zu Athen (Taf. I 5) und der Bronzekopf aus Olympia (Taf. I 6); dort ist das Haar in Wellenlinien seitlich zurückgestrichen, der Bart reihenweise gelockt; hier finden wir die Löckchenreihen über der Stirn wie im Megareergiebel, zugleich ist das lange Haar

1*

hinten sorgfältig aufgebunden (die Tracht des Krobylos) und jederseits fällt eine gedrehte Locke über die Schulter nach vorn. Das Beispiel archaistischer Kunst, welches auf Tafel I (Nr. 9) den archaischen Denkmälern beigefügt ist, bietet dieselbe Tracht. Der Kinnbart ist mehr oder weniger lang, immer spitz; häufig fehlt der Schnurrbart (Taf. I 2. 6. 10).

Wenig verändert erscheint der Zeustypus noch in der Übergangs-zeit von der archaischen Kunst zu der Blütezeit im fünften Jahrhundert. Ein Beispiel aus der monumentalen Kunst bietet hier die selinuntische Metope (Taf. I 1). Hier ist das Haar schon weniger lang, hinten auf-genommen; die Stirnlöckchen sind nicht mehr schematische Röllchen, sondern fallen lose in die Stirn; der Bart ist spitz, aber kurz gehalten. Aus dem Gesicht ist der finstere und starre Ausdruck der archaischen Typen schon etwas gewichen, durch Blickrichtung und Öffnen des Mundes ist ein der Situation angemessener Ausdruck versucht. Die traditionell werdende Mantel-tracht läfst, wie von jetzt ab häufig, den Oberkörper des Gottes entblöfst, so dafs die kräftige, breite Brust sichtbar wird; ebenso im Ostgiebel des Zeustempels zu Olympia (Olympia Bd. III Taf. 9), wo uns der Kopftypus fehlt. Andere Beispiele der Übergangszeit sind die rotfigurigen attischen Vasen strengen Stiles, von denen einige auf den Tafeln abgebildet sind. Meist trägt Zeus auch hier noch Spitzbart und langes Haar (Taf. I 7. II 9. VI 4), das in einzelnen Locken hinten herab fällt (Taf. I 7. II 9), auch mit Schulterlocken (Taf. II 9. VI 4); oder das Haar ist zum Krobylos auf-genommen (Taf. VI 1), seltener überhaupt kürzer gehalten (Taf. VIII 10). Bisweilen trägt er unter dem Mantel noch einen Chiton (Taf. II 9. VI 1. VIII 10). Fast immer ist oder wird (Taf. I 6) er bekränzt; der Blitz ist seine Waffe, auch der Adler, sein heiliges Tier, den wir schon auf der kyrenäischen Vase (Taf. I 2) fanden, erscheint (Taf. II 9); als Zeichen seiner Würde führt Zeus ein Scepter (VI 1. 4. VIII 10); behelmt stand er im Heraion zu Olympia neben der thronenden Hera (Paus. V 17, 1, vgl. Jahrb. d. Arch. Inst. Bd. IX (1894) S. 102 f.); gepanzert kommt er in Darstellungen der Gigantomachie vor.

In mythischen Scenen wurde bereits in der archaischen Kunst Zeus häufig dargestellt. Oft nur in genrehafter Vereinigung mit anderen Göttern, besonders auf Vasenbildern (Beispiele: Gerhard, Auserl. Vasenb. I 7. Trinksch. 4. 5. Élite I 24. 82. II 30. Mon. d. Inst. VI 58 a b), auch mit Nike (Gerhard, Auserl. Vas. I 7. Élite I 14. 20). Aber auch anwesend bei Scenen der Sage, wie Thetis' Hochzeit, Zurückführung des Hephaistos (beides auf der Françoisvase), Herakles' Einführung in den Olymp (Gerhard, Auserl. Vas. II 128. 147. Sosiasschale, Antike Denkm. I 9. 10; vgl. auch Gerhard, Trinksch. u. Gef. 15, 2. Auserl. Vas. II 143. Mon. d. Inst. 1854

Taf. 6) und anderen Heraklesthaten (Kyknos, Gerhard, Auserl. Vas. II
121—123; Dreifufsraub ebd. 125), beim Zug zum Parisurteil (ebd. III 170),
bei der Psychostasie (Overbeck, Her. Gal. XII 9), der Erichthoniosgeburt
(Gerhard, Auserl. Vas. III 151) und sonst.
Endlich gestaltet die archaische Kunst auch eine Reihe eigentlicher
Zeusmythen. Der Localsage von Aigion folgend, stellte Hagelaidas den
Zeus als Kind dar (Paus. VII 24, 4). Seine heilige Hochzeit mit Hera
finden wir auf einer Metope von Selinus (Taf. I 1); neben Hera stand er
auch im Heraion zu Olympia (s. o.). Beliebte Vorwürfe der archaischen
Kunst sind die Geburt der Athena (Beispiele aus der Vasenmalerei *Élite*
I 55 ff.) und besonders die Gigantomachie (Beispiele: Megareergiebel s. o.,
Typhongiebel s. zu Taf. I 5, Liste der Vasen bei Gerhard, Auserl. Vas. I 25 ff.
und M. Mayer, Giganten u. Titanen). Von Liebesverbindungen des Zeus
finden sich Aigina (Taf. VI 4), Alkmene (Kypseloskasten, Paus. V 18, 3),
Danae (Taf. VI 5), Europa (vgl. O. Jahn, Denkschr. d. Wiener Akad., phil.-
hist. Cl. XIX 1870), Ganymedes (Taf, VIII 10) und Io (Taf. VI 1).

Auch finden wir bereits vor dem Schlufs der archaischen Periode den
Zeus mit einer Barbarengottheit identificirt, mit Ammon, dessen Bild Kalamis
im Auftrage Pindar's für Theben arbeitete (Paus. IX 16, 1).

Am Beginn der Periode der gereiften Kunst steht der Zeus des
Pheidias, das Cultbild aus Gold und Elfenbein im Zeustempel zu Olympia.
Am Beginn! Denn wie man sich auch die viel umstrittene Chronologie des
Pheidias, auf die hier nicht näher eingegangen werden kann, zurecht legt:
nach den erhaltenen Nachbildungen des Goldelfenbeinbildes (Taf. II 3—5)
läfst sich das Vorhandensein einiger Überreste des Archaismus nicht verkennen. Dies zeigt sich aufser dem nur noch leise archaischen Profil vornehmlich in der Anordnung des Haares. Freilich ist das Haar schon kürzer
gehalten als in der ältesten Zeit; aber es fällt doch in sauber geordneten
Locken in den Nacken, und die Schulterlocken sind nicht vergessen. Anderes
entfernt sich schon von archaischer Form; so der Bart in seiner runden
Fülle, wie sie, vielleicht durch den Zeus, in Athen eine Zeit lang Mode
wurde. Die Manteltracht mit entblöfstem Oberkörper fand Pheidias bereits
vor; die selinuntische Metope und der Olympiagiebel zeigen sie schon. Er
liefs den Mantel auch über die linke Seite des Oberkörpers fallen, um den
Eindruck der Nacktheit zu vermeiden, ohne doch die Wirkung der breiten
Götterbrust aufzugeben. Von den Attributen ist das Scepter ebenfalls nichts
neues; neu dagegen, und zweifellos für die besondere Gelegenheit und von
Pheidias erfunden, ist das Attribut der Nike. Der reich mit Bildwerken
geschmückte Thron des Zeus entspricht anderen älteren Götterthronen. Aus
alledem darf man den Schlufs ableiten, dafs das Werk des Pheidias durch-

aus nicht als eine freie, vollkommen unvorbereitete Erfindung, als eine
gänzlich unabhängige Schöpfung des Künstlergeistes angesehen werden kann,
sondern dafs auch hier dieselbe stetige, sprunglose Entwickelung stattfand,
die sich in der griechischen Kunst überall beobachten läfst. Aber stand
Pheidias auch auf den Schultern seiner namenlosen Vorgänger, so hat er
doch durch weise Abwägung und Mischung älterer und neuerer Elemente
jene harmonische Gesamtwirkung hervorgebracht, die sein Werk zum Mark-
stein einer neuen Epoche werden liefs. Vor allem hat, was uns noch die
späten Nachbildungen ahnen lassen, das Antlitz des Gottes Ausdruck
gewonnen. Es ist eine schlichte, innerlich reine Auffassung der Gottheit,
die dem Beschauer aus den mild ernsten Zügen des olympischen Zeus entgegen tritt, fern von allem Haschen nach Effect, und darum ihrer Wirkung
desto sicherer. Diesem Mangel jeglicher Effecthascherei entspricht die einfache natürliche Art, wie das Scepter gehalten wird, nicht mit erhobenem
Arm hoch oben gefafst und weit fort gestellt, wie dies spätere Darstellungen
zeigen, sondern nahe am Körper, mit gesenktem Oberarm, in mäfsiger Höhe
ergriffen. So wurde das Werk des Pheidias, an vielbesuchtem Orte aufgestellt, für die gleichzeitige Kunst vorbildlich. Auf Vasenbildern des ent-
wickelten rotfigurigen Stiles (z. B. Taf. II 8 und die etwas jüngere Aristo-
phaneschale Taf. II 11) begegnet dieselbe schlichte und geläuterte Auffassung. Der Zeustypus wird in der Schule des Pheidias so mild, so sehr
aller Herbheit entkleidet, dafs man ihn gelegentlich sogar für Asklepios
gehalten hat (Taf. II 6). Andererseits sind neben Pheidias andere Künstler
in ähnlichem Sinne, und doch mit verschiedenem Ergebnis, thätig (vgl. die
florentiner Statuette Taf. II 1). Die menschlich schönste und in ihrer
schlichten, fast nachlässigen Göttlichkeit geradezu ergreifende Darstellung
zeigt der Ostfries des Parthenon (Taf. I 4). Mit dem Parthenonfries sind
wieder die herrlichen, charaktervollen Typen elischer Silbermünzen verwandt
(Taf. IX 34. 35); an den Zeus des Parthenonfrieses erinnert die kyrenäische
Goldmünze Taf. IX 9, wie auch andere kyrenäische Goldmünzen dieser Zeit
den attischen Einflufs verraten (Taf. IX 19. 26). Auch das auf Semele's Tod
gedeutete Relief von Chios (Taf. VII 1) darf hier nicht unerwähnt bleiben.

Es kann nicht versucht werden, innerhalb der einer Einleitung gezogenen
räumlichen Grenzen über die ganze Fülle von Zeusdarstellungen späterer Zeit
eine auch nur einigermafsen erschöpfende Übersicht aufzustellen oder gar von
den zahlreichen kunstgeschichtlich oder mythologisch interessanten Einzelzügen
Rechenschaft zu geben, die vom vierten Jahrhundert an hervortreten. Das
wäre die Aufgabe eines Handbuches und würde über den Plan dieses Werkes
hinausgehen. Reiche Zusammenstellungen dieser Art findet man in dem
Buche von Overbeck, das noch auf lange hinaus die Grundlage der kunst-

mythologischen Forschung bilden wird. Einige wichtige Punkte verdienen indessen doch, im Anschluß an die Abbildungen der Tafeln noch hervorgehoben zu werden.

Über die Ausgestaltung des Zeusideals im vierten Jahrhundert sind wir verhältnismäßig wenig unterrichtet. Zwar werden von einigen berühmten Künstlern Zeusdarstellungen erwähnt, aber wir wissen nicht, wie sie aussahen; und überhaupt wandte sich die Kunst dieser Zeit mehr der Ausbildung der jugendlichen Götterideale, vornehmlich des Apollon, zu. Immerhin geben uns einige hervorragende Werke Fingerzeige, um zu erkennen, daß auch hier die Entwickelung ununterbrochen weiter ging. Die archaische Haartracht war natürlich seit dem Ende des fünften Jahrhunderts völlig verschwunden; auch Zeus erhielt das kurze, leicht gelockte Haar, wie es die Menschen zu tragen pflegten; ebenso ist an Stelle des Spitzbartes endgiltig der volle, runde Bart getreten. So reihen sich die schönen Typen der Silbermünzen von Lokris und Barke (Taf. IX 36. 32. 33) in Auffassung und äußerer Gestaltung durchaus dem in der Schule des Pheidias geschaffenen Ideale an. So zeigt auch der auf athenischen Münzen der Kaiserzeit erscheinende Zeus des Leochares (Taf. IX 22) dieselbe Haar- und Barttracht. Auch in der Sculptur ist der schöne Typus des Zeus Ammon (Taf. III 4. 9) wohl im vierten Jahrhundert geschaffen worden. Im Laufe des vierten Jahrhunderts, gegen die Zeit Alexanders des Grofsen hin, beginnt Zeus wieder mit längerem Haar dargestellt zu werden. Längeres lockiges Haar wurde eben damals, vielleicht durch Alexander, Mode; dem Zeus liefs man es auch für alle Folgezeit, weil man vermutlich erkannte, dafs die das Gesicht umwallenden Locken dem Kopfe etwas Majestätisches verleihen. So sehen wir Zeus mit mäfsig langem Lockenhaar in der Bronzestatuette von Paramythia (Taf. II 2) und der Leidener Statue (Taf. II 7); ähnlich auch auf elischen Silbermünzen (Taf. IX 7) und syrakusischen Kupfermünzen (Taf. IX 42); ja Alexander selbst liefs sich als Zeus darstellen (vgl. zu Tafel IV 9). Barbarische Gottheiten wie der kilikische Ba'al von Tarsos nehmen ebenfalls den Zeustypus an (Taf. IX 4). Von Darstellungen der Zeussage sei hier nur eine hervorragende Neugestaltung erwähnt, der Ganymedesraub des Leochares (Taf. VIII 9).

Die archaischen Zeustypen und der Zeustypus des Pheidias mufsten erst in unserer Zeit neu entdeckt werden. Dagegen ist allen Zeiten derjenige Typus des Zeus geläufig geblieben, welcher in der hellenistischen Zeit geschaffen wurde und in die griechisch-römische Kunst überging. Die Wirkungen, welche die schlichte ältere Kunst ungesucht erreichte, sucht man jetzt auf künstliche Weise zu erzielen und wandelt so das Ideal des Zeus nach dem Zeitgeschmacke um. Das Einfache genügt nicht mehr, das

Effectvolle, Ausdrucksvolle tritt an die Stelle. Die Locken streben über der Stirn empor oder sie flattern im Winde, die Augen blicken voll strahlenden Glanzes, der Kopf neigt sich zu den Menschen hernieder. Auch diese Auffassung hat noch schöne und edle Schöpfungen hervorgebracht, so den Zeus des Louvre (Taf. III 5), den Cammeo Zulian (Taf. III 7), den Kopf des Giardino Boboli (Taf. IV 7), die späteren elischen Silbermünzen (Taf. IX 41); in römischer Zeit wird der Typus mehr verflacht und spielt oft entweder in's Süßliche (Taf. III 8) oder Decorativ-Theatralische (Taf. III 1); auch Zeus Ammon wird in diesem Geschmacke umgebildet (Taf. V 3). Ein gutes Beispiel für den durchschnittlichen Kopftypus der hellenistischen und römischen Zeit bildet der Zeus Verospi (Taf. IV 13). Daneben giebt es freilich auch noch eigenartige Bildungen wie den Zeus auf syrakusischen Silbermünzen (Taf. IX 24), der sicher ein hervorragendes Bildwerk wiedergiebt; statuarisch ist davon leider nur die stolz aufgerichtete Gestalt erhalten (vgl. Overbeck, Kunstmyth., Zeus S. 132). Eigenartig sind auch die in hellenistischer Zeit mehrfach auftauchenden jugendlichen Zeusbildungen, wie der Zeus Hellanios auf syrakusischen Münzen (Taf. IX 30) und der schreitende Zeus mit Aigis und Blitz, wie er das ständige Zeichen baktrischer Silbermünzen ist. Von der großen Masse der Zeusbilder entfernt sich auch der dodonäische Zeus, der als ein Zeus Naïos erscheint und von den durch Vermittelung des Poseidon in hellenistischer Zeit aus dem Zeuskopfe abgeleiteten Typen von Meeresgottheiten (vgl. den Okeanos des herrlichen Bronzemedaillons im British Museum, abg. Arch. Ztg. XLII 1884 Taf. 2 und den Meergott von Pozzuoli Mus, Pio-Clem. VI 5) wieder das feuchte Haar entlehnt (Taf. III 2; vgl. auch den Regen-Zeus der ephesischen Münze Taf. IX 1); oder er trägt als Naïos den Wolkenschleier (Taf. III 6. 11); auf Münzen von Epeiros finden wir ihn der Dione gesellt (Taf. V 4). Noch in römischer Zeit vermochte ein hervorragender Künstler ein höchst eindrucksvolles, zwar auf der früheren Entwickelung fußendes, aber dennoch vollkommen selbständiges, bedeutendes Kunstwerk hervorzubringen — den Zeus von Otricoli (Taf. III 3). Dies Werk steht jedoch für sich allein und hat keine Nachfolge gefunden; die Masse der erhaltenen Zeusköpfe folgt dem durch den Zeus Verospi bezeichneten Strome der Überlieferung.

Die Darstellungen des thronenden Zeus lehnen sich bis in die späteste Zeit alle mehr oder weniger an den von Pheidias geschaffenen Typus an; der Zeus Verospi (Taf. IV 13) und die zahlreichen anderen Darstellungen dieser Art (Taf. IV 11. 12. 14. 15; vgl. auch IX 8) sind sämtlich aus dieser Epoche machenden Schöpfung abgeleitet. Sie variiren natürlich mannigfach durch den Wechsel der Attribute, deren Ort und die Art, wie sie gehalten werden; statt der Nike hält Zeus wohl den Adler auf der Hand; oder die

Schale, während der Adler neben ihm sitzt, oder den Blitz; auf der linken Seite befindet sich das Scepter, entweder an der Schulter lehnend oder theatralisch hoch gefafst und weitab gestellt. Die Neigung des Kopfes wurde bereits erwähnt. Der Thron pflegt ein Lehnstuhl mit hoher Rücklehne zu sein; auch der mehr oder minder kunstreich verzierte Fufsschemel fehlt selten. Gröfsere Mannigfaltigkeit herrscht in den stehenden Zeusfiguren, je nachdem sie ruhig und kraftvoll dastehen oder lebhafter bewegt sind, je nachdem sie mehr oder weniger bekleidet erscheinen oder ganz nackt sind. Aber auch hier bildet sich ein Durchschnittstypus des Zeus, von dem sich die einzelnen Bildwerke nur durch bessere oder geringere Ausführung unterscheiden. Eine reiche Sammlung von Beispielen findet sich bei Clarac, *Mus. de sculpt.* Taf. 396 ff. und bei Overbeck a. a. O. S. 128 ff.

Endlich ist die hellenistische Zeit geschäftig in der Ausgestaltung und Darstellung der Zeussagen. Manche dieser Sagen mögen erst damals diejenige Form erhalten haben, in der sie uns geläufig sind. So die Kindheitslegende (vgl. Taf. V 12—14) und die Liebeshändel des Zeus. Bei diesen, dem eigentlichen Charakter des höchsten Gottes widersprechenden oder wenigstens für ihn bedeutungslosen Zügen verweilte die hellenistische und römische Kunst mit besonderer Vorliebe. Zwar finden wir auch ernstere Vorwürfe gestaltet, wie die heilige Hochzeit mit Hera (Taf. III 10) und die Gigantomachie, letztere indes wohl hauptsächlich, weil sie den Machthabern als symbolische Andeutung eigener Thaten willkommen war (vgl. Taf. VIII 3—7 und besonders den pergamenischen Altarfries). Im allgemeinen aber überwiegen die Liebesabenteuer, wie Alkmene (Taf. VII 2. 3), Danae (Taf. VI 6. 7), Europa (Taf. VII 6. 8. 9. 11), Io (Helbig, Wandgem. Nr. 131 ff.), Phthia (Taf. VI 8), am meisten jedoch Leda (Taf. VII 13—17. VIII 1. 2) und Ganymedes (Taf. VIII 8—19), bei denen der entartete Geschmack am besten Gelegenheit hatte, in rohe Sinnlichkeit zu verfallen.

Die griechisch-römische Kunst übernahm dabei das Erbe der hellenistischen Kunst, ohne viel Eigenes hinzu zu thun. Einige specifisch italische Gestaltungen, wie der Veiovis (Taf. V 15. 16) und der Iuppiter Anxur (Taf. IX 12) können dagegen nicht aufkommen. Der Capitolinische Iuppiter ist überhaupt kein speciell italischer Gott, sondern der griechische Zeus; daher entspricht denn auch seine Darstellung durchgängig geläufigen Zeustypen (Taf. IV 2. 4. 4 a. V 1. 2. IX 10. 11. 31. 40). Auf italischer Vorstellung beruht es jedoch, wenn das Collegium der zwölf Götter in Beziehung zum Jahreslaufe gesetzt wird (Taf. V 5. VI 2), und hiermit hängt es auch zusammen, wenn Zeus als Herrscher des Weltalls in den Tierkreis gesetzt wird (Taf. IX 3).

Endlich wurden auch manche der barbarischen, in den Provinzen des römischen Weltreiches verehrten Gottheiten im Laufe der Zeit mit Zeus identificirt und ihre Darstellung dem Zeusideal mehr oder weniger angenähert. Einigen, wie dem Ammon und dem Baʿal, begegnet man schon in früherer Zeit (s. o.). In der Kaiserzeit sind es besonders kleinasiatische Götter, die in dieser Beziehung hervortreten; so der Iuppiter Dolichenus, der mit dem Doppelbeil bewehrt auf dem Stiere steht (Taf. V 6—8), der paphlagonische Zeus Strategos von Amastris (Taf. IX 29. 39), der karische Zeus (Taf. IX 15. 16), der lydische (Taf. IX 43), der Zeus Kasios von Seleukeia (Taf. IX 44). Ja, wie einst Alexander der Grofse (Taf. IV 9), liefsen Kaiser auch sich selbst unter dem Bilde des Zeus darstellen (Taf. IV 3. 6. IX 28).

2. Beschreibung der Tafeln.

TAFEL I.

1. Zeus und Hera. Relief einer Metope von einem Tempel in der Unterstadt zu Selinus. Palermo, Museo Nazionale. Nach Overbeck, Plastik.

H. 1,62 m. Es fehlt die rechte Hand der Hera mit einem Stück des Unterarmes, sowie die Nasenspitze des Zeus.

Zeus ist dargestellt als vollbärtiger Mann von kräftigen Körperformen. Er hat einen Mantel um den Unterkörper, im Haar ein Diadem, an den Füfsen Sandalen; sein Oberkörper ist unbekleidet. Er sitzt etwas zurückgelehnt auf einer felsigen Bodenerhebung, auf die er die linke Hand stützt. Mit der Rechten fafst er die in bräutlichem Schleier von links herannahende Hera am linken Armgelenk und zieht sie so zu sich heran, indem er ihr bewundernd in's Antlitz schaut. Hera ist mit einem langen Untergewand mit Ärmeln und darüber mit einem schrägen Mäntelchen bekleidet (Tracht der Akropolisfiguren); vom Kopfe fällt bis auf den Boden ein weitfaltiger Schleier, den sie mit der linken Hand lüftet, sich vor Zeus entschleiernd. In der rechten Hand hielt sie wohl ein Scepter. Man hat hier an eine Illustration der berühmten Scene der Ilias (XIV 152 ff.) auf dem Idagebirge gedacht, eine Deutung, die bei dem Relief nicht mit derselben Sicherheit abgelehnt werden kann wie bei dem pompejanischen Bilde (s. unten Taf. III 10); aber wahrscheinlicher wird doch auch die Metope auf die Legende von der heiligen Hochzeit des Zeus und der Hera bezogen. An zahlreichen Orten erzählte man in frommer Ehrfurcht von dem göttlichen Bunde, und immer war es der Gipfel eines Berges, wo er stattfand. Der weihevolle Ernst der heiligen Legende weht dem Beschauer auch aus dem Relief der Metope entgegen, die zwar noch der Periode der reifarchaischen Kunst zugehört, aber schon an der Grenze dieser und der folgenden Periode steht. Man wird sie um die Wende des sechsten und fünften Jahrhunderts v. Chr. ansetzen dürfen. Hierzu stimmt auch die Zeit des (Hera-)Tempels E, zu dem sie gehört.

Abg. Serradifalco, *Antichità della Sicilia* Bd. II Taf. 33 S. 66. Benndorf, Die Metopen von Selinunt Taf. VIII, vergl. S. 54 ff. Overbeck, Gesch. d. griech. Plastik ⁴Bd. I S. 559. Roscher, Lexikon Bd. I Sp. 2131. A. S. Murray, *A History of Greek Sculpture* I S. 253 Fig. 51. Overbeck, Atlas zur Kunstmythologie Taf. I 2. — Vgl. Förster, Die Hochzeit des Zeus und der Hera (Winckelmannsprogr. Breslau 1867) S. 15. 34 f. 43 f. mit Anm. 6. Overbeck, *Symb. philol. Bonnens.* S. 613. Overbeck, Kunstmythologie, Zeus S. 21 f. Hera S. 26 f. 174. Zur heiligen Hochzeit vgl. Preller-Robert I 1 S. 164 f. Vgl. auch unten zu Nr. 4.

2. Thronender Zeus. Innenbild einer kyrenäischen Schale. Paris, Louvre. Nach Wiener Vorlegeblätter D 9.

H. (der ganzen Schale) 0,13 m. Br. 0,24 m.

Zeus sitzt nach rechts auf seinem Altar, der ihm als Thron dient, und setzt die Füße auf die Stufe des altertümlich gebildeten, aus Quadern aufgemauerten Altares. Wegen der Kreisform des Bildes ist nur ein Teil des Altares dargestellt; die Streifen zwischen den Quadern sieht Reichel als übertrieben breit dargestellte Mauerfugen an. Zeus hat langes, über den Rücken herab fallendes Haar, das über der Stirn eine Reihe krauser Löckchen bildet und im Nacken mit einem wulstartigen Bande umwickelt ist. Er hat einen langen, spitzen Kinnbart, aber keinen Schnurrbart; denn die Striche über der Oberlippe können diesen nicht andeuten sollen, da der Zwischenraum zwischen ihnen nicht wie der Kinnbart rot gefärbt ist. Der Gott trägt einen bis auf die Knöchel reichenden, feinfaltigen Chiton, unten mit rotem Saum versehen; darüber ist ein mit reich gemusterten, abwechselnd roten und schwarzen Streifen verzierter Mantel um den ganzen Körper bis zu den Knien herab so eng herumgeschlungen, daß von den Armen keine Spur zu sehen ist. Von rechts fliegt ein A d l e r mit ausgebreiteten Schwingen auf Zeus zu; über und unter ihm ist raumfüllend je eine Rosette angebracht.

Man deutete das Vasenbild früher allgemein auf den gefesselten Prometheus, dem sich, von Zeus gesandt, der Adler nahe, seine Leber zu zerfleischen. Gegen diese schon wegen des Altares hinfällige Deutung spricht auch der Mangel der Fesselung sowie die dichte Gewandung. Die richtige Deutung hat zuerst Studniczka ausgesprochen.

Abg. Daremberg-Saglio, *Dictionnaire* Bd. I S. 667. Arch. Ztg. Bd. XXXIX (1881) Taf. 12, 3, vgl. S. 218, 11. 237 f. (Puchstein). Wiener Vorlegeblätter D 9. Studniczka, Kyrene S. 14. Reichel, Über vorhellenische Götterculte S. 41.

3. Stehender Zeus. Bronzestatuette. Athen, Nationalmuseum. Nach Olympia Bd. IV Taf. VII 40.

H. 0,29 m. Gefunden in Olympia. Abgebrochen ist der rechte Fuß oberhalb des Knöchels und die Attribute, welche die Hände hielten. Ein Zapfen unter dem linken Fuße war bestimmt, in ein Postament eingelassen zu werden.

Die Statuette gehört zu den zahlreichen kleinen Votivbronzen, welche
in dem Boden der Altis gefunden wurden, und die sämtlich Werke der
archaischen Kunstübung sind. Zeus ist als bärtiger Mann, ruhig stehend
dargestellt. Er trägt langes Haar, in dem ein Reif liegt, und einen
Mantel, der um den ganzen Körper geschlagen ist, so dafs er die rechte
Schulter frei läfst und über den vorgestreckten linken Unterarm herab fällt.
Der Gott hielt wahrscheinlich in der leicht erhobenen Rechten ein Scepter,
in der Linken den Blitz. Das letztere ist nicht sicher, da von dem
Attribut der Linken der untere Teil (unterhalb der Hand) erhalten ist in
der Form eines Knaufes, während eine solche einseitige Form des Blitzes,
mit dem Griff an einem Ende, aus der griechischen Kunst nicht bekannt
ist. Der Blitz wird sonst stets nach beiden Seiten spitz auslaufend, mit
dem Griffe in der Mitte, dargestellt. Furtwängler neigt daher zu der
Annahme, Zeus sei hier überhaupt nicht gemeint. Aber eine andere
Deutung scheint kaum zulässig bei einer Figur dieser Art, die unter zahlreichen anderen Votiven in der Nähe des in ältester Zeit am meisten
verehrten Altares der Altis (südlich vom Heraion, wahrscheinlich des
ältesten Zeusaltares, vgl. Jahrb. d. Inst. IX [1894] S. 94) gefunden wurde.
Sollte es unmöglich sein, das Attribut zu einem Blitze zu ergänzen, so
könnte man auch daran denken, dafs Zeus etwa seinen Adler auf der
Hand hielt, wie sonst öfters, und dafs der »Knauf« nur zur Befestigung
desselben diente.

Abg. Ausgr. zu Olympia Bd. V Taf. 28 A.   A. Bötticher, Olympia S. 234.
Olympia, Die Ergebnisse der v. d. D. Reich veranst. Ausgr. Bd. IV Taf. VII 40. —
Vgl. Ausgr. zu Ol. V S. 17 (Treu).   Furtwängler, Broncefunde aus Olympia (Abh.
d. Akad. d. Wiss. zu Berlin 1879) S. 90.   Friederichs-Wolters Nr. 355.   Olympia
Textbd. IV S. 17 (Furtwängler).

4. Zeus und Hera.   Reliefplatte vom Ostfries des Parthenon.
London, British Museum.   Nach dem Gipsabgufs.

> H. fast 1 m.   Die Köpfe des Zeus und der Hera sind stark be-
> stofsen.   Der Kopf der Iris wurde erst bei den letzten Ausgrabungen
> auf der Akropolis hinzugefunden.

Als Gegenstück zu der Metope von Selinus (Nr. 1) ist die bekannte
Gruppe des Parthenonfrieses gewählt, die zwar bereits der Periode der
völlig gereiften Kunst angehört, aber sachlich interessante Vergleichungs-
punkte darbietet.   Inmitten ihres Volkes, das in festlichem Gepränge um
den Tempel einherschreitet, haben sich die Götter selbst niedergelassen, sich
am Festesglanz zu erfreuen.   Den vornehmsten Platz neben der feierlichen
Handlung der Mittelgruppe nehmen Zeus und Hera ein.   Zeus sitzt nach
links allein von allen Göttern auf einem thronartigen Lehnstuhl, dessen
Seitenlehne von einer sitzenden Sphinx getragen wird; behaglich zurück-

gelehnt, aber nicht ohne Würde, sitzt er da, den linken Arm über die Rücklehne, den rechten in den Schofs gelegt. Seine Füfse sind mit Sandalen, sein Unterkörper mit einem Himation bekleidet; er hat einen kurzen, zugespitzten Vollbart und kurzes Haar, in dem (durch den Einschnitt im Nacken noch erkennbar) eine Binde lag. Im rechten Arme liegt das Scepter, dessen mittlerer Teil erhalten ist; der untere Teil war besonders angesetzt, der obere wohl durch Bemalung gegeben. Zu der Rechten des Zeus sitzt, für den Beschauer etwas nach links vorgeschoben, Hera, bekleidet mit einem unter dem Überschlag gegürteten Peplos und Sandalen; ihr Kopfschmuck ist bis auf den nach hinten herabfallenden Schleier nicht mehr erkennbar. Sie wendet sich zu Zeus um und schlägt mit beiden erhobenen Händen den Schleier auseinander; während die Aufmerksamkeit aller anderen Götter, mögen sie nun einander anblicken oder nicht, offenbar auf das glänzende Schauspiel gerichtet ist, das sich vor ihren Blicken entrollt, scheint sie allein sich nur dem Gemahl zuzuwenden. Wir müssen diesen Zug als einen bedeutsamen Hinweis auf das heilige Band der Ehe ansehen, das zwischen beiden Gottheiten waltet, und zu dessen Schützerin auch bei den Menschen ja Hera vorzugsweise für berufen galt. Zur Rechten der Hera steht im Hintergrunde des Reliefs ein geflügeltes Mädchen in schlichtem, über dem Überschlag gegürteten Peplos, deren Kopf erst neuerdings hinzugefunden wurde. Ihr Haar ist am Hinterkopfe zu einem Knoten aufgenommen; was sie in den Händen hielt (der rechte Arm geht quer vor der Brust vorbei, der linke ist zum Kopfe erhoben), ist nicht mehr auszumachen. Obwohl sie mit gespannter Aufmerksamkeit von Hera abgewandt in die Ferne blickt, und auch Hera sich von ihr abwendet, kann doch bei der Art, wie sie sich an diese anschmiegt, kein Zweifel obwalten, dafs sie als Begleiterin und Dienerin der Hera aufzufassen, also Iris zu benennen ist. Die Benennung Nike, die man der Figur auch gegeben hat und noch teilweise giebt, mufs verworfen werden, da Nike neben Zeus dem Siegverleiher stehen oder in Beziehung zu ihm gesetzt sein müfste, während sie mit Hera und mit dem Ehebunde zwischen Hera und Zeus nicht das mindeste zu thun hat. Von den sonst vorgeschlagenen Benennungen der Figur hat noch am meisten die Deutung auf Hebe Anklang gefunden; sie scheitert jedoch an der Thatsache, dafs die Figur geflügelt ist.

Durch die Gegenüberstellung der Gruppen vom Parthenonfriese mit der selinuntischen Metope, beides Werke durchaus ernsten Charakters, wird der verschiedene Sinn beider Darstellungen in rechtes Licht gesetzt. Beidemal sind Zeus und Hera in engster Beziehung zu einander als das vorbildliche göttliche Ehepaar aufgefafst; während aber die Metope bei aller

Gebundenheit doch nicht ohne Wärme der Empfindung den eigentlichen ἱερὸς γάμος darstellt, klingt im Friese das Motiv der ehelichen Liebe nur leise in die Festesfreude hinein, welche Götter und Menschen umfängt. Iris finden wir dem göttlichen Paare gesellt auch in dem pompejanischen Bilde des ἱερὸς γάμος, s. unten Tafel III 10.

Abg. Stuart and Revett, *Antiquities of Athens* Bd. II Kap. 1 Taf. 23. *Anc. Marbles in the Brit. Mus.* Bd.VIII Taf. 2. *Mon. dell' Inst.* Bd.V Taf. 27. Michaelis, Der Parthenon Taf. 14 Nr. IV 28—30. A. S. Murray, *A History of Greek Sculpture* Bd. II Taf. I. Overbeck, Plastik ⁴Bd. I Fig. 117, 26—28. Collignon, *Hist. de la sculpt.* Bd. II S. 56 Fig. 24. Brunn-Bruckmann. Denkmäler Taf. 108 u. ö. Hera und Iris allein: A. H. Smith, *Catalogue of Sculpture in the Brit. Mus.* Bd. I Taf. VI 1. Roscher's Lexikon Bd. II Sp. 348. Studniczka, Die Siegesgöttin (Akad. Antrittsrede, Leipzig 1898 — S.-A. aus Jahrb. f. Phil., Gesch. und d. Litt. u. f. Pädagogik) Taf. IX Fig. 39. Kopf der Iris allein: *Americ. Journ. of Arch.* Bd. V 1889 Taf. 2. Studniczka a. a. O. Fig. 40 u. 5. — Vgl. Michaelis, Der Parthenon S. 262 f. (der die ältere Litteratur anführt). Overbeck, Kunstmythologie, Zeus S. 169. Friederichs-Wolters S. 275. L. M. Mitchell, *A History of anc. sculpt.* S. 336. A. S. Murray a. a. O. Bd. II S. 49. *Americ. Journ.* a. a. O. S. 1 ff. (Waldstein). Overbeck, Plastik ⁴Bd. I S. 443 ff. Roscher's Lexikon a. a. O. (M. Mayer). A. H. Smith a. a. O. S. 156 Nr. 324, 27—29. Collignon a. a. O. S. 58 f. Studniczka a. a. O. S. 20 (390). Die richtige Deutung des Mädchens als Iris, welche bereits Stuart ausgesprochen hatte, ist neuerdings besonders von Flasch (Zum Parthenonfries, Programm, Würzburg 1877) S. 61 f. verteidigt worden, und von L. Mitchell, A. S. Murray, Ch. Waldstein, A. H. Smith, M. Collignon angenommen.

5. Kopf des Zeus. Aus einer Giebelcomposition in Porosstein von der Akropolis zu Athen. Athen, Akropolismuseum. Nach Athen. Mitth. XIV (1889) Taf. III.

H. von Kinn bis Scheitel 0,16—0,17 m.

Der Kopf, welcher stark bestofsen ist, gehörte zu einer Giebelcomposition, von der noch zahlreiche Stücke, zum Teil mit leuchtender Bemalung, erhalten sind; sie stellte den Kampf des Zeus und Herakles gegen den dreigestaltigen Typhon und die schlangengestaltige Echidna dar (vgl. die Reconstructionsskizze A. Schneider's, Athen. Mitth. XVI, Beilage zu S. 74). Zeus war nach rechts gewandt, wie daraus hervorgeht, dafs der Bart an der linken Seite nicht ausgeführt ist, während er an der rechten, dem Beschauer also zugewandten Seite, zierlich und sorgfältig in einzelnen gedrehten Löckchen angeordnet erscheint. Der Schnurrbart ist zierlich gedreht und sondert sich an der Spitze von dem übrigen Bart ab. Der energische Mund ist fest geschlossen, Lippen und Kinn sind bestofsen, die Nase ist ganz abgestofsen. Die Augen sind glotzend weit geöffnet, und der Augapfel ist angedeutet. Das Haar ist in sauberen wellenförmigen Strähnen hinter das Ohr gestrichen und fiel wohl lang in den Nacken herab. Auf dem Kopfe trägt Zeus ein Königsdiadem, das in zwei (hier nicht abgebildeten) Bruchstücken des Hinterkopfes noch deutlicher erhalten ist; es besteht aus einem schmalen Reifen mit Mäanderverzierung, auf dem emporstehende Zacken aufsitzen. Außer dem Kopfe sind von Zeus noch Faltenreste eines herabhängenden Mantels sowie die Hälfte seines Blitzes erhalten. In der Reconstruction ist angenommen, daß er wie auf der Münchener Vase (s. unter Nr. 10) in eiligem Laufe gegen den Unhold vorstürmt, den linken Arm, auf dem ein Adler sitzt, vorstreckend, die rechte Hand mit dem geschwungenen Blitz zurückwerfend; über die Oberarme fällt das im Rücken hängende Mäntelchen nach vorn herab.

Vgl. Athen. Mitth. Bd. XIV (1889) S. 69 ff., besonders S. 77 f. (A. Brückner).

6. Schreitender Zeus. Bronzestatuette. Berlin, Kgl. Museum. Nach Olympia Bd. IV Taf. VIII Nr. 44.

H. 0,12 m. Gefunden in Olympia. Abgebrochen: die linke Hand und der rechte Fuß, sowie die Nase; das linke Unterbein ist verbogen.

Auch diese archaische Votivbronze ist wie Nr. 3 auf dem Boden der Altis gefunden. Sie stellt im Gegensatz zu Nr. 3 den Gott völlig unbekleidet und in lebhafter Bewegung dar. Er schreitet mit dem linken Bein stark vor und streckt einem (vorausgesetzten) Gegner die linke Hand abwehrend entgegen, indem er mit der Rechten den Blitz schwingt. Er ist bärtig, sein wohlgeordnetes langes Haar ist im Nacken zu einem Krobylos aufgebunden.

Abg. Ausgrab. v. Olympia Bd. V Taf. 27, 2. Olympia, Die Ergebnisse u. s. w. Bd. IV Taf. VIII Nr. 44. M. Collignon, Hist. de la sculpt. Bd. I S. 319 Fig. 160. S. Reinach, Répertoire de la statuaire grecque et romaine Bd. II 1, 6. — Vgl. Ausgr. Bd. V S. 17 (Treu). Olympia Bd. IV S. 17 (Furtwängler).

7. Zeus und Hera. Bild einer streng-rotfigurigen Hydria. Leiden, Museum. Nach Roulez, Choix Tafel I.

Bildhöhe 0,169 m. Fundort Vulci. Modern scheint das rechte Bein des Hermes von oberhalb des Knies an abwärts.

Den Mittelpunkt der Darstellung bildet der auf einem Lehnstuhle, über den eine Decke gebreitet ist, nach rechts sitzende Zeus. Er hat langen spitzen Kinn- und Backenbart, aber nach der Weise archaischer Kunst (vgl. oben Nr. 2) keinen Schnurrbart; sein Haar, in dem eine Binde liegt, hängt lang über den Rücken herab. Sein Oberkörper ist unbekleidet, um den Unterkörper hat er ein Himation geschlagen. Er setzt den linken Fuß etwas zurück, stützt sich mit der Linken auf sein mit Streifen verziertes Scepter und streckt mit der Rechten eine Schale vor. Von rechts tritt Nike auf ihn zu, geflügelt, in langem ungegürteten Peplos, das Haar mittels einer dreifach umgeschlungenen Binde zum Krobylos aufgebunden; sie ist im Begriff, dem Zeus mit der Rechten einen Kranz auf's Haupt zu setzen. Dem Zeus gegenüber sitzt Hera auf einem gleichen Lehnstuhl

wie jener des Zeus; sie ist mit Unter- und Obergewand bekleidet, hat
Armbänder und Halsband sowie auf dem aufgebundenen Haar ein hohes,
kalathosartiges Diadem. Die Füfse setzt sie auf einen Fufsschemel, mit
der Linken fafst sie das an der Schulter lehnende gestreifte Scepter, mit
der Rechten streckt sie eine Schale vor. Links hinter Zeus entfernt sich
zurückblickend H e r m e s , die Chlamys auf der rechten Schulter geknüpft,
den Petasos im Nacken, an den Füfsen wohl Flügelschuhe; auch bei ihm
ist das lange Haar, in dem ein Kranz liegt, zum Krobylos aufgebunden.
Er erhebt die Linke mit sprechender Geberde und hält in der Rechten
sein Kerykeion. Die Deutung der Figuren ist gesichert, bei Hermes und
Nike durch ihre Function, bei Hera besonders durch das hohe, öfters bei
Hera wiederkehrende (s. u.) Diadem; die Hauptfigur ist zwar von Gerhard
vermutungsweise auf Prometheus gedeutet worden, unter Berufung auf das
unten Taf. X Nr. 10 abgebildete Vasenbild, aber die Schale, das Thronen,
und vor allem die Bekränzung durch Nike spricht durchaus für Zeus und
gegen Prometheus. Einen tiefen Sinn in dem Bilde zu suchen wäre ver-
fehlt; es ist gewissermafsen eine Genrescene im Olymp. Da thront das
göttliche Herrscherpaar, angethan mit dem Zeichen seiner Macht; Zeus, der
Siegverleiher, empfängt selbst den Siegeskranz, und hinter ihm steht sein
rascher Bote, seines Befehls gewärtig und bereit, mit seinem Auftrag zu
enteilen.

Abg. Roulez, *Choix de rases peints du Musée de Leide* Taf. I. — Vgl. Gerhard,
Rapp. role. Nr. 229. Arch. Ztg. XIII (1855) S. 43* (Gerhard).

8. Bronsekopf des Zeus.   Athen, Nationalmuseum.   Nach
Olympia Bd. IV Taf. 1.

H. 0,17 m. Gefunden in Olympia. Der Kopf gehörte zu einer
halb lebensgrofsen Statue, von der er abgebrochen ist; er war aber
besonders gearbeitet und mittels eines Dübels befestigt, von dem sich
ein Rest im Halse erhalten hat. Es fehlen die Augen.

Zeus ist als bärtiger Mann dargestellt, mit langem, zierlich in
parallelen Wellenlinien gravirtem Haar, in dem ein Reif liegt, und das
oberhalb des Nackens von einem Bande umschlossen und im Nacken mit
einem zweiten Bande zum Krobylos aufgebunden ist; über der Stirn ist er
bis zu den Ohren in zwei Reihen runder Löckchen frisirt. Der spitze
Vollbart, von dem sich der Schnurrbart besonders abhebt, ist ebenfalls mit
minutiöser Sorgfalt gravirt. Die Augen waren einst aus farbigem Material
eingesetzt.

Das Werk zeigt neben sorgfältigster, fast zierlich zu nennender
Arbeit altertümliche Strenge der Formgebung. Es ist aber keine Spur von
dem »lächelnden« Archaismus der Aigineten darin, ein strenger, beinahe

18 	1. Zeus.

unfreundlicher Ernst lagert über dem Antlitz, der für den modernen
Beschauer noch verstärkt wird durch die hohlen Augen.

Wegen des Fundorts nahe beim Zeustempel von Furtwängler vermutungsweise mit dem Paus. V 24, 7 erwähnten Zeus der Cherronesier von
Knidos identificirt.

Abg. Ausgrab. zu Olympia Bd. III Taf. 22. Funde v. Olympia Taf. 24.
L. Mitchell, *A hist. of anc. sculpt.* S. 211 Fig. 104. Olympia, Die Ergebnisse u. s. w.
Bd. IV. Taf. 1. Brunn-Bruckmann, Denkmäler Taf. 221. Collignon, *Hist. de la
Sculpt. grecque* Bd. I S. 326 Fig. 164. — Vgl. Ausgr. Bd. III S. 14 (Treu). Funde
v. Ol. S. 16. Furtwängler, Bronzefunde v. Ol. S. 90. Athen. Mitth. 1882 S. 118
(Brunn). Friederichs-Wolters Nr. 311. Röm. Mitth. 1887 S. 108, 55 (Studniczka).
Baumeister, Denkm. II S. 1076 (Flasch). Olympia Bd. IV S. 9 f. (Furtwängler).

9. Zeus' und Hera's heilige Hochzeit (?). Relief einer vierseitigen
Basis. Rom, Villa Albani (in der sog. Galleria del Canopo). Nach Zoega.

H. 0,65 m. Bereits im 16. Jahrhundert bekannt, da im Codex
Pighianus gezeichnet. Modern (nach Overbeck und Helbig): Gesicht
und rechter Arm des Dionysos, Kopf und rechter Arm des Hermes, und
die (hier fortgelassene) Figur hinter Hermes ganz bis auf ein Stück des
linken Vorderarmes. Die antiken Teile sind teilweise stark überarbeitet
(Gesicht der Hera und Demeter, besonders der ganze Dionysos u. s. w.
Auch die sonderbaren netzartigen Schuhe der Figuren sind wohl das
Werk eines modernen Überarbeiters, der sie bei Hera und Demeter
vergaß; bei Dionysos hat er sie sogar in sinnloser Weise mit den
Jagdstiefeln des Gottes combinirt). An einer Seite der Basis ist das
Relief abgesägt, mit ihm wahrscheinlich auch jederseits eine Figur
der anstoßenden Seite.

Der Verfertiger dieses altertümelnden Reliefs ist insofern als Copist
zu betrachten, als er geläufige Typen zusammenstellte. Er beabsichtigte
wahrscheinlich den Hochzeitszug des Zeus und der Hera darzustellen, doch
ergab sein eklektisches System einige Sonderbarkeiten, wie die Anwesenheit
des Apollon und der Artemis sowie des Dionysos, welche bei den Er-
klärern ernstliche Zweifel an der Deutung erregt haben. Die ungeschickte
Verteilung des Brautpaares auf zwei verschiedene Seiten der Basis läßt
das erhaltene Werk noch in einem anderen Sinne als Copie erscheinen,
indem die Composition ursprünglich auf ein fortlaufendes Rundrelief berechnet und hier nur mühselig und ungeschickt auf eine durch Ecken
unterbrochene Fläche übertragen ist. Das (hier aufgerollt wiedergegebene)
Relief biegt demnach zweimal (hinter Zeus und hinter Demeter) um die
Ecke; ob auch auf der vierten Seite einst Figuren waren oder etwas
anderes (Inschrift?), ist nicht auszumachen.

Auf der ersten Seite (von rechts beginnend) sind drei Figuren erhalten
und von einer vierten noch ein (in der Abbildung fehlender) Gewandzipfel
vor dem Knie der vordersten erhaltenen Figur; mithin waren auch auf der

gegenüber liegenden (dritten) Seite vier Figuren, von denen aber nur zwei erhalten sind. Auf der mittelsten Seite sind drei Figuren, also waren auf der jetzt fehlenden Seite, wenn überhaupt, ebenfalls drei. Hieraus ergicht sich, dafs die Zahl der Figuren entweder elf oder vierzehn betrug; schon diese einfache Berechnung zeigt, dafs es irrig war, wie man auch gethan hat, von einem Zuge der »zwölf Götter« zu reden, wovor schon die Anwesenheit des Dionysos hätte warnen sollen.

Den Götterzug eröffnet eine (wie alle Figuren aufser Dionysos) mit Lorber bekränzte weibliche Figur im Chiton, Mantel und Schuhen (s. o.), durch die zwei Fackeln, welche sie hält, als Brautführerin bezeichnet; man hat sie wohl mit Recht als Artemis gedeutet, die einzige hier in Betracht kommende Göttin, der aufser der (hinter Poseidon schreitenden) Demeter die Fackeln zukommen. Ihr folgt eine matronale Figur, bekleidet mit Peplos und Schuhen (s. o.); von ihrem Haupte wallt ein Schleier, sie trägt das Haar wie alle weiblichen Figuren des Reliefs in Locken nach vorn über die Schultern fallend und hält in der Rechten ein Scepter. Hier, unmittelbar vor dem Brautpaar, ist die Stelle der Brautmutter; man hat daher entweder auf Rhea oder Tethys (als Pflegemutter) gedeutet; der Gedanke an Leto (weil sie den Mantelzipfel der Artemis fafst) ist entschieden zu verwerfen, solche in dieser Klasse von Reliefs typischen Züge sind inhaltlich ohne Bedeutung. Hinter dieser Figur schreitet Zeus, mit spitzem Vollbart; sein Haar ist hinten aufgebunden und fällt in einer Locke über die Schulter; er trägt nur Mantel und Schuhe (s. o.), hält in der gesenkten Rechten den Blitz und stützt sich mit der Linken auf das mit einem Adler (nicht einem Kuckuck, wie man gemeint hat) bekrönte Scepter. Auf der anstofsenden Seite folgt ihm Hera, angethan mit Peplos und Sandalen; sie trägt am rechten Arme ein Armband; vom Haupte wallt ihr der bräutliche Schleier, den sie mit der Linken fafst, während sie im rechten Arme ein Scepter hält; in bräutlicher Schamhaftigkeit schreitet sie zögernd, mit gesenktem Haupte einher. Es folgen dann noch, auf derselben Reliefseite Poseidon, in Mantel und Schuhen (s. o.), mit spitzem Vollbart, das Haar hinten aufgebunden, die Rechte auf den Dreizack stützend; ferner auf der dritten Reliefseite Demeter in Chiton, Mantel und Sandalen, auf dem Kopfe einen Kalathos (von dem ein Schleier herabhängt), im linken Arme ein Scepter, in der rechten Hand drei Ähren und zwei Mohnköpfe haltend; Dionysos, mit Epheu bekränzt, angethan (soweit noch erkennbar) mit kurzem Jagdchiton, darüber die (im Codex Pighianus noch gezeichnete, später in einen Panzer verwandelte) Nebris und Jagdstiefeln (s. o.), über dem linken Arme ein Mäntelchen, die rechte Hand in die Seite stützend, mit der linken den Thyrsos schulternd; endlich

Hermes, der wohl Chlamys und Flügelstiefel hatte und in der Rechten das (antike) Kerykeion hielt (nach Ausweis des Codex Pighianus war auch er, wie zu erwarten, bärtig). Über die fehlenden (mindestens drei) Figuren kann man sich füglich jeder Vermutung enthalten. Allenfalls hat die Meinung, vor Artemis habe A p o l l o n den Zug mit Leierspiel eröffnet, etwas für sich; Artemis und Apollon sind ja speciell die Hochzeitsgötter (vgl. Pauly-Wissowa, Realencykl. Bd. II Sp. 1347). Den spccielleren Sinn der Zusammenstellung ergründen zu wollen, ist mislich, obwohl Overbeck's Erklärung, Poseidon, Demeter und Dionysos bedeuteten Wasser, Brot und Wein für den jungen Haushalt, viel Ansprechendes hat. Die Figuren hinter Dionysos sind damit nicht erklärt; auch deuten die Mohnköpfe in der Hand der Demeter jedenfalls auf Fruchtbarkeit.

Abg. Winckelmann, *Mon. Ined.* Taf. 6. Zoega, *Bassiril.* Bd. II Taf. 101, danach Welcker, Alte Denkm. Bd. II Taf. 1. Gerhard, Akad. Abh. Taf. 16, 2. Overbeck, Atlas zur Kunstmythol. Taf I 4. X 29. Die Zeichnung des Codex Pighianus abg. Ber. d. Sächs. Ges. d. Wiss. 1868 Taf. V 4. — Vgl. Beschr. Roms Bd. III 2 S. 467. Fea, *Indicaz. antiq. p. la Villa Albani* Nr. 249. *Ann. d. Inst.* II S. 234 (Ch. Lenormant). E. Braun, Artemis Hymnia (Rom 1842) S. 6. Gerhard, Akad. Abh. I S. 198 f. 351. Antike Bildw. S. 206, 31. Böttiger, Vasengem. S. 220. Welcker, a. a. O. Bd. II S. 14—26. Jahn, Arch. Beitr. S. 94, 104, 113. Ber. d. Sächs. Ges. a. a. O. S. 193 Nr. 77 (Jahn). Förster, Die Hochzeit des Zeus und der Hera (Breslauer Winckelmannsprogr. 1867) S. 26. Overbeck, Kunstmythologie, Zeus S. 220 Nr. 5. 559 f. Hera S. 174 C. Demeter S. 420β. Hauser, Neuatt. Reliefs S. 62, 91, 171. Helbig, Führer Bd. II S. 91 Nr. 844.

10. Zeus und Typhon. Bild einer schwarzfigurigen chalkidischen Hydria. München, Kgl. Vasensammlung. Nach Gerhard.

H. 0,463 m. Aus Vulci. Einst im Besitz des Fürsten von Canino.

Die Darstellung des T y p h o n als eines geflügelten Mannes mit Schlangenschwänzen statt der Beine war in der ältesten griechischen Kunst sehr beliebt; dies zeigen aufser dem oben (zu Nr. 5) besprochenen Porosgiebel von der Akropolis zu Athen besonders zahlreiche korinthische Vasen, welche jedoch nicht den Kampf mit Zeus, sondern vielmehr das Ungetüm an sich, zwischen Rankenwerk und anderen decorativen Elementen, zu zeigen pflegen. Mit Echidna zusammen, wie in dem Porosgiebel, befand Typhon sich auch unter den Bildwerken des amykläischen Thrones (Paus. III 18, 10). Aus der korinthischen Vasenmalerei hat ihn auch auf unserem Bilde der chalkidische Vasenmaler entlehnt; so erklärt sich, dafs er eigentlich gar nicht mit Zeus kämpft und ihm keinen Widerstand leistet. Er ist von vorn dargestellt, wendet den Kopf wie erstaunt und erschreckt zu seiner Rechten nach Zeus hin und hält die Hünde unthätig vor der Brust; er hat langen spitzen Bart, keinen Schnurrbart (s. o. zu Nr. 2), starkes Haar und Tierohren und trägt ein kurzes Wams; gleich unterhalb der

Brust geht sein Körper in zwei zierlich gemusterte Schlangenleiber über,
deren Schwänze mit einander verschlungen sind; an den Schultern setzen
mächtige, ausgebreitete Flügel an. Von links eilt auf ihn zu der im
Verhältnis zu dem riesigen Unhold kleiner gebildete und inschriftlich
bezeichnete Zeus (ΙΕΥϟ); während im eiligen Lauf sein rechtes Knie fast
den Boden berührt (sog. Knielaufsschema), streckt er die Linke dem Feinde
entgegen und schwingt mit der Rechten den Blitz, aus dem Flammen
herausschlagen. Zeus hat langes Haar, in dem eine Binde liegt, und
spitzen Vollbart ohne Schnurrbart (s. o. zu Nr. 2); über Brust und Ober-
armen trägt er ein Mäntelchen.

Abg. Gerhard, Auserl. Vasenb. Bd. III Taf. 237. Roscher, Lexikon Bd. I
2 Sp. 1671. — Vgl. Gerhard, Rapp. Vole. Nr. 418a. Mus. étr. Nr. 530. Res. étr.
Nr. 60. Gerhard, Auserl. Vas. Bd. III S. 157 ff. Jahn, Beschr. d. Vasensamml.
K. Ludwigs Nr. 125. Overbeck, Kunstmythologie, Zeus S. 394. Roscher's Lexikon
Bd. I 2 Sp. 1670 ff. (Kuhnert). M. Mayer, Giganten u. Titanen S. 215. 274. Athen.
Mitth. XIV (1889) S. 70 f. (Brückner). Furtwängler, Führer durch die Vasens.
K. Ludwigs I. S. 15 f.

TAFEL II.

1. **Stehender Zeus.** Bronzestatuette in Florenz, Museo Archeologico. Nach Overbeck.

H. 0,28 m. Ergänzt ist die Basis.

Zeus steht in ruhiger, würdevoller Haltung da; der Körper ruht
auf dem rechten Beine, aber auch das linke ist nur leicht zur Seite gesetzt.
Der Kopf ist etwas nach rechts gewandt. Über der linken Schulter hängt
eine Chlamys, die auch über den Oberarm fällt; der Unterarm ist aufwärts
gebogen, die Hand hielt zweifellos ein Scepter. Die gesenkte rechte Hand
hält den Blitz. Bis auf die schon erwähnte Chlamys und die Sandalen
an den Füßen ist der Gott unbekleidet; das Haar ist über der Mitte der
Stirn gescheitelt und läuft nach beiden Seiten in sorgfältig geordneten
Wellenlinien; ebenso ist das Haar des Hinterkopfes, in dem ein Reif
liegt, in der sorgfältigsten Weise gravirt und rollt in gedrehten Locken
in den Nacken. Auch der Bart gliedert sich in gedrehte Einzellocken,
zwischen denen der feste Mund und das energische Kinn sichtbar werden;
die Augensterne sind durch Gravirung angegeben.

Die Statuette ist das schönste Exemplar eines mehrfach wiederholten,
uns nur in Bronzestatuetten erhaltenen, vortrefflichen Zeustypus, der bald
nach der Mitte des 5. Jahrhunderts v. Chr. auf griechischem Boden

geschaffen worden ist, nicht im Gegensatze zu den altertümlichen Zeus-
typen, sondern als ihre Weiterentwickelung im Sinne einer gereifteren
Kunst. Der Kopf zeigt noch Haar und Bart lang und sorgfältig frisirt;
aber die Länge ist weniger übertrieben, die Frisur weniger künstlich, und
auf den Gesichtszügen ruht der Ausdruck kraftvoller Majestät. Der
Körper ist kein archaischer mehr, die Formen sind mit eindringendem
Verständnis wiedergegeben. Die Beinstellung, der der Athena Parthenos des
Pheidias sehr ähnlich, zeigt die erste Stufe der um diese Zeit beginnenden
Versuche, ruhig stehende Rundfiguren durch Entlastung des einen Beines
bewegter zu gestalten. Im ganzen darf man hier eine Entwickelung des
Zeusideals erkennen, welche der durch Pheidias bewirkten parallel ging.

Abg. Overbeck, Kunstmythologie, Zeus Fig. 17. Amelung, Florentiner
Antiken S. 10. Arndt-Amelung, Einzelverkauf Nr. 547—549. — Vgl. Overbeck,
a. a. O. S. 145 ff. Aus der Anomia S. 69 (B. Graef). Amelung a. a. O. S. 7 ff.
Furtwängler, Meisterwerke S. 746 f. Amelung, Führer durch die Antiken in Florenz
S. 263 ff. Nr. 258.

2. Stehender Zeus. Bronzestatuette in London, British Museum.
Nach *Specimens of antient Sculpture.*

> H. 0,22 m. Gefunden 1798 in Paramythia in Epirus (Umgegend
> von Dodona). Früher in russischem Privatbesitz, dann im Besitz
> Townley's. Ergänzt ist der rechte Arm vom Ellbogen ab, sowie die
> Basis.

Zeus steht ruhig da; er ist gänzlich unbekleidet; das linke Bein
trägt die Last des Körpers, das rechte ist zur Seite gesetzt. Das Heraus-
biegen der linken Hüfte zeigt, daß der Gott sich wahrscheinlich mit der
rechten Hand auf etwas stützte; der rechte Arm ist horizontal erhoben,
und vom Ellbogengelenk so viel erhalten, daß man erkennt, der Unterarm
war nach oben gerichtet; so wird wahrscheinlich der Ergänzer das Richtige
getroffen haben, indem er annahm, die rechte Hand stütze sich auf ein
Scepter. Die linke Hand ist leicht vorgestreckt, mit dem Rücken nach
unten; auf der Oberfläche hielt sie mit gekrümmten Fingern einen Gegenstand, der jedenfalls der Blitz nicht gewesen sein kann; man wird also an
den Adler oder an Nike denken müssen. Das Gesicht, dessen Blick
geradeaus gerichtet ist, zeigt den Ausdruck milder Würde; es wird umrahmt
von reichen, über der Stirn gescheitelten Locken und einem lockigen Vollbart, der die Vorderfläche des Kinnes jedoch frei läßt.

Die Statuette, deren Typus uns in mehreren nur leicht variirten
Wiederholungen erhalten ist, bildet ein interessantes Seitenstück zu der
unter Nr. 1 abgebildeten Florentiner Bronze. Das Originalwerk, welches
sie wiedergiebt, ist bedeutend jünger als diese; man erkennt das an der
größeren Freiheit der Stellung und Körperhaltung, an der Behandlung des

Haares und der Körperformen. Aber beide Werke gehen aus von derselben mild-ernsten, hoheitsvollen Auffassung des Zeus, beide geben ihm einen ungewöhnlich breiten und kräftigen Körper, beide das gescheitelte, sorgfältig angeordnete Lockenhaar und den Bart, welcher das Kinn hervortreten läfst. Das kann nicht auf zufälliger Übereinstimmung beruhen; vielmehr werden wir hier Einflufs und Entwickelung derselben Künstlerschule erkennen dürfen.

Abg. *Specimens of antient Sculpture by the Soc. of Dilettanti* Bd. I Taf. 32, danach Clarac Taf. 402 Nr. 684. E. Braun, Vorschule z. Kunstmythol. Taf. 13. — Vgl. Köhler, Ges. Schriften Bd. VI S. 37. Newton, *Synopsis of the Brit. Mus.* *Bronze Room* S. 48 Nr. 7. Braun a. a. O. S. 9. Arneth, Dodona S. 28. Overbeck, Kunstmythologie, Zeus S. 153 Nr. 74.

3. Thronender Zeus in Olympia von P h e i d i a s. Rückseite einer Kupfermünze von Elis. Florenz, Münzcabinet. Nach *Journal of Hellenic Studies*

Vorderseite: Brustbild des H a d r i a n mit Mantel nach links. AYTOKPATШP AΔPIANOC (ΔIC?).

Z e u s, bärtig und bekränzt, mit langem Haar, von dem (jederseits) eine Locke nach vorn über die Schulter fällt, sitzt nach links auf einem Thron mit hoher Rücklehne und niedrigeren, von einer Sphinx getragenen Seitenlehnen; die Beine des Thrones sind durch Stege mit einander verbunden und enden in Löwenfüfse. Der Gott ist mit einem Himation bekleidet; er setzt die Füfse auf einen Fufsschemel, den linken etwas vor, den rechten zurück, fafst mit der nur leicht erhobenen Linken das aufgestellte Scepter und hält auf der vorgestreckten Rechten die in kleineren Proportionen gebildete Figur der N i k e, welche die Flügel ausbreitet und in den Händen eine Siegerbinde hält. Sie wendet dem Beschauer das Antlitz zu, und man hat sie von der Hand des Zeus herabschwebend etwa im Winkel von 45 Grad der Mitte zugewandt zu denken. Die Beischrift lautet: HΛEI|ШN *('Hλείων)*.

Diese unter der Regierung Hadrian's geprägte Münze bildet eines der wichtigsten Hilfsmittel für die Vorstellung von dem Zeus des Pheidias. Aufserdem besitzen wir zu diesem Zwecke noch die beiden hier unter Nr. 4 und 5 abgebildeten Münzen mit dem Kopfe des Zeus, und vor allem die ausführliche Beschreibung des Pausanias (V 11, 1—8), die jedoch in manchen Einzelheiten noch nicht zu einer sichern, allgemein anerkannten Vorstellung geführt hat. Von dem reichen Bilderschmuck des Thrones ist auf dem kleinen Münzbilde aufser der Sphinx natürlich nichts zu sehen; dafür aber giebt die Münze die allgemeinen Züge in Aussehen und Haltung gewis treu wieder, und man kann in der schlichten und doch erhabenen, ruhigen und doch nicht unbewegten Art des Dasitzens, in der einfach natürlichen Weise, wie das Scepter ziemlich tief gefafst wird, nicht effectvoll hoch oben gefafst und weitab gestellt, in der Wendung der Nike, die lange ein Problem und Streitobject der Gelehrten war, die Meisterschaft des grofsen Künstlers nicht verkennen. Die anderen Darstellungen des thronenden Zeus (Nikephoros) auf elischen Münzen (z. B. des Geta) sind zu ungenau, um hier herangezogen werden zu können.

Interessant ist die Vergleichung mit dem Zeus des Parthenonfrieses (s. oben Tafel I 4); denn wenn wir auch nicht berechtigt sind, wie man dies früher zu thun pflegte, die Bildwerke des Parthenon als Werke des Pheidias anzusehen, so ist doch besonders in den Giebeln und dem Friese der Geist des Pheidias mächtig. Die Vergleichung lehrt uns schon hier, dem kleinen Münzbilde gegenüber, dafs die Figur des Frieses später entstanden sein mufs als das Goldelfenbeinbild in Olympia. Denn die Verschiedenheit des künstlerischen Charakters kann nicht allein durch die natürliche Verschiedenheit eines hieratisch gebundenen Cultbildes und eines freien, decorativen Kunstwerkes bedingt sein! Wie viel Freiheit der Künstler auch bei jenem hatte, ergiebt sich aus der Thatsache, dafs dem Zeuscolofs zu Liebe sogar ein Umbau des Tempelinnern stattfand (vgl. Olympia, Die Ergebnisse u. s. w., Textbd. II S. 12 f.). Aber das behagliche, die angeborene Würde doch nicht aufgebende Sitzen des Zeus im Friese ist ein Zeichen für eine freiere künstlerische Auffassung, die dem Meister bei der Erschaffung des olympischen Zeus noch fern lag. Auch hat der Zeus des Frieses, dessen Gesicht ja leider nicht erhalten ist, nicht mehr die altertümliche künstliche Haartracht mit den Schulterlocken, die der olympische Zeus hatte, und die uns die Münzen mit dem Kopfe noch deutlicher zeigen. Diese Beobachtungen sind wichtig für die viel umstrittene Chronologie des Pheidias.

Abg. zuerst bei Sestini, *Mus. Fontana* Bd. I Taf. 6, 1. Von den zahlreichen späteren Abbildungen sind etwa noch zu nennen Overbeck, *Symb. philol. Bonnens.* S. 606. Friedländer, Berliner Blätter für Münz-, Siegel- und Wappenkunde Bd. III Taf. 30 1. Derselbe, *Monatsber.* d. Berl. Akad. 1874, Tafel zu S. 500. *Journal of Hell. Studies* Atlas Taf. LXVI P XX. Frazer, *Pausanias* Bd. III S. 532 Fig. 72. — Von Besprechungen genügt es, zu nennen Overbeck, Kunstmythologie, Zeus S. 34 ff. und Frazer a. a. O. S. 532 ff., wo die übrige Litteratur verzeichnet ist.

4. Kopf des Zeus von Pheidias. Rückseite einer Kupfermünze von Elis. Paris, Cabinet des Médailles. Nach einem Gipsabgufs.

Vorderseite: Brustbild des Septimius Severus (nach rechts) mit Lorber, Panzer und Mantel. Umschrift fast ganz zerstört. Ein zweites Exemplar befindet sich in der Wiener Münzsammlung.

Die unter Septimius Severus geschlagene Münze zeigt mit derselben Umschrift HΛEI | ΩN (*'Ηλείων*) den Kopf des Zeus von derselben Seite gesehen wie die vorige Nr., aber in gröfserem Mafsstabe. Trotzdem das Gepräge stark verrieben ist, erkennt man doch den Kotinoskranz in dem sorgfältig geordneten und von der Mitte der Stirn nach der Seite in

Wellenlinien zurückgestrichenen, lang in den Nacken herabfallenden Haar, von dem sich beim Ohr eine Locke löst und nach vorn fällt. Man erkennt den starken Schnurrbart und den kurzgelockten, etwas vorladenden Kinnbart, sowie den ernsten Ausdruck des Antlitzes. Im Nacken wird ein Rest des Gewandes sichtbar.

Abg. Histor. u. philol. Aufs. E. Curtius gewidmet (Berlin, 1884) Taf. III Nr. 6 (R. Weil). *Journ. of Hell. Stud.* Atlas Taf. LXVI P XXIII. Nach einer Photographie desselben Abgusses, der unserer Abbildung zu Grunde liegt, Jahrb. des arch. Instituts XIII (1898), Anzeiger S. 178. — Vgl. Weil a. a. O. S. 131 ff. Imhoof-Blumer und P. Gardner, *Journ. of Hell. Stud.* 1886 S. 76. Jahrb. d. arch. Inst. a. a. O. S. 177 ff. (Wernicke).

5. Kopf des Zeus von Pheidias. Rückseite einer Kupfermünze von Elis. Paris, Cabinet des Médailles. Nach einem Gipsabgufs.

Vor der Stirn fehlt ein Stück der Münzoberfläche, wodurch auch der Ansatz der Nase gelitten hat. Vorderseite: Brustbild des Hadrian im Mantel nach rechts. ΑΥΤΟΚΡΑΤШΡ ΑΔΡΙΑΝΟC.

Diese unter Hadrian geschlagene Münze zeigt uns den Kopf des Pheidias'schen Zeus von der andern Seite, also nach rechts gewandt, in noch gröfserem Mafsstabe als die vorige Nummer. Obwohl ebenfalls stark verrieben, ist doch hier der Kranz und die Anordnung des Haares mit der Schulterlocke weit deutlicher, ebenso der kurzgelockte Bart, der seine Analogie in gleichzeitigen Vasenbildern wie die Kodrosschale (Jahrb. d. arch. Inst. XIII (1898) Taf. 4) und die Schale des Aristophanes (s. u. Nr. 11) findet. Ebenso sieht man den rundlichen Lockenwulst an der Schläfe, wie ihn ganz ähnlich auch das zweite Hauptwerk des Pheidias, die Athena Parthenos, hatte; und man glaubt zu erkennen, dafs die Profillinie noch etwas Archaisches hat. Vor allem aber giebt die Münze allein von allen erhaltenen Nachbildungen des Werkes den Ausdruck des Gesichtes in geradezu vollkommener, nur durch die früheren schlechten Abbildungen verdunkelter Weise wieder. Die Beischrift lautet wieder wie auf Nr. 3 und 4 ΗΛΕΙ | ШΝ (*'Ηλείων*); sie ist auf dem Original nicht so deutlich erkennbar wie in der Abbildung, doch sind die Spuren sämtlicher Buchstaben mit voller Sicherheit zu erkennen.

Abg. zuerst von Friedländer, Berliner Blätter f. Münz-, Siegel- und Wappenk. Bd. III Taf. 30 Nr. 2. Von den zahlreichen späteren Abbildungen sind etwa zu nennen Berichte d. Sächs. Ges. d. Wiss. 1866 Taf. I Nr. 1. Monatsber. d. Berliner Ak. d. Wiss. 1874 zu S. 500. *Journ. of Hell. Stud.* Atlas Taf. LXVI P Nr. XXII. Frazer, *Pausanias* Bd. III S. 532 Fig. 73. Jahrbuch des arch. Instituts XIII (1898), Anzeiger S. 178 (nach einer Photographie des auch unserer Abbildung zu Grunde liegenden Abgusses). — Die früheren Besprechungen findet man angeführt bei Overbeck, Kunstmythologie, Zeus S. 36 ff. und Frazer a. a. O. Vgl. aufserdem Histor. u. philol. Aufs. E. Curtius gewidmet S. 131 ff. (R. Weil). Helbig, Führer I S. 220. Röm. Mitth. 1893 S. 186 (W. Amelung). Jahrb. d. Inst. a. a. O. (K. Wernicke).

6. Stehender Zeus. Marmorstatue in Dresden, Albertinum. Nach Olympia Textband III S. 226.

H. 2,12 m. Im Jahre 1728 durch Le Plat in Rom vom Cardinal Alexander Albani erworben. Ergänzt: Nase, Mitte der Oberlider, Oberlippen, einige Lockenspitzen; ferner der r. Unterarm mit dem Scepter, der l. Arm, soweit nackt (die Hand jedoch antik), die Füße mit der Plinthe; vorn ist ein Stück des übergeschlagenen Mantels abgearbeitet.

Die Statue ist die genaue Copie eines in der Altis zu Olympia aufgefundenen Torso des Zeus (abg. Olympia, Die Ergebnisse u. s. w. Bd. III Taf. LVIII, 1), der wegen des Fundortes und der Arbeit als das Originalwerk angesehen werden muß. Der Gott steht ruhig und fest auf beiden Füßen; das linke Bein setzt er etwas zur Seite; der linke Arm ist in die Seite gestemmt, der rechte einfach gesenkt, — wahrscheinlich hielt er, wie die jetzige Ergänzung voraussetzt, im rechten Arm ein Scepter. Ein großes Himation ist um den Unterkörper geschlungen, vor der Mitte des Körpers nach vorn umgeschlagen, so daß die breite Brust frei bleibt; es geht dann über den Rücken und fällt über die linke Schulter wieder nach vorn. Ob der Gott Sandalen trug, wissen wir nicht, doch ist dies wahrscheinlich. Der Kopf zeigt die runde Kopfform mit den vollen Wangen, wie sie in der Schule des Pheidias beliebt sind. Das reiche, gelockte Haar ist über der Stirn gescheitelt und nach der Seite gestrichen; es fällt nicht in langen Locken in den Nacken herab, sondern ist kürzer gehalten. Auch der Bart ist von mäßiger Länge, voll und rund; er bedeckt das Kinn vollständig. Der Gesichtsausdruck ist von großer Milde.

Über die kunsthistorische Stellung des Werkes kann kein Zweifel obwalten: es gehört in die Schule des Pheidias, in den Kreis der Parthenonsculpturen; besonders mit dem Poseidon des Parthenonfrieses hat der Kopf eine überraschende Verwandtschaft. Umstritten ist dagegen die Bedeutung der Statue. Sie galt früher für Asklepios und die rechte Hand war demgemäß mit einem Schlangenstabe ergänzt; auch Treu hielt den Gott zuerst für Asklepios, doch kam er später davon zurück, und angestellte Versuche führten ihn auf die jetzige Deutung und Ergänzung, die er auch gegen die Einwendungen Furtwängler's (der die Statue als Asklepios mit Schale und Schlange ergänzen wollte) erfolgreich verteidigte.

Das Originalwerk war also in der Altis zu Olympia aufgestellt; doch scheint es nicht möglich, es mit einer der bei Pausanias genannten Zeusstatuen zu identificiren. Von dem Kopfe sind noch zwei Wiederholungen erhalten in München (Brunn, Glyptothek ⁵S. 208 Nr. 152) und Holkham Hall (auf eine nicht zugehörige Zeusstatue aufgesetzt, Clarac Taf. 396 D Nr. 678 B. Michaelis, Anc. Marbl. in Gr. Brit. S. 320 Nr. 55).

Abg. Le Plat, *Recueil* Taf. 83. Bocker, Augusteum Taf. 16. Clarac Taf. 549 Nr. 1156. Olympia, die Ergebnisse u. s. w. Textbd. III S.226 Fig. 251. — Vgl. Hettner, Die Bildw. der Kgl. Antikens. zu Dresden S. 66 Nr. 59 (mit unrichtiger Fundnotiz, vgl. Treu, Olympia a. a. O.). Jahrb. d. Arch. Inst. V (1890), Anz. S. 107 (Treu). Ebd. VII (1892), Anz. S. 66 ff. (Treu). Röm. Mitth. 1893 S. 187 (Amelung). Furt-wängler, Meisterwerke S. 84, 4 (— *Masterpieces* S. 55, 6). Arndt-Bruckmann, Einzel-verkauf S. 17 (zu Nr. 108—110). Olympia a. a. O. S. 225 ff. (Treu). Zur Ver-gleichung mit dem Parthenonfries vgl. Olympia a. a. O. S. 228 f. (Treu, mit Abbildungen). Zur Ergänzung vgl. die Münze von Amastris, unten Tafel IX Nr. 29. Wie verlautet, wird die Statue jetzt von Treu in der Festschrift für Benndorf besprochen werden.

7. Stehender Zeus mit Aigis. Marmorstatuette im Museum zu Leiden. Nach Janssen, *Grieksche en romeinsche beelden* Taf. I.

H. 1,475 m. Aus Utica. Es fehlt die Nase, der rechte Arm vom Deltoides an, die linke Hand mit einem kleinen Stück des Unter-armes, und das Glied. Modern ergänzt sind wohl die Beine, sowie der Stamm mit dem Adler und die Plinthe (nach Janssen wären sie vielmehr antik, und die Statuette nur in der Mitte durchgebrochen).

Von den vier auf unserer Tafel zusammengestellten Zeusfiguren ist dies die jüngste, sowohl was die Zeit betrifft, der das Original entstammt, wie in Bezug auf das Alter, in dem Zeus hier dargestellt ist. Er ist zwar nicht bartlos (einige bartlose Zeusdarstellungen auf Tafel IV und IX), sondern trägt einen kurzen Vollbart; aber er ist doch als ein jüngerer Mann auf-gefasst. Sein kurzgelocktes Haar ist über der Mitte der Stirn gescheitelt und nach der Seite gestrichen. Er ist gänzlich unbekleidet und hat über die linke Schulter und den im Unterarm leicht vorgestreckten linken Arm die (anscheinend als ledernes Fell behandelte) Aigis geworfen, an deren Rande sich Schlangen befinden, während in der Mitte ein geflügeltes Gorgoneion angebracht ist; in der gesenkten Rechten hielt er wohl den Blitz. [Neben dem rechten Beine ein Baumstamm, vor dem am Boden ein die Flügel hebender A d l e r sitzt; zwischen den Beinen eine Stütze.] Die Körperhaltung, mit rechtem Standbein und ausgebogener rechter Hüfte, ist die elastische des lysippischen Apoxyomenos; der Blick ist, gleichsam triumphirend, ein wenig nach rechts gewandt. Es kann wohl nicht zweifel-haft sein, daß Zeus hier als Sieger über die Giganten gedacht ist, die er eben mit dem Blitze zu Boden geschmettert hat, und auf die er nun triumphirend hinblickt. In dieser Grundstimmung berührt sich das Werk mit dem Apollon von Belvedere, der wahrscheinlich auf Leochares zurück-geht. Hierdurch, sowie durch die Verwandtschaft der Körperhaltung mit Lysippos ist wohl auch der Zeitpunkt richtig bezeichnet, in dem das Original der Statue entstanden ist.

Abg. L. J. F. Janssen, *Grieksche en romeinsche beelden* Taf. I, danach S. Reinach, *Répertoire de la statuaire grecque et romaine* Bd. II S. 5 Nr. 5. —

Vgl. L. J. F. Janssen, *Grieksche, romeinsche en etrur. monumenten ran het museum ran oudheden te Leyden* S. 6 Nr. I 59. Berichte d. Sächs. Gesellsch. d. Wiss. 1864 S. 199 (B. Stark). Overbeck, Kunstmythologie, Zeus S. 247 Nr. 2. Über die Zeit, in der man zuerst den Zeus mit der Aigis darstellte, vgl. Jahrb. d. Arch. Inst. Bd. IV S. 68 f. (Furtwängler).

8. Zeus und Hera beim Festmahle. Bild einer rotfigurigen Schale des älteren schönen Stils. London, British Museum. Nach *Mon. dell' Instituto.*

H. der Schale 0,124 m. Aus Vulci. Die Gesichter des Zeus und des Ganymedes sind beschädigt, ebenso das Scepter des Zeus.

Dargestellt ist im Innenbilde wie in den Aufsenbildern der Schale ein Göttergelage, wobei die einzelnen Personen durch Inschriften bezeichnet werden; im Innenbild erblickt man $\Pi\lambda o\acute{v}\tau\omega\nu$ und $\Phi\epsilon\varrho\varrho\acute{\epsilon}\varphi\alpha\tau\tau\alpha$, auf der Rückseite die beiden Paare $"A\varrho\epsilon\varsigma$ und $'A\varphi\varrho o\delta\acute{\iota}\tau\epsilon$ sowie $\Delta\iota\acute{o}$-$\nu\upsilon\sigma o\varsigma$ und $'A\varrho\iota\acute{a}\delta\nu\epsilon$ (mit $K\tilde{\omega}\mu o\varsigma$). Die Vorderseite zeigt ebenfalls zwei Götterpaare, der Gott jedesmal auf einer Kline gelagert, die Göttin am Fufsende (links) der Kline sitzend; vor jeder Kline steht ein dreibeiniger Speisetisch. Getrennt werden die Paare von einander durch eine den Götterpalast andeutende dorische Säule. Rechts von der Säule ist Z e u s (ΞΕΥΣ) gelagert; er trägt Locken von der mäfsigen Länge, wie sie für ihn im 5. Jahrhundert üblich werden, etwas zugespitzten Vollbart mit Schnurrbart, und hat im Haar einen (Lorber?-, eher wohl Öl-) Kranz. Sein Oberkörper ist nackt, der Unterkörper mit dem Mantel verhüllt. Indem er sich mit dem linken Ellbogen auf das Kissen stützt, hält er auf der linken Hand eine Trinkschale, während im linken Arm das gestreifte (einst wohl wie das der Hera mit einer Blüte bekrönte) Scepter an der Schulter lehnt, und streckt die Rechte nach der am Fufsende sitzenden H e r a (ΗΕΡΛ) aus, deren Himation er ergreift, um es zurückzuschlagen. Hera trägt einen über dem Überschlag gegürteten Peplos und ein schleierartig hinten über den Kopf gezogenes Himation, unter dem im Haar ihr hohes Diadem sichtbar wird; aufserdem ein Halsband und Armbänder. Sie hält in der Linken ein gestreiftes, mit einer Blüte bekröntes Scepter. Am Kopfende der Kline steht hinter Zeus G a n y m e d e s (nach C. Smith ist von der Beischrift mehr erkennbar als die Abbildung giebt, nämlich Γα] ΝVΜΕΔΕΣ), der hier als Mundschenk des Zeus erscheint; er ist als gänzlich unbekleideter Jüngling dargestellt, trägt im Haar eine Binde, legt die Rechte an die Kline und hält in der gesenkten Linken ein Sieb.

Die zweite Gruppe, links von der Säule, besteht aus P o s e i d o n (ΠΟΣΕΙΔΩΝ) und A m p h i t r i t e (deren voller Name ΑΜΦΙΤΡΙΤΗ nach C. Smith auf der Vase noch zu erkennen ist). Poseidon hat längeres Haar mit Schulterlocken, ist im übrigen in Bekränzung, Kleidung und Körperhaltung dem Zeus gleich; statt des Scepters, welches bei Zeus an der linken Schulter lehnt, stellt er mit der erhobenen Rechten den gewaltigen Dreizack auf. Er blickt hinüber zu der am Fußende seiner Kline sitzenden Amphitrite, die, mit Chiton und Mantel bekleidet, das Haar in einen zierlichen Knoten geschürzt, im Begriff ist, ein Stäbchen in ein Ölfläschchen zu tauchen.

Die Gruppe von Zeus und Hera legt die Vergleichung mit der selinuntischen Metope (oben Tafel I Nr. 1) nahe; auch dort faßt Zeus die Gattin, um sie liebend zu sich heranzuziehen. An den ἱερὸς γάμος kann ja hier natürlich nicht gedacht werden; aber auch hier hat die leise Beimischung von Sinnlichkeit den würdevollen Ernst nicht verdrängt.

Abg. *Mon. dell' Inst.* Bd. V Taf. 49. Gerhard, Trinksch. und Gef. Bd. II Taf. H. Overbeck, Kunstmythologie, Atlas Taf. I 22. XIII 8. Baumeister, Denkm. Taf. 92. Murray, *Designs from Greek Vases* Nr. 60. Nur Hera und Zeus: Conze, Heroen- und Göttergest. Taf. VI 2. — Vgl. *Brit. Mus., Catal. of Vases* Nr. 811*. Cecil Smith, *Catalogue of the Greek and Etruscan Vases in the Brit. Mus.* Bd. III Nr. E 82. Arch. Ztg. V (1847) S. 1* f. *Bull. dell' Inst.* 1847 S. 90. *Ann. dell' Inst.* XXV (1853) S. 103 ff. (E. Braun). Gerhard a. a. O. S. 53. Overbeck, Kunstmythologie, Zeus S. 182 Nr. EE S. 544; Hera S. 140 Nr. A; Poseidon S. 310 Nr. Z. S. 351. Über Ganymedes als Mundschenk des Zeus vgl. Kekulé, Hebe S. 29 f.; über die dreibeinigen Speisetische Arch. Ztg. XLII (1884) S. 179 ff. (H. Blümner).

9. Zeus im Kampfe mit einem Giganten. Rotfiguriges Vasenbild strengen Stiles auf einer sog. nolanischen Amphora der Sammlung Pourtalès. Nach Dubois.

Jetziger Aufbewahrungsort unbekannt.

Zeus und sein Gegner sind auf die beiden Seiten der Vase verteilt und nur in der Abbildung vereinigt. Auf der einen Seite erblickt man Zeus nach rechts hin eilend; er setzt den linken Fuß vor, schwingt mit der erhobenen Rechten den Blitz und streckt die Linke, auf der ein mit den Flügeln schlagender Adler (ein solcher ist doch wohl gemeint) sitzt, abwehrend seinem Feinde entgegen. Zeus ist bekränzt, er hat langes Haar mit Schulterlocken, langen spitzen Bart, und ist mit einem kurzgeschürzten Chiton bekleidet, über dem er ein auf den Schultern hängendes kleines Mäntelchen trägt. Sein Gegner (dem einen bestimmten Giganten-Namen beizulegen das Schwanken der Überlieferung bei dem Fehlen einer Inschrift verbietet) eilt dem Zeus nach links mit gefällter Lanze entgegen; er ist bärtig, trägt am linken Arm einen Schild (Schildzeichen: fliegender Adler, der eine Schlange gepackt hält), und hat einen Helm mit Bügel und Backenklappen auf dem Kopf, ist aber im übrigen unbekleidet.

Abg. Dubois, *Description des antiques . . . de M. le comte Pourtalès-Gorgier* S. 27. Vgl. ebenda Nr. 123, ferner *Ann. dell' Inst.* XLI (1869) S. 181 (O. Jahn). Overbeck, Kunstmythologie, Zeus S. 365 Nr. 18. M. Mayer, Giganten und Titanen S. 302 Nr. f.

10. Kopf des Zeus. Rom, Villa Albani. Nach einer Photographie. H. 0,507 m. Ergänzt die Hälfte der Nase und die Büste mit den Enden der Schulterlocken.

Trotz seiner schlechten Arbeit zeigt dieser Kopf eine unleugbare Verwandtschaft mit dem Zeus des Pheidias (vgl. Nr. 3—5); auch trägt er den Ölkranz und die Schulterlocken wie dieser. Doch sind die Unterschiede wieder zu grofs, als dafs man ihn als eine, wenn auch grobe und späte, Copie nach Pheidias ansehen dürfte. Der Bart ist bedeutend länger und von anderer Form; und auch die Haartracht ist verschieden, statt der Locken im Nacken ist das Haar hinten kurz aufgebunden. Zweifellos geht der Kopf auf ein attisches Originalwerk des 5. Jahrhunderts zurück; doch möchte ich in diesem nicht mit Amelung »den unmittelbaren Vorläufer des höchsten Ideals« (doch wohl des Pheidias'schen Zeus?) voraussetzen, sondern den Zeus des Pheidias eher für älter ansehen, da er noch das lange Haar beibehält.

Abg. Röm. Mitth. VIII (1893) S. 185; vgl. S. 184 ff. (W. Amelung).

11. Zeus im Gigantenkampf. Von der Schale des Aristophanes und Erginos. Berlin, Kgl. Antiquarium. Nach Wiener Vorlegeblätter Ser. I Tafel 5. H. der Vase 0,13 m. Gefunden 1830 in Vulci.

Das Vasenbild gehört der älteren Periode des sog. schönen Stiles an, der Zeit nach etwa der Mitte des 5. Jahrhunderts. Im Innenbild und an den Aufsenseiten ist eine Reihe von Einzelkämpfen der Götter gegen die Giganten angebracht. Die hier abgebildete Gruppe bildet die Mitte einer der Aufsenseiten. Zeus (ΙΕΥΣ), mit kurzem, lockigem Haar und Bart, nur mit einem leichten Mäntelchen bekleidet, das sich vom linken Arm hinter dem Körper zum rechten Bein herumschlingt, schreitet kämpfend nach rechts. Er ist mit einem Lorberkranz geschmückt, schwingt in der Rechten den Blitz und streckt mit der Linken das Scepter vor. Sein Gegner, Porphyrion (ΠΟΡΟ*υ*ΡΙΩΝ, die Abbildung giebt die Inschrift nicht vollständig), hat sich schon zur Flucht gewandt. Aber noch im Fliehen wendet er sich um und schleudert mit der Rechten einen Stein gegen Zeus. Der Gigant ist wie in Nr. 9 bärtig und nackt und hat auf dem Kopfe den Helm (hier mit hohem Bügel und aufgeschlagenen Backenklappen); am linken Arme trägt er den Schild (Schildzeichen Schlange), mit dem er sich gegen den Blitz zu schützen sucht.

Abg. Gerhard, Trinksch. u. Gef. Taf. II. III. Wiener Vorlegebl. Ser. I Taf. 5. Overbeck, Kunstmythol., Atlas Taf. V Nr. 3. — Vgl. Furtwängler, Beschreib. d. Vasens. im Antiq. Nr. 2531 (dort die ältere Litteratur verzeichnet). Overbeck, Kunstmythol., Zeus S. 363 Nr. 16. Klein, Vasen mit Meistersign. ²S. 184. M. Mayer, Gig. u. Tit. S. 348 ff. Roscher, Lexikon I Sp. 1656 (E. Kuhnert).

TAFEL III.

1. **Kopf des Zeus.** Von einem Säulencapitell des Apollontempels in Didymoi. Nach *Revue de l'art.*

H. 1,10 m. An Haar und Bart bestofsen. Die Nase ist abgebrochen.

Bei den Ausgrabungen Haussoullier's im Didymaion wurden 1896 auch mehrere Säulencapitelle gefunden, an denen Götterköpfe angebracht waren. Unter ihnen befindet sich auch ein Kopf des Zeus, der als charakteristischer Vertreter des späteren Zeusideals angesehen werden kann, weil die allgemeinen Unterschiede an einem so groben decorativen Werke deutlicher zu Tage treten als in einer individuell so bedeutenden Arbeit, wie etwa der Zeus von Otricoli (Nr. 3) es ist. Die erhabene, göttliche Ruhe und Milde sind hier aus dem Kopfe des Zeus vollständig verschwunden. Was dem neuen Zeusideal an innerer Würde abgeht, sucht man durch effectvolle Äufserlichkeiten zu ersetzen. Das übermäfsig reiche Lockenhaar, der üppige Bart, der den Mund überschattet, die gefurchte Stirn, das tiefliegende Auge sollen diesem Zwecke dienen. Vor der hellenistischen Zeit ist dieses Werk nicht denkbar, und mit Recht hat Haussoullier die Verwandtschaft mit den pergamenischen Sculpturen hervorgehoben. Es wäre sogar möglich, mit der Datirung noch weiter herabzugehen und den Kopf in die römische Kaiserzeit zu setzen, in die ja auch die ebenfalls verwandten Sculpturen des Damophon aus Lykosura gehören, und aus der der Gedanke, Götterköpfe am Capitell von Tempelsäulen anzubringen, durch Beispiele bezeugt ist. Dann würden die Säulen zu dem von Caligula unternommenen Ausbau des Tempels zu rechnen sein.

Abg. *Revue de l'Art ancien et moderne* Bd. II (1897) S. 401. — Vgl. *Compte rendu de l'Académie des inscr. et belles-lettres* 1897 S. 32 f. (B. Haussoullier). Jahrb. d. Arch. Inst. XII (1897), Anzeiger S. 63 ff. (Conze). *Revue de l'Art* a. a. O. S. 391 ff. (B. Haussoullier und E. Pontremoli). *Revue de philologie* Bd. XXII (1898) S. 37 ff. Zu den Sculpturen von Lykosura und deren Zeitbestimmung vgl. Kavvadias, *Fouilles de Lycosoura.* Overbeck, Plastik⁴ II. S. 486 ff. Zum Tempelbau des Caligula Sueton. *Calig.* 21. Cassius Dio LIX 28.

2. **Colossalkopf des Zeus.** Berlin, Kgl. Museum. Nach Braun.

H. 0,787 m. Aus Rom. Die Nase, ein Teil der Oberlipppe und das Brustatück sind ergänzt.

Zeus ist hier in einer eigenartigen Auffassung dargestellt, die wohl der Ausdruck eines bestimmten Cultes ist. Das Haar, das sich über der Stirn in kurzen Locken emporbäumt, fliefst an den Seiten schlicht und anliegend, wie in feuchten Strähnen, herab; ebenso ist der volle, aber kurze Bart gleichsam triefend von Nässe. Im Haar trägt der Gott einen doppelten Eichenkranz; der Gesichtsausdruck ist ernst, fast trübe. Nach der flüchtigen

Behandlung der Rückseite zu urteilen, sollte die Büste nur von vorn gesehen
werden. Trotz der zeusähnlichen Bildung würde man schwerlich glauben,
dafs hier Zeus dargestellt sei, wenn nicht der Eichenkranz diese Benennung
sicherte. Das nasse Haar deutet auf einen Gott der Feuchtigkeit (wie denn
auch Wassergötter, besonders Acheloos auf den sog. Nymphenreliefs, ähnlich
dargestellt werden); diese Feuchtigkeit kann bei dem Himmelsgotte Zeus nur
das himmlische Wasser, der Regen, sein. Zeus ist also hier als Regengott,
als Ζεὺς Νάϊος, gedacht. Dazu pafst vortrefflich der Eichenkranz, der
vorzugsweise ein Attribut des dodonäischen Zeus war; denn gerade in Dodona
wurde Zeus als Νάϊος verehrt.

> Abg. E. Braun, Antike Marmorwerke, 1. Dekade Taf. 4. Overbeck, Kunst-
mythologie, Atlas Taf. III 1. Beschr. d. antiken Skulpt. S. 124. — Vgl. Verzeichn.
d. antiken Skulpt. Nr. 292. Arch. Ztg. Bd. VI (1848) S. 303 (O. Jahn). Overbeck,
Kunstmythologie, Zeus S. 233. Zum Eichenkranz vgl. Gött. Nachr. 1873 S. 365 ff.
(F. Wieseler). Zu den Nymphenreliefs Roscher, Lexikon s. v. Pan (K. Wernicke).

3 (I 1). Kopf des Zeus. Rom, Vatican. Nach *Musée Français*
und einem Gipsabgufs.

> H. (mit Einschlufs des Brustetücks) 0,83 m. Gefunden in Otricoli.
Carrarischer Marmor. Nur die Maske ist antik, Hinterkopf und
Büste ergänzt; aufserdem sind noch die Nasenspitze, die Lockenenden
und ein Stück der Stirn modern.

Der Kopf gehörte jedenfalls zu einer Colossalstatue. Da das Material
italischer Marmor ist, so kann das Werk erst in der römischen Kaiserzeit verfertigt sein, und bei dem grofsen Raffinement der Arbeit dürfen
wir den Kopf nicht für eine Copie eines älteren, etwa hellenistischen
Werkes ansehen, sondern wir müssen hier ein Originalwerk erkennen. Dafs
der Zeus von Otricoli eine Nachbildung des Zeus des Pheidias sei,
wie man früher annahm, ist jetzt durch die sicheren Nachbildungen dieses
Kunstwerkes (s. o. Tafel II Nr. 3—5) widerlegt. Trotzdem ist es begreiflich,
dafs man zu jener Annahme gelangen konnte. Denn zweifellos hat sich
hier der Künstler seine Aufgabe im höchsten Sinne gestellt. Er wollte den
Vater der Götter und Menschen in seiner ganzen Erhabenheit und über-
menschlichen Majestät darstellen und, im Sinne seiner Zeit, ein ähnlich
epochemachendes Werk schaffen wie Pheidias, ja — vielleicht — diesen
noch übertreffen. Wie das Werk des Pheidias ist auch das seinige kein
unvermittelter Sprung zu etwas Neuem, noch nicht Dagewesenem, sondern
es fufst auf einer vorbereitenden Entwickelung des Zeustypus. Aber
indem die einzelnen Züge auf's höchste gesteigert und übertrieben werden,
kommt der Künstler über einen äufserlichen Effect nicht hinaus; er
beherrscht die Mittel der Kunst, der Verstand sucht das Höchste, aber es
mangelt die fromme Hingabe, die Seele aller religiösen Kunst, die uns aus
den Werken des fünften Jahrhunderts entgegenweht.

Jedenfalls ist jeder einzelne Zug in dem Werke wohl durchdacht und überlegt. Die mächtige, gewölbte Stirn wird nach oben zu schmaler und scheint nach oben zu streben; über ihr erhebt sich senkrecht aufstrebend das gelockte Haar, um dann in überreicher Fülle seitlich auf die Schultern herabzufallen; um die Schattenwirkung zu verstärken, ist zwischen Gesicht und Haar eine Art Rille eingearbeitet. Schon dies Haar zeigt in seiner Eigenart das grofse Wollen des Künstlers; aber der Eindruck der Erhabenheit drängt sich zu beabsichtigt auf, und so wird die Wirkung in das Gegenteil verkehrt. Im Gegensatz zu dem minutiös ausgeführten Gesicht mehr skizzenhaft behandelt, wirkt das Haar fast wie eine Perrücke, und man denkt fast an die in der Kaiserzeit nicht seltenen Lockentoupets. Die Stirn ist nicht die klare, freie Götterstirn, wie sie der Zeus des Pheidias hatte, sie ist in zwiefacher Richtung reich gegliedert. Eine Querfalte teilt sie in eine obere kleinere und eine gröfsere untere Hälfte; jene tritt mehr zurück, diese schwillt mächtig vor: das gewaltige Wollen scheint hier stärker betont als die geistige Bedeutung. Ebenso hebt sich in horizontaler Gliederung die Mitte der Stirn, über der Nase, durch zwei Eintiefungen von den Seitenpartien getrennt, hervor. In dieser ganz singulären, die natürliche Gliederung der Stirn übertreibenden Bildung ist die Energie und Willenskraft des Gottes, also das äufserlich Wirksame, vor dem geistigen Gehalt betont und in übermenschlicher Weise dargestellt. Im Gegensatz dazu blicken die weit geöffneten Augen, von den gewölbten Brauen tief beschattet, ernst und milde zugleich, ein Eindruck, der bei der ganzen Statue durch das zweifellos vorhandene Neigen des Kopfes nach vorn noch verstärkt wurde. Die Nase ist kräftig, mit breitem Rücken; unter ihr quillt wulstartig nach beiden Seiten der Schnurrbart vor. Der Mund ist rings von dem vorspringenden Barte umschlossen, der in dichten, wohlgeordneten Locken Kinn und Wangen umgiebt, und die schwellenden, leicht geöffneten Lippen stark beschattet. So entsteht die Vorstellung einer überquellenden Kraft zugleich mit einem in dem Lächeln des Mundes angedeuteten gnadenreichen Erbarmen. Die Ohren fehlen ganz; sie würden der beabsichtigten Wirkung nur geschadet haben, und sind deshalb unter der Fülle des Haares verborgen gedacht.

Betrachtet man die Gesamtwirkung des Kopfes, so kann man eine gewisse Grofsartigkeit nicht in Abrede stellen. Aber bei längerer Betrachtung überwiegt doch der Eindruck des Manierirten, ja das Übermenschliche bekommt ein fast tierisches Ansehen. Zoega hatte nicht so Unrecht, wenn er das Aussehen des Kopfes mit einem Widder verglich; eher noch könnte man an einen Löwen erinnert werden.

Abg. F. Q. Visconti, *Museo Pio Clementino* Bd. VI Taf. 1. *Musée Français*, *Statues antiques* Bd. III Taf. 1. E. Braun, Vorschule zur Kunstmyth. Taf. 7. 8. Overbeck, Kunstmyth. Atlas Taf. II 1. 2. Conze, Heroen- und Göttergestalten Taf. III 1. v. Sybel, Das Bild des Zeus (Marburg 1876), Tafel. L. M. Mitchell, *A history of anc. Sculpt.* S. 305. Baumeister, Denkm. Bd. III Fig. 1461. — Vgl. E. Braun a. a. O. S. 7 und Ruinen und Mus. Roms S. 414. Zoega in Welckers Ztschr. Bd. I S. 452 f. Brunn, Gesch. d. griech. Künstl. Bd. I S. 201. Overbeck, Kunstmyth., Zeus S. 74 ff. 569. Conze a. a. O. S. 8. Petersen, Die Kunst des Pheidias S. 382 f. 390 f. 416 f. Kekulé, Hebe S. 60 und Die Entsteh. d. griech. Götterid. S. 20. v. Sybel a. a. O. S. 22 f. Friederichs-Wolters Nr. 1511. Baumeister a. a. O. S. 1317. Helbig, Führer Bd. I Nr. 294.

4. Zeus Ammon und Dionysos. Doppelherme aus Marmor. Berlin, Kgl. Museum. Nach *Mon. dell' Instituto.*

H. 0,51 m. Aus Rom. Ergänzt: beide Nasen, der untere Teil vom Barte des Dionysos, und das ganze Bruststück mit dem Halse.

Der ägyptische Ammon *(Amûn)*, ein Gott der Sonne und der Fruchtbarkeit, war den Griechen zuerst in Kyrene bekannt geworden durch den Cult in der Oase. Sie identificirten ihn mit Zeus und setzten seinen Kopf auf ihre Münzen (s. u. Tafel IX Nr. 32 f.), einen Zeuskopf, der von dem ägyptischen Gotte die um die Ohren herumgelegten Widderhörner, die sog. Ammonshörner, entlehnt hatte. Von Kyrene verbreitete sich der Cult auch frühzeitig in das griechische Mutterland; Pindar, durch seine Verbindung mit Kyrene damit bekannt, erwähnt im vierten pythischen Siegeslied (auf Arkesilas) die Διὸς Ἄμμωνος θέμεθλα und redet in einem für das Oasenheiligtum gedichteten Hymnus *(Fragm.* 12 Bgk.) den Ammon als Gebieter des Olympos an; ja er weihte sogar in Theben im Tempel des Ammon eine Statue des Gottes von der Hand des Kalamis (Paus. IX 16, 1). Besonders populär wurde später der Cult des Zeus Ammon durch Alexander den Grofsen, der nach seinem Besuche Ägyptens als Sohn dieses Gottes auftrat und sich selbst mit Widderhörnern schmückte.

Zeus Ammon ist hier vollkommen zeusartig dargestellt. Das ziemlich schlichte Haar ist über der Stirn gescheitelt, der lockige Bart kurz und voll. Der Ausdruck ist mild und ernst. An Ammon erinnern nur die Tierohren und die darumgelegten Widderhörner. Zeus Ammon ist hier, wie öfters, mit Dionysos zu einer Doppelherme verbunden. Man kann sich hierbei erinnern, dass nach Dionysios Skytobrachion (Diod. III 68) Dionysos auch als Sohn des Zeus Ammon angesehen wurde. Auch Dionysos ist hier, entsprechend dem Charakter des Ammonskopfes, ernst und würdig, nach dem älteren bärtigen Typus, gebildet.

Abg. *Mon. dell' Inst.* Bd. IV Taf. 49. *Ann. dell' Inst.* 1848 Taf. J. Overbeck, Kunstmythol., Atlas Taf. III 10. 11. — Vgl. *Ann.* a. a. O. S. 186 ff. (E. Braun). Overbeck, Kunstmythologie, Zeus S. 285 f. Nr. 31. Verzeichnis d. antik. Skulpt. im Kgl. Mus. zu Berlin Nr. 11. Beschr. d. ant. Skulpt. S. 10. Zum Cult des

Zeus Ammon vgl. Roscher, Lexikon Bd. I Sp. 283 ff. (Ed. Meyer). Pauly - Wissowa, Realencykl. Bd. I Sp. 1853 ff. (Pietschmann). Zur Zusammenstellung des Ammon und Dionysos vgl. Stephani, *Compte Rendu* 1862 S. 78. *Ann. dell' Inst.* Bd. LIII (1881) S. 100 (E. Maafs).

5 (I 4). Kopf des Zeus. Von dem Torso einer Colossalstatue aus carrarischem Marmor. Paris, Louvre. Nach *Bouillon.*

H. des Torso 1,44 m. Ehemals in Villa Medici. Der Torso ist fälschlich zur Herme ergänzt von J. Drouilly († 1698), der noch das Gewandstück am Bauch und an der linken Schulter, sowie einen Teil des Schädels ergänzte. Einige Lockenenden sind abgebrochen; auch sind Bart, linkes Auge und Ohr, sowie die Nase bestofsen.

Die Colossalstatue, zu welcher der Kopf gehörte, stellte den Gott in lebhafter Bewegung dar. Dies zeigt das horizontal rückwärts flatternde, kurzgehaltene Lockenhaar, das über der Stirn gescheitelt ist. In diesen Haaren spielt der Luftzug, wie er durch rasche Bewegung, etwa durch Fahren, entsteht. Darum ist die zuerst von Wieseler in der früheren Ausgabe dieses Buches aufgestellte Ansicht, dafs der Gott auf einem Streitwagen gestanden habe, sehr ansprechend. Wenn man bei dem Torso auch an Poseidon gedacht hat, so erklärt sich dies eben durch diese bei Zeus nicht häufige, fast momentan wirkende Lebhaftigkeit der Bewegung. Trotzdem kann an der Richtigkeit der Benennung Z e u s nicht gezweifelt werden; für Poseidon ist der Kopf mit seinen zwar stark bewegten, aber wohlgeordneten Haaren, mit seinem sorgfältig gelockten und gepflegten Vollbart zu heiter-klar und majestätisch. Ist also der streitbare Zeus dargestellt, so kann, wie schon Otfried Müller erklärte, nur an den Titanen- oder den Gigantenkampf gedacht werden. Aber nicht im Kampfe selbst ist Zeus begriffen; vielmehr ist er als Sieger im Kampfe gedacht. Dies zeigt der triumphirend erhobene Kopf, der verklärte Blick des Siegers, mit dem er in die Ferne blickt, und der an den Siegesblick des Apollon von Belvedere erinnert. Jedenfalls ist der Kopf eine der lebensvollsten Schöpfungen der hellenistischen Zeit.

Abg. *Bouillon, Mus. des ant.* Bd. I Taf. 1. Clarac III 312, 682. Overbeck, Kunstmyth., Atlas Taf. II Nr. 15. 16. — Vgl. Fröhner, *Notice* Nr. 31 (der die älteren Abbildungen anführt). Waagen, Kunstw. u. Künstl. S. 157. Overbeck, Kunstmythol., Zeus S. 83 Nr. 14. 570. Furtwängler, Meisterw. S. 142. *Masterpieces* S. 104.

6. Kopf des Zeus mit Eichenkranz und Schleier. Cammeo. Aufbewahrungsort unbekannt. Nach Cades.

H. 0,034 m.

Der Wolkenschleier bezeichnet den Z e u s als den Regenspender, Ζεὺς Νάϊος, wie man ihn in Dodona verehrte (vgl. Nr. 2); dazu stimmt auch der Eichenkranz, das Attribut des dodonäischen Zeus. In reichen Massen umfluten Haar und Bart das ernste Götterantlitz, und der trübe, sinnende

2 *

Ausdruck des Gesichtes scheint für den wolkensammelnden Orakelgott besonders zu passen.

Abdrücke bei Cades, *Impr. gemm. Cl. I. Dirinità maggiori* A Nr. 24 und *Impr. dell' Inst.* V 56. — Vgl. *Ann. dell' Inst.* 1864 S. 275, 2 (Helbig). Overbeck, Kunstmythol., Zeus S. 239 ff.

7. Kopf des Zeus mit Eichenkranz und Aigis. Cammeo.

Venedig, Bibliothek von S. Marco. Nach Visconti.

Dm. 0,045 m. Vermächtnis des Cav. Gir. Zulian. Gefunden in Ephesos.

Das schöne, oft besprochene und abgebildete Werk zeigt den Kopf des Zeus in männlicher Vollkraft. Die edlen, kräftigen Gesichtszüge sind umrahmt von dem wohlgeordneten, lockigen Haar, das über der Stirn gescheitelt ist und an den Seiten fast bis auf die Schultern herab fällt; der Bart gliedert sich in einzelne gedrehte Locken. Im Haar trägt Zeus einen Eichenkranz, über der linken Schulter die als schuppiges Fell charakterisirte Aigis. Ungemein reizvoll ist der lebhafte Ausdruck des Gesichts mit den strahlend aufwärts blickenden Augen und dem leicht geöffneten Munde; es ist der Ausdruck göttlichen Triumphes nach der Besiegung finsterer Gewalten. Als solche sind auch hier die Giganten oder Titanen vorauszusetzen, wie bei Nr. 5, wo der aufwärts gerichtete Blick ebenfalls vorhanden ist. Die Aigis trägt der Gott als die ihm eigentümliche Waffe gegen seine Feinde, sie ist sein Schild, wie der Blitz seine Waffe ist (vgl. auch die Statue in Leiden, Tafel II Nr. 7). So kann auch der Eichenkranz die Darstellung hier nicht in den engen Kreis des dodonäischen Cultes bannen; vielmehr ist die Eiche auch an anderen Orten dem Zeus geheiligt, und so ist der Eichenkranz der passende Siegerkranz für Zeus.

Abg. E. Q. Visconti, *Capo di Giove Egioco* (*Op. rarie* Bd. I Taf. 16). Millin, *Gal. myth.* Taf. XI Nr. 36. Lenormant, *Nouv. Gal. myth.* Taf. VI Nr. 1 u. ö., zuletzt Overbeck, Kunstmyth., Zeus, Gemmentaf. III Nr. 3. — Vgl. Visconti a. a. O. S. 191 ff. Overbeck a. a. O. S. 243 f. Zum Eichenkranz vgl. Göttinger Nachr. 1873 S. 368 f. (F. Wieseler); über das Aussehen des Cammeo ebd. 1874 S. 584 f. (Wieseler).

8 (I 3). Kopf des Zeus. Marmor. London, British Museum. Nach *Specimens*.

H. des antiken Teils 0,33 m. Ergänzt: die Nase, ein Teil des Nackens und ein Stück der linken Wange. Früher im Besitz des Herzogs von St. Albans, dann bei Townley.

Obwohl auch hier der von weichen, zierlich geordneten Locken umgebene Kopf des Zeus einen kurzen, krauslockigen Vollbart trägt, so ist doch seine Auffassung ungemein jugendlich. Auch scheint der freundliche, fast heitere Gesichtsausdruck mit einer besonders durch die schwellenden, leicht geöffneten Lippen hervorgebrachten Beimischung von Sinnlichkeit für Zeus nicht recht passend zu sein. Dies führt Overbeck darauf, das Werk vermutungsweise mit dem Zeus Philios des jüngeren Polyklet in Verbindung zu bringen, der nach Pausanias (VIII 31, 4) dem Dionysos verwandt war. Aber diese Vermutung ist wohl mit Recht allgemeinem Widerspruch begegnet. Sowohl die kleinliche Arbeit wie die unangenehm süfsliche Auffassung weisen das Werk in die Zeit der Antonine.

Abg. *Specimens of ant. Sculpt.* Bd. I Taf. 31. *Anc. Marbles in the Brit. Mus.* Bd. X Taf. 1. Ellis, *Townley gallery* Bd. I S. 309. Overbeck, Kunstmythol., Atlas Taf. II Nr. 17. — Vgl. *Synopsis of the contents of the Brit. Mus., Graeco-Roman sculpt.* S. 48 f. Nr. 122. Overbeck, Kunstmyth., Zeus S. 51 f. 91. 229 f. 580 f. Friederichs-Wolters Nr. 1512.

9. Marmorkopf des Zeus Ammon. Neapel, Museo Nazionale. Nach *Annali.*

H. 0,397 m. Griechischer Marmor. Aus farnesischem Besitz. Ergänzt nach Gerhard: die Spitzen der Hörner und die (jetzt wieder fehlenden) Arme.

Unter den Darstellungen des Zeus Ammon ist dies weitaus die schönste. Sie ist abgeleitet aus dem milden, ruhig ernsten Zeustypus der älteren Zeit. Haar und Bart sind fast ungelockt; jenes ist ungescheitelt, bildet über der Stirn einen Wulst, welcher den Ansatz der Hörner bedeckt, und ist hinten kurz gehalten. Auch der Bart ist kurz und rund, er läfst die Vorderseite des Kinnes frei (vgl. oben Taf. II Nr. 1. 2). Aufser den Tierohren und den Widderhörnern ist in dem Kopfe nichts Tierisches. Äufserlich schlicht und einfach, wirkt der Kopf bedeutend durch den vergeistigten Ausdruck. Der Künstler wollte den Orakelgott der libyschen Wüste darstellen; daher gab er den gleichsam in weite Ferne schauenden Augen jenen sinnenden, träumerisch geheimnisvollen Blick des Propheten.

Abg. *Ann. dell' Inst.* Bd. XX (1848) Taf. H. Overbeck, Kunstmythologie, Atlas Taf. III Nr. 3. — Vgl. Gerhard und Panofka, Neapels ant. Bilder. Nr. 119. *Ann. a. a. O.* S. 193 (E. Braun). Overbeck, Kunstmyth., Zeus S. 278 Nr. 8. Zum Cult des Ammon vgl. oben zu Nr. 4; über Typen des Zeus Ammon Bonner Jahrb. Bd. IX (1846) S. 116 ff. (L. Lersch); über diesen Typus Brunn, Glyptothek *S. 103 f. (zu Nr. 81).

10. Zeus und Hera. Wandgemälde aus der *Casa del poeta tragico* in Pompeji. Neapel, Museo Nazionale. Nach Braun.

H. 1,29 m. Br. 1,23 m. Ergänzt: vordere Seite des Gesichtes, sowie ein Stück des rechten Armes und des rechten Schenkels des Zeus.

In einer waldigen Berglandschaft, wo ein Heiligtum der Kybele durch eine Säule angedeutet ist, auf der Löwen sitzen, und an der Flöten und Klapperbleche hängen und ein Tympanon lehnt, sitzt auf einem felsigen

Vorsprung Z e u s. Er ist in jugendlichem Mannesalter dargestellt, mit kurzem, lockigem Vollbart; um den Unterkörper hat er einen Mantel geschlagen, der schleierartig über Kopf und Rücken hinauf gezogen ist; im Haar trägt er einen Eichenkranz, an den Füfsen Sandalen, am vierten Finger der linken Hand den Ehering; sein Scepter, nur leicht von der linken Hand gehalten, lehnt an seiner Schulter. Mit der vorgestreckten Rechten fafst er die vorgestreckte Linke der von links fast zögernd auf ihn zu schreitenden H e r a. Sie ist reich geschmückt, mit Diadem, Ohrringen, Armbändern, Halskette, Schuhen und langem, gesticktem Gewande; auch sie trägt den Ehering, und vom Diadem fällt der bräutliche Schleier nach hinten, der ihren Oberkörper und die Arme einhüllt. Hinter ihr wird ein ebenfalls lang bekleidetes jugendliches, geflügeltes Mädchen (I r i s) sichtbar, das sie an den Armen unterstützt und sie dem Zeus entgegen zu schieben scheint. Am Fufse des Felsens, auf dem Zeus sitzt, erblickt man noch die in kleineren Proportionen gebildete Gruppe dreier bekränzter J ü n g l i n g e, jeder mit einem Mantel versehen; sie sind im Gespräch mit einander, und der eine von ihnen blickt voll gespannten Interesses auf die Haupthandlung.

Die Erklärung dieser Haupthandlung ist umstritten; denn wenn man von der älteren, lediglich durch die Verschleierung des Zeus hervorgerufenen Deutung auf Kronos und Rhea absicht, so steht der Ansicht Becchi's und Welcker's, welche die Scene auf dem Ida im 14. Buche der Ilias dargestellt sehen, diejenige der Neueren gegenüber, die auch hier wie auf der selinuntischen Metope (Tafel I Nr. 1) die heilige Legende vom Ehebunde des höchsten Götterpares erkennen wollen. Es ist das keineswegs gleichgiltig, denn die leicht ironische Färbung, die der homerische Dichter der Bethörung des Göttervaters giebt, müfste, obwohl er natürlich auf der Legende vom ἱερὸς γάμος fufst (vgl. Welcker zu Schwenck S. 268 ff. Preller-Robert, Griech. Myth. I 167), dem Bilde einen ganz anderen Charakter verleihen, als die heilige Legende selbst. Manche Ähnlichkeiten scheinen ja nun allerdings für die Iliasscene zu sprechen; so der Kybeledienst, ferner die Verhüllung des Zeus, von Overbeck wohl richtig der Wolke gleichgesetzt, mit der in der Ilias Zeus seine Schäferstunde umhüllt; auch die drei Jünglinge würden hier zu nennen sein, wenn Welcker's Deutung auf die i d ä i s c h e n D a k t y l e n richtig ist. Und die allerdings sehr merkwürdige Art, in der Hera mit der Rechten ihren Mantelzipfel vor den Leib hält, ist auch im Sinne dieser Deutung als Koketterie aufgefafst worden. Einem so häfslichen Zuge jedoch, der das ganze Bild, eins der schönsten des vierten Stils, unerfreulich machen würde, widerspricht der gehaltene Ernst, der sonst in allen seinen Teilen herrscht, besonders auch in den Bewegungen der Figuren. Gegen die Iliasscene spricht auch die Anwesenheit der Iris als νυμφεύτρια (vgl. Theokrit.

XVII 134), mit der charakteristischen Geberde des Zuschiebens der Braut,
was auf dem Ida gar nicht passen würde; endlich auch die geflissentliche
Hervorhebung der Eheringe und die verhältnismässig jugendliche Darstellung
des Zeus. So werden wir wohl auch hier den ἱερὸς γάμος erkennen dürfen.
Welche Örtlichkeit dabei als Platz des Ehebundes gedacht ist, wird sich
mit Sicherheit kaum entscheiden lassen. Der Eichenkranz scheint für Dodona
zu sprechen, das daher auch von Foerster angenommen wird, der in den
drei Jünglingen die Σελλοὶ χαμαιεῦναι erkennt. Aber mit Recht wendet
Overbeck ein, daſs die letzteren nicht mit Eichenlaub, sondern mit Frühlings-
blumen bekränzt sind; auch würde die weibliche Hauptfigur in Dodona
nicht Hera, sondern Dione zu benennen sein, und die Anwesenheit der Iris
wäre merkwürdig. Overbeck sucht wahrscheinlich zu machen, daſs der
kretische Ida gemeint sei, die Jünglinge seien die idäischen Daktylen; aber
auch er kommt über eine vage Möglichkeit nicht hinaus. Am wahrschein-
lichsten ist es wohl, daſs der hellenistische Maler des Originales dieser
pompejanischen Copie überhaupt an kein bestimmtes Local gedacht hat,
sondern an eine ideale Örtlichkeit in der Bergeinsamkeit, wie sie treffend
durch das ἱερὸν der Kybele bezeichnet wird. Die Braut Hera wird in
bräutlichem Schmuck von der νυμφεύτρια Iris dem harrenden Bräutigam
Zeus zugeführt, der sie sanft zu sich heranzieht. Der Bräutigam muſste
bekränzt sein; der Maler wuſste ihm keinen passenderen Kranz zu geben
als den Eichenkranz von Dodona. Die Erde läſst, wie sicher schon die
heilige Legende erzählte, νεοθηλέα ποίην (Il. XIV 347) hervorsprieſsen, —
diese λειμῶνες sind nach Stephani's (Bull. de l'Acad. de St. Pétersb. XII
302, 80) und Helbig's ansprechender Deutung in den drei Jünglingen
personificirt. Bald wird der Bräutigam die Braut umfangen und der
Wolkenschleier des Zeus die Liebenden umhüllen.

Abg. Mus. Borb. Bd. II Taf. 59 (Becchi). Inghirami, Gall. Omer. Bd. II
Taf. 131. R.-Rochette, Maison du poète tragique Taf. 22. W. Gell, Pompeiana I
Taf. 35. 41. R.-Rochette, Peint. de Pompéi Taf. 1. E. Braun, Vorschule zur Kunst-
mythologie Taf. 1. Overbeck, Atlas zur Kunstmyth. Taf. X 28. Baumeister, Denkm.
Bd. II S. 2133. Der Kopf der Hera und Iris allein bei Ternite III 22, der Hera
allein bei Baumeister, Denkm. Bd. I S. 649. Roscher, Lexikon Bd. I Sp. 2127. —
Vgl. Helbig, Die Wandgem. der v. Vesuv verschütt. Städte Camp. Nr. 114. Ann.
d. Inst. Bd. XXXVI (1864) S. 270 f. Untersuch. z. Camp. Wandm. S. 117.
Rhein. Mus. N. F. XXIV (1869) S. 508 ff. Welcker, Alte Denkm. IV 95 ff. Arch.
Ztg. XXIII (1869) S. 56 ff. Foerster, Die heilige Hochzeit des Zeus und der Hera
(Winckelmannsprogr. Breslau 1867) S. 15. 35 ff. Benndorf, Die Metopen von
Selinunt S. 56. Overbeck, Kunstmythologie, Zeus S. 189. 240 ff. Hera S. 148. 174.
Overbeck-Mau, Pompeji S. 287. 587. 601.

11 (II 28). Büste des Zeus mit Eichenkranz und Schleier.
Bronze. Wien, K. K. Münz- und Antikencabinet. Nach Overbeck.

H. 0,17 m. Früher im Stift Klosterneuburg. Rückseite flach.

Die kleine Bronzebüste stellt den Z e u s ganz ähnlich dar, wie der oben (Nr. 6) besprochene Cammeo. Von dem Eichenkranz im Haare fällt ein Schleier über den Hinterkopf und Rücken; er geht über die linke Schulter nach vorn und liegt auch, etwas emporgezogen, auf der rechten Schulter auf. Haar und Bart (der die Vorderseite des Kinnes frei läfst) sind in ähnlicher Weise angeordnet wie dort. Ebenfalls kehrt hier der trübe sinnende Ausdruck in dem leicht nach rechts gewandten Kopfe wieder. Auch hier wird man den Zeus Νάϊος von Dodona zu erkennen haben, wozu natürlich der unten an der rechten Seite der Büste angebrachte geflügelte Blitz durchaus pafst.

Abg. Causeus, *Mus. Roman. 1 Sect. 2* Taf. 1. *Museum Odescalcum* (Rom 1747) Bd. II Taf. 88. (Rom 1752) Bd. II Taf. 33. E. v. Sacken, Die ant. Bronzen des k. k. Münz- u. Ant.-Cab. in Wien Taf. III Nr. 2. Overbeck, Kunstmyth., Zeus Fig. 20. — Vgl. E. v. Sacken a. a. O. S. 11 f. E. v. Sacken und F. Kenner, Die Sammlungen des k. k. Münz- und Ant.-Cab. S. 284 f. Nr. 532 b. Overbeck a. a. O. S. 239 ff.

TAFEL IV.

— —

1. **Dreifacher Zeus (?)**. Rückseite eines rotfigurigen Stamnos strengen Stiles. Aufbewahrungsort unbekannt. Nach Arch. Zeitung.

Aus Chiusi. Früher im Besitz des Kunsthändlers Rusca in Florenz.

Diese Abbildung, welche bereits F. Wieseler für die neue Ausgabe stechen liefs, ist hier aufgenommen, weil sie ein besonders lehrreiches Beispiel der Fälschung darbietet. Auf den Amphoren dieser Zeit sind häufig auf der Rückseite drei Figuren im Gespräche mit einander dargestellt, zunächst wohl den Vorgang der Vorderseite discutirend gedacht, allmählich aber bis zur völligen Bedeutungslosigkeit herabsinkend. Ein gutes Beispiel für die ältere Gattung, wo die Handlung der Vorderseite in der lebhaften Bewegung der Figuren der Rückseite wiederklingt, ist der von Böhlau Arch. Ztg. Bd. XLI (1883) Taf. 12 veröffentlichte Stamnos mit der Ermordung des Hipparchos. Auf unserer Vase war die Rückseite bereits nicht mehr inhaltlich mit der Vorderseite verknüpft, welche den Kampf zwischen Herakles und Kyknos (nicht Kyzikos, wie der Herausgeber Panofka deutete) darstellt. Es waren drei mit dem Mantel bekleidete bärtige Männer, von denen der mittelste, nach rechts hin stehend, den Kopf umwandte zu dem links in Vorderansicht stehenden und ihn anblickenden Gefährten; beide hielten in der Linken den langen Knotenstock, wie ihn jeder ältere Athener trug und wie ihn die Vasenbilder des fünften Jahrhunderts so häufig zeigen, der links hielt ihn schräg, der mittlere wagerecht. Rechts stand ein dritter Mann, den andern beiden zugewandt, auf einen Stock vornüber gelehnt. Aus diesem harmlosen Genrebildchen hat die Fälschung ein höchst merkwürdiges mythologisches Gemälde fabricirt. Jeder der drei Männer erhielt in die freie Hand einen colossalen, wunderlich geformten Blitz; die Stöcke verwandelten sich in den Händen des linken und mittleren Mannes in wundersame aal- oder flammenartige Gebilde, bei dem Manne rechts in einen Dreizack. Dazu bekamen alle drei wunderbare Kappen auf, der linke und mittlere in der Form der Helmkappe des Kyknos auf der Vorderseite, der rechte in einer Form, wie sie auf ägyptischen Monumenten vorkommt.

Bei dieser Sachlage muß die Deutung Panofka's auf einen dreifachen Zeus des Himmels, der Unterwelt und des Meeres natürlich zurückgewiesen werden, ebenso die Idee eines phantasievollen Erklärers, welcher in der sonderbaren Locke auf der Stirn eines jeden der drei Männer ein drittes Auge zu sehen glaubte und an den von Panofka erfundenen (vgl. Preller-Robert Bd. I S. 155 Anm. 1) Zeus Triopas erinnerte.

Nicht besser steht es mit der Vorderseite der Vase: aus der Keule des mit Löwenfell und Bogen bewehrten Herakles hat man einen — Anker gemacht und dem Helden Beinschienen gegeben; der Athena hat man statt des Helms eine Kappe mit Zackendiadem gegeben, und aus dem Busche ihres Helmes ist ein Paar aufgebogener Flügel gemacht, die an ihrem Rücken ansetzen!

Abg. Arch. Ztg. IX (1851) Taf. XXVII. Panofka, Arch. Commentar zu Pausanias (Abh. der Berliner Akad. 1854) Taf. III. — Vgl. Arch. Ztg. a. a. O. S. 305 ff. (Panofka). 376 ff. (v. Paucker). Panofka a. a. O. S. 579 ff. Overbeck, Kunstmythol., Zeus S. 260 ff.

2 (I 12, a). Adler, Pfau und Eule. Intaglio. Berlin, Kgl. Antiquarium. Nach einem Gipsabdrucke.

H. 0,013 m. Br. 0,015 m. Carneol.

Die heiligen Tiere der drei Capitolinischen Gottheiten sind hier als Vertreter des Capitolinischen Dreivereins zusammengestellt; der Adler für Iuppiter, der Pfau für Iuno, die Eule für Minerva. Um das nähere Verhältnis zwischen Iuppiter und Iuno anzudeuten, wendet der Adler seinen Kopf dem Pfau zu. Ähnliche Darstellungen kommen auch auf Münzen vor. Über den Cult der Capitolinischen Trias s. u. Nr. 4.

Abg. Furtwängler, Beschr. d. geschnitt. Steine Nr. 7061. — Vgl. Winckelmann, *Descr. des pierres grav. du bar. Stosch* IV 153. Tölken, Verzeichnis III 2 Nr. 98. Ähnliche Darstellungen bei Cades, *Impr. gemm.* II 66; auf Münzen bei Lenormant, *Nour. Gal. myth.* Taf. VII Nr. 7. Grueber und Poole, *Roman Medallions in the Brit. Mus.* Taf. IV Nr. 1; jeder Vogel einzeln als Vertreter der Gottheit kommt auf Münzen öfters vor.

3. Doppelter Zeus. Intaglio.   Berlin, Kgl. Antiquarium.   Nach
Lenormant.
H. 0,015 m.   Br. 0,02 m.   Carneol.

Auf dieser merkwürdigen, spätrömischen Gemme erblickt man zwei
bis auf geringe Einzelheiten einander völlig gleiche, hinter einander nach
links sitzende Zeusfiguren. Jede von ihnen ist bärtig und hat ein Himation
um den Unterkörper geschlungen, während der Oberkörper unbekleidet ist;
beide Male sitzt Zeus auf einem Thron mit hoher Lehne und verzierten
Füfsen, hält in der Rechten den Blitz und stützt sich mit der Linken auf
das von einem Vogel bekrönte, aufgestellte Scepter. Zwischen beiden sieht
man oberhalb einen (anscheinend männlichen) Kopf, unterhalb der Grund-
linie die Inschrift ΜΥΗ.

Die Bedeutung dieser Verdoppelung sowie der ganzen Darstellung ist
noch nicht genügend aufgeklärt.

Abg. Schlichtegroll, *Dactyliotk. Stoschiana* Bd. II Taf. 21 Nr. 42. Lenormant,
Nouv. Gal. myth. Taf. VIII Nr. 4. Gerhard, Zwei Minerven (Winckelmannsprogr.
Berlin 1848) Nr. 5. Overbeck, Kunstmyth., Zeus, Gemmentaf. III Nr. 6. Furt-
wängler, Beschr. d. geschnitt. Steine Nr. 2608. — Vgl. Winckelmann, *Descr. Stosch*
II Nr. 42. Tölken, Verzeichn. III Nr. 95. Arch. Ztg. 1850 S. 137 (Gerhard).
Lenormant a. a. O. S. 47 f. Overbeck a. a. O. S. 257 f. Zur Bedeutung der Dar-
stellung wird von befreundeter Seite daran erinnert, dafs Diocletianus (vgl. Taf. IX
Nr. 11) sich und seine Nachfolger als *Iovii* bezeichnete (wie Maximianus sich und
die Seinigen als *Herculii*); man könnte demnach hier etwa den *senior Augustus*
Diocletianus und seinen Nachfolger, den *iunior Augustus* Galerius als Iuppiter
erkennen; ob man dann auf den kleinen Kopf oben auf den *Caesar* Severus deuten
darf, ist immerhin erwägenswert.

4. 4a (II 13. 13, a).   Die Capitolinischen Götter.   Oberteil eines
Reliefs.   Nach dem *Codex Coburgensis* (4 a nach Piranesi).
Der untere Teil ist im Louvre.

Das hier abgebildete Bruchstück ist uns nur in drei Zeichnungen
erhalten, von denen die eine auch noch den im Louvre befindlichen Unterteil des Reliefs zeigt. Das Relief stellte eine Opferhandlung vor dem
Tempel des Iuppiter Capitolinus dar; um es als Pendant zu einem andern
Relief zu verwenden, schnitt man den Giebel fort, der also nur in den
erwähnten Zeichnungen erhalten ist. Diese veranschaulichen zusammen mit
einem im Conservatorenpalast zu Rom befindlichen, ähnlichen Opferrelief
die Sculpturen, welche einst den Giebel des Tempels schmückten.

Der Capitolinische Iuppiter wurde zusammen mit Iuno und Minerva
verehrt, und dieser nicht ursprünglich italischen, wahrscheinlich aber schon
unter den Tarquiniern in Rom eingeführten Göttervereinigung, deren Cult
eine Art Staatscult des römischen Weltreiches wurde, war der Tempel auf

dem Capitolium, etwa an der Stelle des Palazzo Caffarelli, errichtet. Der älteste Tempel brannte im Jahre 83 v. Chr. ab; der von Sulla begonnene, 69 v. Chr. vollendete Neubau wurde 69 n. Chr. von den Anhängern des Vitellius in Brand gesteckt. Vespasian baute ihn wieder auf, aber gleich unter seinem Nachfolger Titus brannte er 80 n. Chr. wiederum ab. Die Reliefs zeigen erst den vierten, von Titus begonnenen, von Domitian vollendeten Bau.

Das hier nach der Coburger Zeichnung abgebildete, ältere Relief (aus flavischer Zeit) zeigt die Giebelcomposition in verkürzter Form; dafür giebt es auch die Figuren auf dem Dache des Tempels. Das jüngere im Conservatorenpalast (aus der Zeit des Kaisers Marcus) zeigt die Giebelcomposition vollständiger; es fehlen aber die Statuen auf dem Dache. Auch in manchen Einzelheiten weichen die Reliefs von einander ab, so daſs man sogar gezweifelt hat, ob beide dasselbe Original wiederzugeben beabsichtigen. Dies kann jedoch nicht bezweifelt werden, und man darf von den Verfertigern der Reliefs, welche den Tempel doch nur als Hintergrund für die darzustellende Opferhandlung benutzten, nicht eine bis in's Einzelne genaue Copie der Giebelsculpturen erwarten. Immerhin setzt uns die Combination beider Reliefs*) in den Stand, uns von dem Giebelschmuck wenigstens eine annähernde Vorstellung zu machen. Danach thronte in der Mitte des Giebels auf einer Estrade der Capitolinische Dreiverein: Iuppiter saſs auf einem Thron mit hoher Lehne; sein Oberkörper war nackt, um den Unterkörper war der Mantel gelegt, dessen Zipfel am Rücken hoch geführt über die linke Schulter wieder nach vorn herabfiel. Der Gott stützte sich mit der Linken auf sein langes Scepter; die Rechte, im Schoſse ruhend, hielt den Blitz (nur in R; er fehlt in C). Der Kopf des Iuppiter, in C fälschlich bartlos gezeichnet, ist daher hier unter Nr. 4a nach Piranesi wiederholt, dem eine freilich nur in diesem Punkte genauere Zeichnung vorlag. Zur Rechten des Iuppiter (vom Beschauer links) saſs auf einem ähnlichen Throne Iuno in langem Ärmelgewand und Mantel; über ihren Kopf war ein Schleier gezogen. Sie legte die Rechte in den Schoſs und hielt im linken Arm ein Scepter (nur in R; fehlt in C). Auf der andern Seite saſs Minerva mit Helm und Aigis; im linken Arm hielt sie den Speer, mit der Rechten faſste sie an den Helm (nur in R; statt dieser Figur wiederholte der Künstler in C einfach die Figur der thronenden Iuno). Auch die neben Minerva folgende Figur fehlt in C; es war Mercurius mit Chlamys und Caduceus, mit dem rechten Fuſs hoch auftretend und vorgebeugt den rechten Unterarm auf den hochgestellten Ober-

---

*) In der folgenden Beschreibung ist der Kürze halber das hier abgebildete Relief mit C, das in Rom befindliche mit R bezeichnet.

schenkel legend. Diese vier Figuren waren eingefaßt von Sol und Luna,
die auf ihren Zweigespannen fahren (R giebt der Luna nur ein Pferd);
aber während R rechts Sol, links Luna zeigt, beide nach links fahrend,
sind in C die Plätze vertauscht und beide fahren nach der Mitte zu. Wie
es im Original war, läßt sich nicht mit Sicherheit entscheiden; denn wenn
die Darstellung von R (Sol aufgehend, Luna untergehend) rationeller erscheint,
so ist dafür die von C symmetrischer. Mit der Vertauschung der Plätze
hängt es auch zusammen, daß der vor der Estrade zu Füßen des Iuppiter
mit ausgebreiteten Schwingen sitzende Adler, um in die Sonne zu schauen,
das eine Mal nach rechts, das andere Mal nach links blickt. Von Sol
und Luna aus weiter nach den Giebelecken zu folgt dann jederseits eine
Gruppe von drei Schmieden; in der linken Gruppe glaubt man den
sitzenden Vulcanus zu erkennen, es ist also die Schmiede der Kyklopen
gemeint. Auch diese Gruppen sind in C auf jederseits eine Figur verkürzt;
rechts ist auch die Grotte der Schmiede angedeutet. Dafür giebt C noch
eine liegende Figur ganz in der rechten Ecke, die in R fehlt. Sie ist wohl
nach dem seit hellenistischer Zeit für Flußgötter üblichen Liegeschema als
Flußgott zu deuten; in der linken (in C abgebrochenen) Ecke entsprach
ihr jedenfalls eine gleiche Figur. Noch sind mehrere in kleineren
Proportionen erhaltene Figuren zu erwähnen, welche in R neben dem Adler,
vor der Estrade erscheinen (sie fehlen in C): links (unterhalb Iuno) ein
nackter Knabe, vielleicht der *Genius populi Romani;* rechts (unterhalb
Minerva und Mercurius) eine weibliche vollbekleidete Figur mit einer Fackel (?),
die man als Vesta zu deuten pflegt, und der in der üblichen Weise auf
den Schlangenstab gestützte Aesculapius.

     Auf dem First des Tempels war Iuppiter dargestellt, ein Vier-
gespann lenkend (Reste dieser Gruppe sowohl in R wie C), wie es auch
beim Tempel Vespasians der Fall gewesen war, an den Ecken statt der
Adler des Vespasianstempels wieder Sol und Luna auf Zweigespannen
fahrend (Reste beider Pferdegruppen in R; in C ist Luna (rechts) vollständig, Sol fehlt mit der ganzen linken Giebelecke). Von den auf der
Dachschräge des Giebels stehenden Figuren sind (nur in C) erhalten: rechts
Mars (nackt, Helm auf dem Kopfe, Schwert und Chlamys im linken Arm,
die Rechte auf einen Speer stützend) und weiter oben eine weibliche vollbekleidete Figur, vielleicht Minerva, auf Speer (?) gestützt, den Helm (?)
auf dem Kopfe; auf der andern Seite nur der Unterteil einer langbekleideten
weiblichen Figur.

     Soweit wir die Composition im ganzen überschauen können, scheint
eine Versammlung von Göttern des römischen Staates unter dem Vorsitz
des Capitolinischen Dreivereins dargestellt zu sein.

Abg. ist C ganz nur in der Zeichnung des *Codex Ursinianus Vaticanus* 3439
Bl. 83 (wiederholt Röm. Mitth. Bd. IV [1889] S. 251); der untere Teil (Opferhandlung) allein bei Clarac *Mus. de sculpt.* Taf. 151 Nr. 300; der obere Teil (Giebel)
allein im *Codex Coburgensis* Bl. 156 (wiederholt Arch. Ztg. Bd. XXX [1872] Taf. 57,
und nach besonderer Durchzeichnung hier), ferner im Skizzenbuch eines französischen
Bildhauers von 1576 (danach *Mélanges d'arch. et d'hist.* Bd. IX [1889] Taf. II, vgl.
120 ff. [Audollent]), endlich bei Piranesi, *Della magnificenza ed architettura de' Romani* S. 198 (nach dem *Ursinianus;* nach Piranesi in den ersten beiden Ausgaben
dieses Werkes, die Mittelgruppe auch bei Overbeck, Kunstmyth., Atlas Taf. III 20).
R ist abg. *Mon. dell' Inst.* Bd. V Taf. 36; vgl. Helbig, Führer Bd. I Nr. 542 (dort
die Litteratur). — Vgl. Arch. Ztg. a. a. O. S. 1 ff. (Schulze). Röm. Mitth. a. a. O.
S. 250 ff. (Hülsen). Roscher's Lexikon Bd. II Sp. 705 ff. (Aust). Zum Tempelbau
vgl. O. Richter, Topogr. d. Stadt Rom (Iw. v. Müller's Handb. Bd. III) S. 90 ff.
Jordan, Topogr. v. Rom Bd. I 2 S. 101. Vgl. auch die Münzen Tafel V Nr. 1. 2.

5 (II 17, a). Zeus als Verleiher des Sieges. Gemme. Aufbewahrungsort unbekannt. Nach Lippert.

H. 0,021 m.   Br. 0,012 m.

Zeus, bärtig, und am Unterkörper mit einem Mantel bekleidet, sitzt
nach rechts auf einem Gegenstande, der wohl ein Felsblock sein soll, und
auf den er sich mit der rechten Hand stützt. Mit der linken Hand streckt
er einen Kranz vor. Neben ihm am Boden wird sein (mit den Flügeln
schlagender) Adler sichtbar. Eine Wiederholung derselben Darstellung
soll sich auf einem aus Sicilien herrührenden Plasma im Besitz des Frei-
herrn Sartorius von Waltershausen befinden.

Abdruck bei Lippert, *Dactylioth. Scrin. II P. I* Nr. 4.

6. Zeus auf dem Adler gelagert. Antike Glaspaste. Aufbewahrungsort unbekannt. Nach Cades.

H. 0,017 m.   Br. 0,015 m.

Zeus, bärtig und unbekleidet, lagert auf dem mit ausgebreiteten
Schwingen fliegenden Adler. Beide sind von vorn gesehen und wenden
den Kopf zur Rechten. Zeus hält in der Rechten ein Kerykeion. Unter
dem Adler sowie zu seiner Linken ein Palmzweig.

Zeus von dem fliegenden Adler getragen kommt auf Münzen römischer
Kaiser vor (vgl. Overbeck, Kunstmyth., Zeus S. 264 f. 602. Münztafel III
Nr. 30); die Monumente anderer Art, Gemmen und Bronzen, welche angeblich
diese Darstellung zeigen, sind meist nicht für antik anzusehen. Auch hier
macht besonders das Kerykeion die Gemme verdächtig; denn daß Zeus in
dem archaischen Vasenbild bei Gerhard, Auserl. Vasenb. III Taf. 170, beim
Zuge zum Parisurteil den Heroldstab trägt, bildet keine Analogie zu der
spätrömischen Gemme.

Abdruck bei Cades *Impr. gemm. I Giore* Nr. 185. — Zur Darstellung vgl.
noch Sittl, Adler und Weltkugel S. 31. Keller, Die Thiere des klass. Alterth.

S. 251. 440 Anm. 171. S. Reinach, *Répertoire de la stat. gr. et rom.* II 1 S. 17 Nr. 5.
Zu erinnern ist auch an Darstellungen, welche den vergötterten Kaiser von einem
Adler (oder die Kaiserin von einem Pfau) gen Himmel getragen zeigen.

7. Colossalkopf des Zeus. Florenz, Giardino Boboli. Nach dem Original.

Die Abbildung fand sich bereits fertig gestochen in Wieseler's Nach-
lafs vor. An der Identität mit dem Florentiner Bruchstück ist bei
der genauen Übereinstimmung nicht zu zweifeln, welche die die Stirn
umgebenden Locken mit der Abbildung des Oberkopfes bei Winckelmann zeigen. Aufser bei Overbeck und dem von ihm citirten H. Meyer
finde ich den Kopf sonst nirgends erwähnt. Nach der Abbildung
scheint nur der Kopf antik, und auch an diesem sind Nase und Oberlippe, sowie Teile der Locken ergänzt. Früher hoch an der Garten-
seite der Villa Medici angebracht. Ad. Michaelis teilt mir die Vermutung mit, dafs der Kopf sich früher in der Sammlung Valle befand,
wo ein Par schöne Zeusköpfe erwähnt werden (vgl. Jahrb. d. arch.
Inst. Bd. VI (1891) S. 228 Nr. 12. 235 Nr. 145).

Der Kopf zeigt unverkennbare Verwandtschaft mit dem Zeus von
Otricoli (Taf. III Nr. 3), besonders in dem Aufsteigen der Locken über
der Stirn und ihrem Fall an den Seiten. Doch ist das Ganze weniger
auf den Effect gearbeitet und im Ausdruck ruhiger und milder, so dafs
man fast an Asklepios denken könnte. Indessen möchte ich wegen der von
Overbeck mit Recht hervorgehobenen Grofsartigkeit der Auffassung lieber
bei der Deutung auf Zeus bleiben. Auffallend ist die breite Fülle des
Backenbartes, welcher die vollen Locken des Haupthaares fast fortzusetzen
scheint; in weit ausgedehnterem Mafse findet sich dieselbe Besonderheit an
dem von Furtwängler, Sitzungsber. d. philos.-philol. u. histor. Cl. d. k.
bayer. Ak. d. Wiss. 1897 Bd. II Taf. XI. XII (vgl. S. 140 ff.) heraus-
gegebenen hellenistischen Bronzekopf in Münchener Privatbesitz.

Das Obergesicht bis unterhalb der Augen ist abg. bei Winckelmann, Werke
(Donauöschingen) Abbild. 33. — Vgl. H. Meyer zu Winckelmann, Werke (Dresd.
Ausg.) Bd. IV S. 316. (Donauösch. Ausg.) Bd. V 1, 30 Anm. 276. Overbeck,
Kunstmyth., Zeus S. 76 Nr. 2.

8. Zeus mit einer Schildkröte. Intaglio. Berlin, Kgl. Antiquarium.

H. 0,009 m. Br. 0,0065 m. Chalcedon.

Zeus steht ruhig in Vorderansicht, das linke Bein zur Seite setzend,
und wendet den Kopf nach seiner rechten Seite. Er ist bärtig und bekränzt,
trägt einen Mantel über der linken Schulter, stützt sich mit der halb
erhobenen Linken auf sein Scepter und hält auf der rechten Hand attributiv
eine ihm zugewandte Schildkröte. Zu seinen Füfsen sitzt ein aufblickender
Adler. Der Sinn des ganz vereinzelten Attributes der Schildkröte ist noch
nicht mit Sicherheit erklärt. An die Insel Aigina, deren Wappen die Schild-

kröte war, und an den Zeus Panhellenios von Aigina zu denken, scheint
bei der späten Zeit, der die Gemme entstammt, mislich.

Abg. Schlichtegroll, *Dactyl. Stosch.* Bd. II Taf. 22 Nr. 87. Panofka, Der Tod
des Skiron (Berlin 1836) Taf. IV Nr. 7. Overbeck, Kunstmyth., Zeus, Gemmentaf.
III Nr. 10. Furtwängler, Beschr. d. geschnitt. Steine Nr. 2614. — Vgl. Winckelmann, *Descr.* II 3 Nr. 87.

9 (II 25). Zeus mit Aigis, Schild und Blitz. Intaglio. St. Petersburg, Ermitage. Nach Stephani.

H. 0,03 m. Br. 0,021 m. Carneol, früher in der Sammlung Orléans.

Zeus erscheint hier als gänzlich unbekleideter Jüngling, bartlos, mit
einer Siegerbinde im Haar; um den linken Unterarm, in dem er ein Schwert
trägt, ist die Aigis gewickelt. Er steht in Vorderansicht und wendet den
Kopf nach rechts; die Linke legt er auf den zu Boden gestellten Schild,
in der erhobenen Rechten hält er den Blitz. An seiner rechten Seite sitzt
ein aufblickender Adler. Zwischen diesem und dem rechten Arme des Zeus
steht im Felde die (moderne) Inschrift ΝΕΙΚΟΥ.

Die auffallende Darstellung eines jugendlichen Zeus mit Schwert und
Aigis hat schon ziemlich früh die Vermutung nahe gelegt, daß hier nicht
eigentlich Zeus, sondern vielmehr ein siegreicher Herrscher als Zeus dargestellt sei. Diese Vermutung trifft gewis das Richtige; allein wenn man
weiter annahm, der hier Dargestellte sei Augustus, so widerspricht dem der
Kunstcharakter der Gemme, der sie in die frühe hellenistische Zeit verweist.
Es muß also vielmehr ein hellenistischer Herrscher dargestellt sein; hier
hat die von King geäußerte, von Furtwängler gebilligte und mit guten
Gründen unterstützte Vermutung viel für sich, daß eine Copie nach dem
von Plinius (*Nat. Hist.* XXXV 92) erwähnten Gemälde des Apelles vorliege, welches Alexander den Grofsen als Zeus mit dem Blitz darstellte; auch die Gesichtszüge scheinen dem nicht zu widersprechen.

Abg. *Descr. des pierr. grav. du Duc d'Orléans* Bd. II Taf. 23. Schlichtegroll,
Pierr.grav. Taf. 20 (nach einer Glaspaste der Stosch'schen Sammlung, Winckelmann,
Descr. II 3 Nr. 48). Lenormant, *Nouv. Gal. myth.* Taf. VIII Nr. 6. Stephani,
Apollon Boëdromios Taf. IV Nr. 3. Jahrb. d. Arch. Inst. Bd. III Taf. 11 Nr. 26. —
Vgl. Mariette, *Descr. d. pierr. grav. de M. Crozat* S. 49 Nr. 713. *Descr. Orléans*
Bd. II S. 54 f. Köhler, Gesamm. Schr. Bd. III S. 193 (dazu Stephani S. 353). IV 1
S. 12. Stephani, *Compte Rendu* 1861 S. 168. Tölken, Verzeichn. S. 461. Overbeck,
Kunstmyth., Zeus S. 203. King, *Anc. Gems* Bd. 1 S. XII. Jahrb. d. Arch. Inst.
Bd. IV (1889) S. 67 ff. (Furtwängler).

10 (II 25, a). Jugendlicher Zeus zwischen Apollon und Hermes.
Etruskischer Spiegel. Rom, Museo Kircheriano. Nach Dempster und Gerhard.

Br. 0,174 m. Das unterste Stück (in der Abbildung durch eine
Linie bezeichnet) ist ergänzt.

Der jugendliche Zeus (AIVIⱯ *Tinia*) steht in sehr ähnlicher Körperhaltung wie auf Nr. 9 ruhig da; er ist unbekleidet, hat ein Halsband,
und im Haar einen Epheukranz. Mit der erhobenen Rechten stützt er sich
auf ein Scepter, in der gesenkten Linken hält er den Blitz. Links sitzt
ihm zugewandt Apollon (ΔΛVLV *Apulu*) auf seinem Mantel, dessen oberes
Stück vom Rücken her über die linke Schulter fällt, während der untere
Teil um die Beine geschlagen ist. Er trägt ein Halsband und einen
Lorberkranz und stützt sich mit der Rechten auf seinen Sitz; die Bewegung
der erhobenen linken Hand ist nicht ganz klar. Auf der anderen Seite des
Zeus steht Hermes (ⱤWΛQVⱮ *Turms*), mit einer Chlamys über den Armen,
den Flügelhut auf dem Kopfe, Stiefel an den Füßen (falsch ergänzt); er
legt seine rechte Hand dem Zeus vertraulich auf die Schulter und hält in
der Linken das Kerykeion.

Abg. Dempster, *Etruria regalis* Bd. I Taf. 3. *Mus. Kircher.* Taf. XXII.
Lanzi, *Saggio* Taf. 6 Nr. 5. Gerhard, Etr. Spiegel Bd. I Taf. LXXIV. Gerhard,
Akad. Abh. Taf. XXXIV Nr. 2. — Vgl. Lanzi a. a. O. S. 202 ff. Gerhard, Akad.
Abh. Bd. I S. 290 f. Overbeck, Kunstmythol, Zeus S. 204.

11. Thronender Zeus. Wandgemälde. Pompeji. Nach Zahn,
Wandgem. in Pompeji Taf. 26 und Braun, Vorschule Taf. 11.

H. 0,62 m. Aus Pompeji, *Casa del nariglio.*

Zeus sitzt fast in Vorderansicht, etwas nach rechts hin, auf einem
Throne, über den ein Tuch gebreitet ist, und dessen Seitenlehnen von Adlern
getragen werden. Sein Unterkörper ist mit einem Mantel bekleidet, er setzt
die mit Sandalen bekleideten Füße auf einen Fußschemel; hinter dem
bärtigen von lockigem Haar umwallten Haupt wird ein Nimbus sichtbar.
Der Gott schultert mit der linken Hand das oben und unten in einen
Knauf endigende Scepter und faßt mit der Rechten sinnend oder sorgenvoll
an das Haupt. Diese Geberde ist verschieden gedeutet worden. Panofka
faßte sie wunderlicher Weise als Andeutung der bevorstehenden Athena-
geburt auf; auf ernstes Nachsinnen deutet Overbeck a. a. O. S. 161, der
jedoch mit Unrecht von einem Aufstützen des Armes auf die Thronlehne
spricht und daher die gar nicht verwandte Haltung des Zeus auf der
Münze des L. Verus (a. a. O. Münztaf. II Nr. 32) vergleicht. Jedenfalls kann
hier nicht der griechische Gestus des an den Kopf Fassens gemeint sein,
der ja Schmerz bedeutet, es ist ein römischer Gestus. Und so hat bereits
Wieseler mit Recht darauf hingewiesen, daß auf einer Münze des Nero
(Müller-Wieseler Bd. I Taf. LXVII Nr. 362; übrigens auch auf anderen
Kaisermünzen) die *Securitas Augusti* denselben Gestus macht, den wir also
wohl als »sinnende Fürsorge« auslegen dürfen. Vielleicht ist so auch die
Geberde der an den Helm fassenden Minerva im Giebel des Capitolinischen

Iuppitertempels (s. o. Nr. 4 und die Münze Taf. V Nr. 1) aufzufassen. Neben dem Thron sitzt zur Rechten des Zeus der Adler ruhig am Boden. Abg. *Mus. Borb.* Bd. VI Taf. 52. Zahn, Wandgemälde in Pompeji Taf. 26. Zahn, Die schönsten Ornamente u. s. w. Bd. II Taf. 88. Gell, *Pompejana* Bd. II Taf. 66. Abb. d. Berl. Akad. 1853 Taf. I. II Nr. 8. E. Braun, Vorschule z. Kunstmyth. Taf. 11. Overbeck, Kunstmyth., Atlas Taf. I 39. — Vgl. Abh. d. Berl. Akad. a. a. O. S. 44 ff. (Panofka). Helbig, Die Wandgem. d. v. Vesuv verschüttt. Städte Camp. Nr. 101. Overbeck, Kunstmyth., Zeus S. 189 ff. Zum Nimbus vgl. *Bull. d. Inst.* 1841 S. 103 (Schulz). Stephani, Nimbus u. Strahlenkranz (St. Petersburg 1859) S. 13 ff. Zur Form des Scepters vgl. das der Hera, unten Taf. X Nr. 7, sowie das der Dione auf dem Prometheussarkophag Ber. d. Sächs. Ges. 1849 Taf. VIII.

12 (I 10, a). Thronender Iuppiter, von Victoria bekränzt. Intaglio. Berlin, Kgl. Antiquarium. Nach einem Gipsabdrucke.

H. 0,022 m. Chalcedon.

Iuppiter sitzt in Vorderansicht auf einem Throne mit hoher Rückenlehne. Er ist bärtig, am Oberkörper nackt, am Unterkörper mit einem Mantel bekleidet. Mit der Linken stellt er das kugelbekrönte Scepter auf, die Rechte, in der er den Blitz hält, legt er auf den rechten Oberschenkel. Die Haltung ist genau wie bei Nr. 13. Über dem Kopfe des Iuppiter wird die hinter dem Stuhl mit ausgebreiteten Flügeln schwebend gedachte Victoria sichtbar, welche den Gott bekränzt. Zur Rechten des Iuppiter sitzt (wie in Nr. 11) am Boden der umblickende Adler, welcher einen Kranz im Schnabel trägt. Die Inschrift SILVIDTS wird von Wieseler ohne Angabe von Gründen für modern erklärt. Furtwängler scheint sie für antik zu halten.

Abg. Furtwängler, Beschr. d. geschnitt. Steine Nr. 2306. — Vgl. das Wandgemälde Overbeck, Kunstmyth., Atlas Taf. I 40. Ähnlich auch spätrömische Münzen des Constantin und seiner Nachfolger.

13 (I 7). Sitzender Zeus. Marmorstatue. Rom, Vatican. Nach Visconti.

H. 2,17 m. Früher im Hofe des Palazzo Verospi. Stark ergänzt; antik ist nur der Oberkörper bis zum Ansatz des Gewandes (auf der Abbildung ist durch eine Linie die Grenze bezeichnet). Demnach ist also auch der Adler modern; ebenso die Nase, die linke Schulter mit einem grofsen Teile des Gewandzipfels, beide Arme (deren Haltung aber gesichert ist), und Kleinigkeiten am Haar.

Wir haben in diesem früher sehr überschätzten Werke einen, wenn auch ohne Feinheit gearbeiteten, doch typischen Vertreter der Vorstellung, welche sich das spätere Griechentum und die römische Epoche von dem Vater der Götter und Menschen machte. Die edle Einfalt und stille Gröfse der Schöpfung des Pheidias (s. o. Tafel II Nr. 3—5) ist aufgegeben und einer gröfseren Mannichfaltigkeit und Bewegung, dem Werben um den Effect, gewichen. Freilich nicht in der übertriebenen Weise, in der vereinzelt ein

bedeutender Künstler das Zeusideal gestaltete (s. o. Taf. III Nr. 3), aber
doch sehr verschieden von dem Zeus des Pheidias, auf den man den Zeus
Verospi früher zurückzuführen pflegte. Das Grundschema ist freilich
dasselbe: der Gott sitzt ruhig da, mit gesenktem rechtem Arm; der linke
Arm ist gehoben und stützt sich auf das aufgestellte Scepter; der Mantel
bedeckt nur den Unterkörper, ein Zipfel fällt über die linke Schulter.
Aber hier ist schon ein Unterschied: Pheidias ließ auch den linken Arm
großenteils vom Gewande bedeckt sein; dies ging hier nicht an, weil der Arm
viel stärker erhoben ist, um in effectvoller Weise das Scepter ganz oben zu
fassen. Ob der rechte Arm den Blitz hielt oder unthätig im Schoße lag,
ist nicht mehr auszumachen. Verschieden von Pheidias' Zeus ist auch der
Kopf mit seinem über der Stirn emporgesträubten, in unruhige Locken
gekräuselten Haar. Endlich ist auch die Haltung des Kopfes verschieden;
man hat mit Recht bemerkt, daß, während die Götterbilder des fünften
Jahrhunderts den Kopf aufrecht tragen und ruhig geradeaus blicken, in der
Folgezeit eine innigere geistige Beziehung zwischen Gottheit und Mensch
dadurch angedeutet wird, daß die Götterbilder sich dem Menschen freund-
lich entgegenneigen, wie dies hier der Fall ist.

Abg. E. Q. Visconti, *Mus. Pio-Clementino* Bd. I Taf. 1. Clarac, *Mus. de sculpt.*
Taf. 397 Nr. 666. Pistolesi, *Il Vaticano descr.* Bd. V Taf. 52. E. Braun, Vorschule
d. Kunstmyth. Taf. 10. — Vgl. E. Q. Visconti, *Op. varie* Bd. II S. 423 ff. Overbeck, Kunstmyth., Zeus S. 88 Nr. 20. S. 117 f. 571, 88. Helbig, Führer Bd. I Nr. 243.

14 (I 8). Thronender Zeus. Marmorstatuette. Lyon, Musée lapidaire.
Nach Clarac.

> H. (mit Basis) 0,62 m. Größte Tiefe der Basis (in der Mitte)
> 0,30 m. Früher Sammlung Artaud. Ergänzungen (deren genaue An-
> gabe ich der Freundlichkeit H. Lechat's verdanke): linker Unterarm
> mit Ellbogen (doch ist soviel von letzterem erhalten, daß die auch
> durch das einst vorhandene Scepter geforderte Ergänzung sicher steht);
> rechter Unterarm mit Ellbogen (die Richtung gesichert); die Nase;
> der Hals mit den Lockenenden (Zugehörigkeit des Kopfes demnach
> nicht sicher, aber wegen der Gleichheit des Marmors, der Arbeit und
> der Proportionen sehr wahrscheinlich); die Vorderhälfte des rechten
> Fußes; Teile der Rückenlehne des Thrones.

Zeus sitzt auf einem ungewöhnlich reich verzierten Thron mit hoher
Rückenlehne und Seitenlehnen. Er ist bekleidet mit einem Mantel, welcher
den Unterkörper umhüllt und auf der linken Schulter aufliegt, sowie mit
Sandalen; der Kopf zeigt den gewöhnlichen Zeustypus der späteren Zeit, im
Haar liegt eine Binde. Zeus stützte sich mit der linken Hand auf das
aufgestellte Scepter, von dessen Verlauf längs der linken Seite des Thrones
nach H. Lechat an drei Stellen Spuren erhalten sind; derselbe Gelehrte
teilt mit, daß das Scepterstück, welches die (ergänzte) Linke nach der

Abbildung hält, nur auf dem Papier hinzugefügt ist, während die Hand in
Wahrheit vollkommen leer ist. Die rechte Hand war vermutlich wie in der
Ergänzung bei gesenktem Oberarm vorgestreckt; der Ergänzer gab ihr eine
Kugel, schwerlich mit Recht; vielleicht hielt Zeus den Blitz oder, falls man
eine gewisse Reminiscenz an den olympischen Zeus annehmen darf, eine Nike.

An der Basis befindet sich die Inschrift ΑΠΟΛΛΩΝ, die seit Benndorf allgemein als modern gilt. Indessen mufs doch, seitdem durch H. Lechat
die Möglichkeit gezeigt ist, dafs der Zeuskopf nicht zugehöre, die Frage
offen bleiben, ob nicht der Kopf bartlos und wirklich Apollon dargestellt war.

Abg. *Ann. dell' Inst.* XIII (1841) Taf. D. Clarac, *Mus. de sculpt.* Taf. 397
Nr. 665. — Vgl. *CIG.* III Nr. 6139. *Ann.* a. a. O. S. 52 f. (E. Wolff). Stark, Städte-
leben, Kunst u. Alterth. in Frankreich S. 574. Arch. Ztg. XXIII (1865) S. 73*
(Benndorf). Brunn, Gesch. d. griech. Künstl. Bd. I S. 544.

15 (II 15). Thronender Zeus. Colossalstatue aus Tuff und Marmor.
Palermo, Museum. Nach Serradifalco, *Cenni.*

> H. 3,097 m. Aus Solus in Sicilien. Gesicht und Hals aus weifsem
> Marmor, das übrige aus Tuff.

Diese in römischer Zeit verfertigte Statue stellt Zeus (bärtig und
mit langen Locken) auf einem hohen Throne sitzend dar; die Füfse hat er
auf einen reich verzierten Schemel gesetzt. Er ist, abweichend von den
gewöhnlichen Darstellungen des Zeus, nicht blos mit dem Mantel bekleidet,
der in der typischen Weise den Unterkörper verhüllt und über die linke
Schulter gelegt ist; darunter trägt er noch einen bis an den Hals reichenden
Chiton mit kurzen Ärmeln. Mit der Linken stellt er das Scepter, das er
ganz besonders hoch fafst, senkrecht auf; der rechte Arm ist im Ellbogen
erhoben, die Hand hielt, wie Serradifalco angiebt, nach sicheren Spuren den
Blitz. Das Schuhwerk soll mit Eichenblättern verziert sein.

Abg. Duca di Serradifalco, *Cenni su gli aranzi dell' antica Solunto* Taf. 3.
Derselbe, *Antichità della Sicilia* Bd. V Taf. 33. S. Reinach, *Rép. de la statuaire
gr. et rom.* Bd. II S. 14 Nr. 1. — Vgl. Serradifalco, *Antichità* Bd. V S. 62 f. Overbeck, Kunstmyth., Zeus S. 125 f.

TAFEL V.

1 (I 12). Die drei Capitolinischen Gottheiten. Rückseite einer
Bronzemünze des Antoninus Pius. Paris, Cabinet des Médailles. Nach
Lenormant.

> Vorderseite: ANTONINVS AVG PIVS P P TR P COS III.
> Lorberbekränzter Kopf des Antoninus Pius nach links.

4*

Die Darstellung hat grofse Ähnlichkeit mit der des Giebelfeldes des Capitolinischen Iuppitertempels (s. o. Taf. IV Nr. 4). Die drei Götter sind thronend dargestellt: Iuppiter in der Mitte, die Linke auf das Scepter gestützt, in der Rechten den Blitz*); rechts von ihm Minerva, im linken Arm eine Lanze haltend, auf dem Kopfe einen Helm, an den sie mit der Rechten greift; links von Iuppiter Iuno mit Schale und Scepter. Gemeint ist deutlich die Gruppe im Giebelfelde des Tempels. Denn in der Cultgruppe im Innern des Tempels safs nur Iuppiter, während die beiden Göttinnen standen; auch hatte die Statue der Iuno nach Ovid, *Fast.* VI 38 das Scepter in der Rechten.

Abg. Bossière, *Médaillons du Cabinet du Roi* Taf. 6 Nr. 6. Lenormant, *Nouv. Gal. myth.* Taf. VII Nr. 5. Cohen, *Méd. impér.* ²Bd. II S. 380 Nr. 1134.

2 (I 11, a). Die drei Capitolinischen Gottheiten. Rückseite einer Silbermünze aus dem achten Consulat des Kaisers Domitian (82 n. Chr.). Nach *Mon. dell' Instituto.*

Vorderseite: Bärtiger, lorberbekränzter Kopf des Domitian nach rechts. IMP CAES DOMITIAN AVG P M COS VIII.

Die Münze nimmt, wie die Inschrift CA|PITolium RESTITutum zeigt, Bezug auf die Vollendung des vierten Tempelbaus (vgl. oben zu Taf. IV Nr. 4), welcher nach dem Brande im Jahre 80 n. Chr. von Titus begonnen, von Domitian beendet wurde. Sie stellt den Tempel mit Andeutung seines Giebel- und Firstschmuckes dar und läfst in den Intercolumnien die drei Statuen der Cultgruppe sichtbar werden. Lediglich aus diesem Grunde sind nur vier Säulen in der Front dargestellt, während der Tempel ein Hexastylos war. Iuppiter thront in der Mitte mit Blitz und Scepter; zu seiner Rechten steht Iuno mit Scepter; zu seiner Linken Minerva mit Lanze und Helm.

Abg. *Mon. dell' Inst.* Bd. II Taf. 33—34. — Vgl. Cohen, *Méd. impér.* ²Bd. I S. 471 Nr. 23.

3 (V 66). Zeus Ammon und Hera Ammonia. Intaglio. Berlin, Kgl. Antiquarium. Nach einem Abdrucke neu gezeichnet.

H. 0,01 m. Syrischer Granat.

Zwei Köpfe neben einander nach links. Im Vordergrund Zeus Ammon mit ernstem, widderähnlichem Gesicht, krausem Haar und Bart und Widderhörnern. Im Hintergrund Hera Ammonia (vgl. Paus. V 15, 11), mit Diadem, korkzieherartigen Schläfenlocken und Löckchenreihe über der Stirn (Frisur der sog. Berenike). Links von oben nach unten die

---

*) Diejenigen Züge der Beschreibung, welche in der Abbildung nicht sichtbar sind, sind der Beschreibung von Cohen entnommen.

bisher stets verkehrt *Λιβα* gelesene, von Toelken zu Libanios ergänzte, von Furtwängler auf Libya gedeutete Inschrift ΑΖΙΛ (*'Ασία*), deren Bedeutung unklar bleibt.

Abg. Overbeck, Kunstmythol., Zeus, Gemmentaf. IV Nr. 13. Furtwängler, Beschr. d. geschnitt. Steine Nr. 1121. — Vgl. Toelken, Verzeichn. I 2 Nr. 24. Overbeck a. a. O. S. 301.

4 (I 6, a). Zeus und Dione. Rückseite einer Silbermünze von Epeiros. Nach Lenormant.

Vorderseite: Stolsender Stier im Eichenkranz. ΑΠΕΙΡΩΤΑΝ. Zeit zwischen 238 und 168 v. Chr.

Die Köpfe des dodonäischen Zeus und seiner dodonäischen Gemahlin Dione sind mit einander verbunden. Der bärtige Zeus trägt in seinen Locken einen Eichenkranz, Dione einen hohen Stephanos mit Schleier, ebenfalls mit einem Eichenkranz geschmückt. Hinter dem Kopfe und dem Halse des Zeus Monogramme.

Abg. Mionnet, *Suppl.* Bd. III S. 359 Nr. 1. Lenormant, *Nouv. Gal. myth.* Taf. V Nr. 7. Overbeck, Kunstmyth., Zeus, Münztaf. III Nr. 26. *Brit. Mus., Cat. Coins, Thessaly etc.* Taf. XVII Nr. 5. — Vgl. Mionnet, *Descr.* Bd. II S. 47 Nr. 1. *Suppl.* Bd. III S. 359 Nr. 1. Overbeck a. a. O. S. 232. Brit. Mus. a. a. O. S. 89 Nr. 8—13.

5. Die Zwölf Götter. Relief. Paris, Louvre. Nach Visconti.

Dm. 0,822 m. Dicke der Platte 0,155 m. Aus Gabii. Früher in der Sammlung Borghese. Modern sind die Köpfe des Mercurius, Neptunus, der Minerva und Iuno ganz, des Vulcan und Apollo fast ganz, ferner die Nasenspitzen von Venus, Amor (zugleich die rechte Seite des Körpers), Mars, Diana, Ceres (zugleich eine Locke); von den Emblemen Lampe, Eule, Widder und Taube; endlich Kopf und rechter Arm der Jungfrau. Das Kinn der Vesta ist bestofsen. Der (in der Gesamtansicht bei Clarac mit abgebildete) Untersatz ist nicht zugehörig.

Das Relief befindet sich an einer kreisrunden Scheibe, in deren Mitte eine kreisrunde Vertiefung einst als Sonnenuhr gedient hat. Um diese Vertiefung herum zieht sich auf der Oberfläche ein Streifen von zwölf Götterköpfen in Hochrelief. Um die Seiten der Scheibe ist das flachere Relief mit dem Tierkreis und den Emblemen der Götter gelegt, so dafs dessen Höhe also der Dicke der Scheibe entspricht. Die Abbildung zeigt diesen Streifen emporgeklappt, um ihn zugleich mit der Oberfläche ganz sichtbar machen zu können.

Die Brustbilder der Götter sind (nach rechts herum) Iuppiter (bärtig, neben ihm der Blitz), Minerva (Speer), Apollo (Scepter), Iuno (Scepter), Neptunus (Dreizack), Vulcanus (Scepter), Mercurius (Caduceus), Vesta, Ceres, Diana (Bogen und Köcher), Mars (Helm), Venus (Diadem, Scepter, Amor). In gleicher Reihenfolge erscheinen am Rande die

Zeichen des Tierkreises Stier, Widder, Fische, Wassermann, Stein-
bock, Schütze, Scorpion, Wage, Jungfrau, Löwe, Krebs, Zwillinge. Zwischen
ihnen sind die Embleme der Götter angebracht, und zwar zwischen
Stier und Widder die Taube, weiterhin rechts herum Eule, Delphine, Pfau,
Lampe mit Eselskopf, Hund, Wölfin, Pileus, Fruchtkorb, Adler, geflügelte
Schildkröte (?), Dreifuß.

Man erkennt sofort, daß die Stellung der Embleme nicht derjenigen
der Gottheiten entspricht, zu denen sie gehören. Die Gründe für diese
seltsame Incongruenz sind unbekannt; die darüber geäußerten Vermutungen
sind sämtlich unwahrscheinlich. Es lassen sich auch bei der starken
Ergänzung der rechten Seite gar keine sicheren Vermutungen aufstellen.
Die Ergänzungen sind wohl sicher zum Teil falsch; besonders auffallend
und unmöglich ist die Trennung des Iuppiter von Iuno, der der Ergänzer
den dritten Platz von dem Gemahl lediglich mit Rücksicht auf das an dieser
Stelle befindliche Emblem des Pfaues anwies. Nur soviel läßt sich erkennen,
daß die zwölf Gottheiten hier als Götter des Jahres bezw. seiner Teile, der
Monate, gedacht sind (vgl. unten Taf. VI Nr. 2).

Abg. Visconti, *Mon. Gabini* Taf. 7. 8. Petit-Radel, *Mus. Napoléon* Bd. II
Taf. 26. Millin, *Galerie mythologique* Taf. XXVIII Nr. 85. XXIX Nr. 86—89.
Creuzer, Symbolik Taf. 36 Nr. 49. Hirt, Bilderbuch Taf. 14. Nr. 6. Bouillon, *Mus.*
des Antiques Bd. I Titelvignette. Inghirami, *Mon. Etr.* Bd. VI Taf. F¹. Clarac,
Mus. de sculpt. Taf. 171 Nr. 18. 258 Nr. 18. — Vgl. Visconti a. a. O. S. 38 ff.
Bonner Jahrb. Bd. IV (1844) S. 150 (Lersch). Pyl, Der Zwölfgötterkreis im Louvre
(Greifswald, 1857). Preuner, Hestia-Vesta S. 224. Fröhner, *Notice de la sculpt.*
ant. Nr. 2. (H. de Villefosse,) *Catalogue sommaire* Nr. 666.

6. Votivrelief an Iuppiter Dolichenus. Bronzeplatte. Wiesbaden,
Museum nassauischer Altertümer. Nach Seidl.*)

H. 0,47 m, untere Br. 0,20 m. Gefunden in Heddernheim.

Der auf einem Stiere stehende Gott der syrischen Stadt
Doliche wurde von den Römern mit Iuppiter identificirt, und sein Cult
verbreitete sich in der Kaiserzeit von Rom aus über das ganze Weltreich.
Auch hier sehen wir ihn auf einem Stiere stehen, der auf der Stirn
zwischen den Augen einen Stern trägt. Sein bärtiges Gesicht ist zeus-
ähnlich; er ist bekleidet mit einem römischen Panzer und einer phrygischen
Mütze; an seiner Seite hängt das Schwert, in der Rechten schwingt er ein
Doppelbeil, in der Linken hält er den aus sechs gewundenen (dies in der
Abbildung nicht sichtbar) Zacken bestehenden Blitz. Von oben schwebt
Victoria mit einem Kranze auf ihn zu. Über ihr erblickt man die Büste

---

*) Die Abbildung ist sehr mangelhaft, wie ich leider zu spät Gelegenheit fand mich vor dem
Original zu überzeugen.

des Sol mit Strahlenkranz; sein Blick ist nach oben gewendet. In der Mitte der untersten Reihe sehen wir Isis auf einer Hirschkuh (?) reiten; sie hat langes Haar, ist mit Unter- und Obergewand bekleidet; ihr Kopfschmuck ist eine misverstandene Stilisirung des gewöhnlich der Isis gegebenen Kopfschmuckes, der Sonnenscheibe zwischen zwei Uräusschlangen. Sie hält im linken Arm ein Scepter, in der erhobenen Rechten ein Sistrum. Jederseits von ihr erblickt man eine dem Dolichenus ähnliche gepanzerte und behelmte Halbfigur, welche aus einer Basis von Kugeln (Steinhaufen? vgl. Mithras) hervorzuwachsen scheint und mit erhobenen Armen über dem Kopfe die Büste einer Gottheit hält: rechts vom Beschauer Sol (? mit Strahlendiadem), links Lunus (? mit Mondsichel).

Eine gleichzeitig gefundene Bronzestatuette der Victoria (abg. Nassauer Annalen III 3 Taf. VII 8 b) scheint einst die Spitze der Pyramide bekrönt zu haben (vgl. die Votivpyramide Nr. 8).

Abg. Annalen des Vereins f. nassauische Alterthumsk. Bd. IV 2 Taf. I. Seidl, Über den Dolichenus-Cult (Sitzungsb. d. Wiener Akad. d. Wiss., phil.-hist. Cl. Bd. XII) Taf. III 3. — Vgl. Nassauer Annalen Bd. III 3 S. 171 (Habel). IV 2 S. 340 ff. (Römer-Büchner). Seidl a. a. O. S. 39. Overbeck, Kunstmythologie, Zeus S. 271 f. Hettner, *De Iore Dolicheno*, Diss. Bonn. 1877 S. 39. A. v. Cohausen, Führer durch das Altertumsmuseum in Wiesbaden S. 110 f. Nr. 85. Ed. Meyer in Roscher's Lexikon Bd. I 1 Sp. 1191 ff. L. Pallat, Führer durch das Altertumsmuseum zu Wiesbaden S. 110 f. Nr. 85.

7. Votivrelief an Iuppiter Dolichenus. Verschollen. Nach Seidl.

Gefunden in Cesena bei Forli, wo es Giovanni Marcanova aus Padua († 1445) sah und beschrieb. Bereits im 16. Jahrhundert scheint es verschwunden zu sein und ist so nur in der von Marini veröffentlichten, von Seidl wiederholten Skizze vorhanden. Der Verdacht der Fälschung wird durch den Gewährsmann Marcanova widerlegt, doch scheint der obere Teil des Reliefs sehr schlecht erhalten gewesen zu sein, da der Zeichner die Doppelaxt als Stab misverstanden und dem Gotte einen Renaissancepanzer gegeben hat. Auch der Adler sieht unantik aus, ebenso das seitliche Schweben der Victoria, die an Engel der italienischen Kunst erinnert.

Der Gott, jugendlich bartlos, angethan mit einem Panzer, auf dem Haupte eine Strahlenkrone, steht in Vorderansicht auf dem Rücken eines nach rechts gewandten Stieres, der den Kopf dem Beschauer zuwendet und mit dem langen Schweif seine rechte Flanke peitscht. Er hält in der erhobenen Linken den Blitz und schwingt mit der Rechten seine Doppelaxt (nur als Stab gezeichnet, s. o.). Links oben sitzt der Adler auf einem Blitz, von rechts oben schwebt eine Victoria heran, den Gott zu kränzen. Auf zwei Streifen oben und unten ist die Weihinschrift verteilt; oben liest man I · O · M · D *I (ovi) O (ptimo) M (aximo) D (olicheno)*, unten L · AVRELIVS VALERIVS · SACERDOS *L (ucius) Aurelius Valerius Sacerdos.*

Abg. Marini, *Atti dei Fratelli Arrali* II p. 539. Seidl, Über den Dolichenus-Cult (Sitzungsberichte der Wiener Akademie, philos.-hist. Cl. Bd. XII) Taf. IV 1. — Vgl. Seidl a. a. O. S. 80 ff. Overbeck, Kunstmythologie, Zeus S. 271 f. *C. I. L.* XI 554. F. Hettner, *De lore Dolicheno*, Diss. Bonn 1877, S. 45 f. Ed. Meyer in Roscher's Lexikon Bd. I Sp. 1191 ff.

8. Votivrelief an Iuppiter Dolichenus. Budapest, Ungarisches Nationalmuseum. Nach Seidl.

H. 0,349 m. Br. 0,276 m. Gefunden in Ungarn zu Kömlöd im Tolnaer Comitat, dem antiken Lussonium. Einst teilweise vergoldet und versilbert.

Die Abbildung zeigt die eine Seite einer aus drei Bronzetafeln bestehenden Votivpyramide; eine der drei Seiten ist verloren. Die beiden erhaltenen Platten zeigen innerhalb einer seitlichen, blattartigen Einfassung die Darstellung in mehreren, durch Punktreihen getrennten Feldern über einander angeordnet. Die (hier nicht abgebildete) Vorderseite, durch die Weih-inschrift als solche bezeichnet, zeigt im untersten der drei Felder den gepanzerten Gott in Vorderansicht, mit Pileus und Schuhen angethan, auf dem Rücken eines nach rechts gewandten S t i e r e s stehend, der den Kopf dem Beschauer zuwendet, einen Gurt um den Leib und auf dem rechten Schulterblatt zwei Halbmonde hat. I u p p i t e r D o l i c h e n u s hält in der vorgestreckten Linken den Blitz und schwingt mit der erhobenen Rechten das Doppelbeil; neben seinem Kopfe im Felde ein Stern. Rechts, neben dem Kopfe des Stieres, sieht man einen kleinen A l t a r mit brennendem Opferfeuer; von links schreitet eine kleiner gebildete V i c t o r i a mit Palme und Kranz heran. In der linken unteren Ecke befindet sich eine Büste des H e r c u l e s mit Keule, entsprechend in der rechten Ecke eine solche der M i n e r v a mit Helm und Speer. Im mittleren Felde erblickt man die Büsten von S o l und L u n a, im obersten ein Pflanzenornament. Unter-halb des Stieres, wie auf einer Basis desselben, ist die Inschrift angebracht *Iovi Dulcheno P. Ael(ius) Lucilius c(enturio) coh(ortis) I Alp(inorum) eq(uitatae).*

Die zweite erhaltene (hier abgebildete) Platte zeigt fünf Felder. Das oberste wird von demselben Pflanzenornament ausgefüllt wie auf der anderen Platte. Das zweite Feld zeigt einen A d l e r mit ausgebreiteten Flügeln; das dritte S o l mit Strahlen um das Haupt und L u n a (hinter ihr eine brennende Fackel), zwischen ihnen ein anscheinend von einer Schlange umwundener Gegenstand; das vierte in der Mitte einen A l t a r mit Feuer darauf, dem von links her D o l i c h e n u s, von rechts her eine w e i b l i c h e G o t t h e i t naht. Dolichenus steht im Panzer, Mäntelchen, Stiefeln und Pileus auf dem Rücken eines schreitenden Stieres und hält in der vor-gestreckten Linken den Blitz, in der erhobenen Rechten einen bisher ungedeuteten Gegenstand. Die mit Unter- und Obergewand bekleidete

Göttin steht auf dem Rücken eines Steinbocks, dessen Horn sie mit der Rechten faßt, während sie die Linke erhebt. In dem fünften, größten Bildfeld nimmt eine *Aedicula* die Mitte ein; in derselben steht wieder die Figur des D o l i c h e n u s in gleicher Kleidung und Haltung wie oben, aber ohne Stier, die Rechte deutend erhoben, in der Linken den Blitz haltend, zu seiner Linken ein A l t a r mit Opferfeuer. Rechts und links von der Aedicula, von ihr durch je ein römisches F e l d z e i c h e n mit Legionsadler getrennt, erscheint wieder die Figur des D o l i c h e n u s im Panzer, Mäntelchen und Pileus, aber bis zu den Knien aus zwei durch eine Rosette (Sonnenscheibe ?) mit einander verbundenen Stiervorderteilen empor wachsend. Nach Hettner S. 3, dem Ed. Meyer beistimmt, wäre dies eine ältere Cultvorstellung des Gottes von Doliche. Die links vom Beschauer befindliche dieser Mischgestalten hält wie der Dolichenus unter der Aedicula in der Linken den Blitz und erhebt die Rechte; die andere Mischgestalt hält in der Linken ebenfalls den Blitz und erhebt mit der Rechten eine Schale (oder einen Schild). Unterhalb dieses Feldes befindet sich eine (leere) *tabula ansata.* Auf der Spitze der Pyramide steht eine kleine geflügelte V i c t o r i a auf einem Globus; im linken Arm hält sie einen Palmzweig, der rechte ist abgebrochen.

Abg. St. v. Horvát, Urgeschichte der Slawen, Pesth 1844, 2 Tafeln zu S. 214 ff. Seidl, Über den Dolichenus-Cult (Sitzungsb. d. Wiener Akad. d. Wiss., philos.-hist. Cl. Bd. XII) Taf. III 1. 2. Desjardins und F. Rómer, *A. N. Museum római feliratos emlékei. Monuments épigr. du Mus. National.* Budapest, 1873. S. 11 f. Taf. V. VI. Das Hauptfeld der Vorderseite auch in Roscher's Lexikon Bd. I 1 Sp. 1193. Vgl. Seidl a. a. O. S. 36 f. Overbeck, Kunstmythologie, Zeus S. 271 f. Hettner, *De Iove Dolicheno,* Diss. Bonn. 1877 S. 34 f. Ed. Meyer in Roscher's Lexikon a. a. O. F. Pulszky, *Magyarország Archaeologiája.* Bd. I S. 261. Über die Inschrift *C. I. L.* III 3316. 3317. *Eph. epigr.* II Nr. 591.

9. Stehender Zeus. Intaglio. Berlin, Kgl. Antiquarium. Nach einem Abdruck.

H. 0,014 m. Br. 0,01 m. Chalcedon. Kaiserzeit. Links unten beschädigt.

Der bärtige nackte Z e u s schreitet nach rechts, die linke Hand gesenkt und gleichsam schützend etwas vorgestreckt über eine Büste der e p h e s i schen A r t e m i s mit Kalathos auf dem Kopfe und vielen Brüsten; mit der Rechten schwingt er den Blitz. Im Felde verstreut sind die Buchstaben M F, D, E, F, P, M.

Abg. Schlichtegroll, *Dactyl. Stoschiana* Bd. II Taf. 21 Nr. 36. Furtwängler, Beschreib. d. geschnitt. Steine Nr. 2616. — Vgl. Winckelmann, *Descr. Stosch* II Nr. 36. Toelken, Verzeichnis III Nr. 74. King, *Antique Gems and Rings* Bd. II S. 117. Ähnliche Darstellungen, aber ohne Inschrift, finden sich auf zwei Skarabäen, einem Onyx der Samml. Mertens-Schaafhausen (Auct.-Katalog, Köln 1859, Bd. II Nr. 171) und einem Achat der Sammlung Praun, abg. bei King a. a. O.

Bd. I Taf. X Nr. 3. Nicht unerwähnt soll die von befreundeter Seite geäußerte Vermutung bleiben, daß hier eine Fälschung vorliege nach messenischen Silbermünzen (vgl. z. B. Taf. IX Nr. 20); die Zeusfigur ist sehr verwandt, die dort ganz ähnlich stehenden Buchstaben seien mißverstanden oder willkürlich geändert, aus dem Dreifuß sei die Büste gemacht. Dieser bestechenden Vermutung scheint jedoch die Existenz der erwähnten ähnlichen Gemmendarstellungen nicht günstig zu sein.

10. Stehender Zeus mit dem Adler. Intaglio. Berlin, Kgl. Antiquarium. Nach Cades.

H. 0,013 m. Carneol. Kaiserzeit.

Zeus, bärtig und mit dem Mantel bekleidet, steht ruhig in Vorderansicht, den Kopf nach seiner Rechten hin wendend. Mit der linken Hand stützt er sich auf das Scepter, auf der vorgestreckten rechten Hand hält er den ihm zugewandten, umblickenden Adler. Rechts von unten nach oben die Inschrift THELG.

Abdruck bei Cades, *Impr. gemm.* I A Nr. 70. Abg. Schlichtegroll, *Dactyl. Stoschiana* Bd. II Taf. 21 Nr. 35. Panofka, Gemmen mit Inschriften Taf. I Nr. 6. Furtwängler, Beschr. d. geschnitt. Steine Nr. 7150. — Vgl. Winckelmann, *Descr. Stosch* II Nr. 35. Toelken, Verzeichnis III Nr. 76. Panofka a. a. O. S. 8 f. Ähnliche Darstellungen bei Overbeck, Kunstmyth., Zeus S. 168. Ähnlich erscheint Zeus auch auf Münzen von Laodikeia (Taf. IX Nr. 27).

11. Zeus zwischen den Dioskuren Intaglio. Berlin, Kgl. Antiquarium. Nach einem Abdruck.

H. 0,019 m. Braune Paste. Spätrömisch.

Zeus, bärtig und mit einem Himation bekleidet (Furtwängler giebt irrig auch einen Chiton an), steht in Vorderansicht ruhig da; er lehnt sich mit der linken Seite an einen Pfeiler, auf welchem ein mit den Flügeln schlagender Adler sitzt (Furtwängler, der den Pfeiler und die Linke im Gewande nicht erkannte, beschreibt die Darstellung irrig so, als ob der Adler auf dem seitlich gestreckten linken Unterarme des Zeus säße), neigt den Körper etwas nach dieser Seite, so daß die rechte Hüfte ausgebogen wird. Er erhebt die in den Mantel gewickelte Linke vor der Brust und streckt mit der Rechten eine Schale seitwärts. Neben dem Kopfe des Gottes erscheint links eine Mondsichel, rechts ein Stern. Jederseits von Zeus steht ein nackter Dioskur kleiner gebildet in Vorderansicht, die Hand der nach außen gekehrten Seite auf eine Lanze gestützt, auf dem Kopfe einen Stern tragend.

Abg. Schlichtegroll, *Dactyl. Stoschiana* Bd. II Taf. 21 Nr. 50. Furtwängler, Beschr. d. geschnitt. Steine Nr. 2642. — Vgl. Winckelmann, *Descr. Stosch* II Nr. 50. Toelken, Verzeichnis III Nr. 78.

12. Zeus als Kind. Rückseite einer Kupfermünze von Aigion in Achaia, Kaiserzeit (wol 2. Jahrhundert). München, Kgl. Münzcabinet. Nach Streber.

Vorderseite: ΑΙΓΙΕΩΝ. Kopf des Zeus.

In Aigion war die Sage von der Kindheit des Zeus localisirt (vgl. Paus. VII 24,4: Statue des Zeus als παῖς ἀγένειος; Strab. VIII p. 387: das Zeuskind von einer Ziege gesäugt). So erscheint denn auf Münzen der Stadt bald die Statue des bartlosen Zeus mit der Umschrift Αἰγιέων παῖς, bald die hier abgebildete Darstellung. In einer Grotte steht die Ziege Amaltheia nach rechts; sie blickt empor zu dem Adler, der mit ausgebreiteten Flügeln über der Höhle sitzt. Unter der Ziege kniet das Zeuskind, an ihrem Euter saugend. Umschrift HMΙ|ΟΒΕ und im Abschnitt rückläufig ΝΙΛ = ἡμιοβέλι(ο)ν.

Abg. Denkschr. d. k. bayer. Akad. Phil.-hist. Cl. Bd. VII Taf. 2 Nr. 26. Overbeck, Kunstmyth., Zeus, Münztaf. V Nr. 1. Ein anderes Exemplar bei Imhoof-Blumer und P. Gardner, Num. comm. on Paus. Taf. R 14. Frazer, Pausanias Bd. IV S. 163. — Vgl. Bull. d. Inst. 1843 S. 108. Denkschr. a. a. O. S. 51 (Streber). Overbeck a. a. O. S. 327 f. Imhoof a. a. O. S. 85. Head, Historia numorum S. 348.

13 (III 33, a). Diktynna mit dem Zeuskind. Silbermünze von Kreta, Traian. Nach Lenormant.

Vorderseite: Imp. CAES Ner. TRAIA OPTIM AVG GER DAC PART. Büste des Traian mit Kranz nach rechts.

Eine weibliche Figur, als ΔΙΚΤΥΝΝΑ bezeichnet, in kurzem Jagdchiton, mit Jagdstiefeln und phrygischer Mütze, sitzt nach links auf einem felsigen Sitz; sie erhebt mit der Rechten einen Jagdspeer (oder Pfeil) und hält im linken Arm ein nacktes Knäblein. Dieses wird durch die beiden daneben rechts und links stehenden Figuren je einen Kureten (mit Helm und Schild) als das Zeuskind bezeichnet; auf Kreta ist ja auch die Legende von der Kindheit des Zeus besonders fest localisirt. Unterhalb ΚΡΗΤῶν. Als auffallend wird in den zahlreichen Besprechungen der Münze hervorgehoben, dafs in der Litteratur Diktynna nirgends als Pflegerin des Zeuskindes erscheint; die Erklärung ist nicht so schwer und tiefsinnig, als man gewöhnlich annimmt (Overbeck, Kunstmyth., Zeus S. 332). Diktynna ist die allgemein-kretische Μήτηρ ὀρείη und als solche mit Rhea Kybele zu identificiren (Pauly-Wissowa, Realencykl. Bd. II Sp. 1370 f. 1383). Rhea ist aber die Mutter des Zeuskindes, die das Kind unter dem Schutze der Kureten in der kretischen Zeushöhle gebar und pflegte (Preller-Robert Bd. I S. 133 f.). Dafs jedoch Rhea hier im Jagdkostüm erscheint, ist durch die in späterer Zeit allgemein geläufige Identification der Diktynna - Britomartis mit der Artemis (Pauly-Wissowa a. a. O., vgl. auch Kenner, Münzsamml. St. Florian Taf. III Nr. 13) veranlafst.

Abg. Guigniaut, Rel. de l'ant. Taf. XC Nr. 325 a. Lenormant, Nour. Gal. myth. Taf. IV 15. Overbeck, Kunstmyth., Zeus, Münztaf. V Nr. 4. Brit. Mus. Cat. Coins, Crete Taf. I Nr. 9. Svoronos, Numismatique de la Crète ancienne Taf. XXXIII Nr. 23. 24 (zwei Exemplare). — Vgl. Mionnet, Suppl. Bd. IV S. 297

Nr. 8. Hoeck, Kreta Bd. II S. 168 ff. Lenormant a. a. O. S. 21. Brit. Mus. a. a. O. S. 3. Overbeck a. a. O. S. 332. Svoronos a. a. O. S. 125 f. (der eine Beziehung der Inschrift *Δίκτυννα* auf die Pflegerin des Zeus zu Unrecht ablehnt).

14 (III 33). Rhea mit dem Zeuskind. Rückseite einer Bronzemünze des Kaisers Valerianus von Apameia in Phrygien. Nach einem Mionnet'-schen Schwefelabdrucke.

Vorderseite: AYT KAIC ΛIK OYAΛEPIANOC CEBA-CTOC. Brustbild Valerianus' I. mit Strahlenkranz und Mantel nach rechts.

Rhea, bekleidet mit einem Chiton, welcher von der Brust herab geglitten ist, einem Mantel, der um den Unterkörper geschlungen sich über dem Haupte bogenförmig flatternd wölbt, und einem petasosartigen Hute, sitzt in Vorderansicht, den Kopf zu ihrer Rechten wendend und mit der rechten Hand das flatternde Gewand ergreifend; auf ihrem linken Knie sitzt das nackte Zeuskind. Jederseits tanzt ein nur mit Lendenschurz und Helm bekleideter Kuret, der mit der Linken den Schild erhebt. Ein dritter Kuret, deutlicher auf der in der ersten Ausgabe dieser Denkmäler abgebildeten Münze des Traianus Decius, wird über dem Kopfe der Rhea (also im Hintergrunde gedacht) mit Kopf und Schildrand sichtbar. Zur Rechten der Rhea erblickt man Kopf und Oberkörper einer aufblickenden Ziege, — der Ziege Amaltheia. Die Darstellung bezieht sich natürlich nicht auf die kretische Zeuslegende, sondern auf eine phrygische Localisirung der Kindheitslegende des Zeus. Unterhalb die Inschrift ATTAMEΩN; die Umschrift giebt den stiftenden Beamten an: ΠΑΡΑ AVPηλίου EPMOV ΠΤΑΝΗΓVPIAPXOV.

Abg. Overbeck, Kunstmyth., Zeus, Münztaf. V Nr. 6. — Vgl. Mionnet, *Descr.* Bd. IV S. 239 Nr. 270. Overbeck a. a. O. S. 336. Zur Münze des Traianus Decius vgl. auch Overbeck S. 335 f.

15. Iuppiter-Veiovis. Denar des Münzmeisters M'. Fonteius C. f. (ca. 88 v. Chr.). Nach Cohen.

Die Vorderseite zeigt den lockigen, bartlosen Kopf des lorberbekränzten Veiovis mit der Umschrift ⋀V. FONEI|C. F. Unter dem Kopfe der Blitz. Auf der Rückseite erblickt man in einem Lorberkranze den Genius des Veiovis als geflügelten Knaben auf einer Ziege nach rechts reitend, unterhalb wieder den Blitz; das Ganze von einem Kranz umgeben. Der römische Veiovis wird bald mit Iuppiter, bald mit Apollo identificirt; hier ist wegen des Blitzes die Bezeichnung als Iuppiter richtiger. Die Ziege war, wie mit der Kindheitslegende des Zeus verbunden, auch dem Veiovis heilig.

Abg. Cohen, *Méd. cons.* Taf. XVIII 5. Riccio, *Le monete delle ant. fam. di Roma* Taf. 20, 3—5. Overbeck, Kunstmyth., Zeus, Münztaf. III 5. 6. Babelon, *Monn. de la rép. rom.* Bd. I S. 507 Nr. 10. — Vgl. Cohen, a. a. O. S. 140 Nr. 11. Stephani,

Compte Rendu 1803 S. 155 Anm. 3. 1869 S. 89 Anm. (erklärt beide Male den Flügel-
knaben für Eros und an der zweiten Stelle [irrig] den Blitz unterhalb für einen
Thyrsos). Overbeck a. a. O. S. 200. Zur Ziege und zum Genius des Veiovis vgl.
Preller-Jordan Bd. I S. 264.

16. Zeusknabe auf einer Ziege reitend. Rückseite einer Billonmünze des Saloninus. Nach Cohen.

Vorderseite: P LIC VALERIANVS CAES. Brustbild des
Saloninus mit Strahlendiadem und Mantel nach rechts.

Auf einer Ziege (Amaltheia) reitet nach rechts der nackte Zeusknabe. Mit der Linken hält er sich am Halse des Tieres fest, die Rechte
erhebt er frohlockend. Umschrift IOVI CRESCENTI.

Abg. Cohen, *Méd. imp.* Bd. IV Taf. 19, 19, vgl. S. 482 Nr. 19 und Bd. V²
S. 520 Nr. 29. Overbeck, Münztafel III 7. Dieselbe Darstellung auch auf Münzen
des Gallienus, vgl. Cohen a. a. O. S. 377 Nr. 226 und Bd. V² S. 381. Zur Darstellung vgl. Stephani, *Compte Rendu* 1869 S. 117.

TAFEL VI.

1. Zeus und Io. Vorderseite eines rotfigurigen Stamnos strengen
Stiles. Wien, K. K. Österreichisches Museum. Nach *Annali dell' Instituto*.

H. der Vase 0,3 m. Aus Caere. Früher bei Castellani. Rückseite: Jüngling einem Knaben einen Hasen überreichend, dabei ein
bärtiger Mann in Rückenansicht.

Links erblickt man den Ölbaum, an den die (vom Maler aus
Nachlässigkeit als Stier dargestellte) Io-Kuh gebunden war (Apollod. *Bibl.* II
1, 3, 4. Plin. *Nat. Hist.* XVI 239), und von dessen Stamm noch das
Seil herabhängt. Hermes hat sie, von links eilig herankommend, los-
gebunden und wirft sich nun ihrem Wächter Argos (ΑΡΛΟS) entgegen.
Er hat langes Haar und Spitzbart und ist bekleidet mit einem gegürteten,
kurzen Chiton, Chlamys (darüber das Wehrgehenk), Stiefeln und dem mützen-
artigen Hute, den er in der älteren Zeit zu tragen pflegt; er packt den bereits
niedergesunkenen Argos mit der Linken am langen Spitzbart und will mit
dem Schwerte zustofsen. Argos, nackt und am ganzen Körper mit Augen
bedeckt, sein langes Haar zum Krobylos aufgenommen tragend, ist in Vorderansicht auf das linke Knie gesunken, stützt sich mit der Linken auf den
Erdboden und erhebt klagend die wehrlose Rechte. Im Hintergrund steht
die Io-Kuh nach rechts; ihr gegenüber sitzt unter einer rechts befindlichen
Palme, hinter der ein nach rechts stehendes Reh sichtbar wird, Zeus

auf einem Klappstuhle nach links. Er ist bärtig und bekränzt und hat
das Haar zum Krobylos aufgenommen; bekleidet ist er mit einem langen
ionischen Ärmelchiton, über dem er ein Himation trägt; er stützt die linke
Hand auf das senkrecht gestellte, mit einer Blüte bekrönte Scepter und
erhebt die Rechte, der Io die Handfläche zukehrend. Der Sinn dieser
Geberde ist verschieden ausgelegt worden; für eine einfache Begrüßung der
Io ist sie aber doch zu feierlich und auffallend, als Ermunterung für Hermes
zu ruhig; auch würde man in letzterem Falle eher ein Vorstrecken der Hand
erwarten. So bleibt wohl nichts übrig, als mit R. Schöne an eine Entzauberung der Io zu denken, wenn auch sonst keine Überlieferung bekannt
ist, wonach die Entzauberung gleich nach dem Tode des Argos stattgefunden
hätte. Jedenfalls muſs hervorgehoben werden, daſs auf dem Vasenbilde die
Hand des Zeus dem Kopfe der Io erheblich näher ist als in der Abbildung,
wo durch das Aufrollen der convexen Fläche die oberen Teile der Figuren
aus einander rücken.

Oberhalb steht die Lieblingsinschrift ΚΑΥΟϹ ΛΑΜΑϹ *(καλὸς Λάμας)*.
Die darüber sichtbar werdenden Bogenlinien sind eine törichte Andeutung
des oben abschlieſsenden Stäbchenornaments.

Abg. *Annali dell' Inst.* Bd. XXXVII (1865) Taf. JK. Overbeck, Kunstmyth., Atlas
Taf. VII Nr. 10. Wiener Vorlegeblätter 1890/91 Taf. XI Nr. 2. Roscher, Lexikon Bd. II
Sp. 278 f. — Vgl. *Bull. dell' Inst.* 1865 S. 215 (Brunn). *Annali* a. a. O. S. 147 ff.
(R. Schöne). R. Engelmann, *De Ione* (Diss. Halle, 1868) S. 19 Nr. H. Overbeck,
a. a. O., Zeus S. 28. 30. 477 f. Nr. 15. W. Klein, Meistersign. ² S. 162. K. Wernicke,
Lieblingsnamen S. 69. W. Klein, Lieblingsinschr. S. 66. Roscher a. a. O. S. 277
(Engelmann [der die Vase irrig in London vermutet]). K. Masner, Die Samml.
ant. Vasen u. Terrac. im k. k. Öst. Mus. Nr. 338. Pauly-Wissowa, Realencykl.
Bd. II Sp. 793 (K. Wernicke).

2. Die Zwölf Götter. Wandgemälde an der Auſsenmauer des Eck-
hauses *Vicolo dei dodici iddii* und *Strada dell' Abbondanza* in Pompeji.
Nach *Annali dell' Instituto.*

H. 0,79 m. Br. 3,27 m.

Die bekannten zwölf Götter der attischen Auswahl fanden auf
italischem Boden in der Bedeutung als Monatsgötter weite Verbreitung
(vgl. oben Taf. V Nr. 5). Als solche sind sie wohl auch hier, und zwar
auch in Einzelheiten speciell italischer Auffassung entsprechend dargestellt
(fast sämtlich in Vorderansicht). Die Mitte nehmen Iuppiter und Iuno ein.
Iuppiter ist als schlanker, anscheinend bartloser (bei dem jetzigen stark
zerstörten Zustande des Bildes läſst sich nicht mehr mit Sicherheit feststellen,
ob die Abbildungen hierin Recht haben) Jüngling von apollinischem Äuſsern
gemalt; er hat im lockigen Haar einen Kranz, auf seiner linken Schulter
liegt ein hinten herab wallender Mantel auf, die Linke ist in die Seite

gestemmt, die erhobene Rechte stellt das lange, mit Doppelkreuz bekrönte
Scepter auf. Zu seiner Linken steht I u n o, ebenfalls bekränzt, mit Untergewand und Mantel, dessen Zipfel sie mit der Rechten an der Schulter
faßt; im linken Arm hält sie ein ähnliches Scepter. Neben Iuno folgt
zunächst V u l c a n u s, auch er bartlos wie alle Übrigen außer Neptunus,
angethan mit Exomis und Pileus, im linken Arme die Zange, in der gesenkten
Rechten den Hammer haltend. Weiterhin Venus, und zwar in der localen
Form der V e n u s P o m p e i a n a, mit Mauerkrone und Ruder; sie hat den
rechten Arm im Obergewand verhüllt (vermutlich hielt sie in der Rechten
einen Zweig), hält in der Linken ein mit Blüte bekröntes Scepter und lehnt
sich mit dem linken Ellenbogen auf das Ruder. Neben ihr folgt M a r s
mit Waffenrock, Panzer, Helm und Schild; er hielt wohl einst in der
Rechten ein Schwert. Dann N e p t u n u s, er allein in Seitenansicht (nach
links), bärtig, mit einem von der linken Schulter hinten herabhängenden
Mantel und einer Schiffermütze (? nach Helbig ist es vielleicht ein Kranz);
er legt die linke Hand auf den Rücken, hält in der Rechten seinen Dreizack und tritt mit dem rechten Fuß hoch auf (der Gegenstand, worauf er
trat, ist nicht mehr erhalten; nach Gell und Helbig eine Schiffsprora, nach
Gerhard ein Felsstück). Den Beschluß auf dieser Seite bildet M e r c u r i u s,
mit Flügelhut, Chlamys und Fußflügeln; im linken Arm hält er den *Caduceus*,
in der gesenkten Rechten (römischer Vorstellung entsprechend) einen Beutel.

Zur Rechten des Iuppiter steht M i n e r v a in einem über dem Überschlag gegürteten Peplos, auf dem Kopfe einen Helm (mit aufgeklappten
Backenklappen, dahinter ein Zweig sichtbar) tragend; sie hält in der Rechten
eine Lanze mit der Spitze nach unten und stützt die Linke auf den Rand
des zu Boden gestellten Schildes. Neben Minerva ist C e r e s dargestellt,
in gleicher Gewandung, mit Ähren bekränzt, mit der Linken eine Fackel
schulternd. Es folgt A p o l l o, mit Sandalen und einem Mantel bekleidet,
der die Vorderseite des Oberkörpers frei läßt; er hält das Saitenspiel unter
dem linken Arme und legt den rechten Arm (mit Plektron?) über den
Kopf. Neben ihm steht D i a n a in kurzem Jagdchiton und mit Jagdstiefeln,
den Köcher auf dem Rücken, im Haare eine Zackenkrone; sie hält im
rechten Arme einen Jagdspeer und in der linken Hand den Bogen und zwei
Pfeile; hinter ihr wird ein R e h sichtbar. Am Ende links endlich steht
V e s t a, bekränzt, mit Ober- und Untergewand, von ihrem E s e l begleitet;
im linken Arm hält sie ein Scepter, mit der Rechten streckt sie eine Opferschale vor (nicht einen Apfel, wie die Abbildung zeigt). Die Darstellung
wird eingefaßt von z w e i L o r b e r b ä u m c h e n.

Die Anordnung der Gottheiten ist nicht paarweise in der üblichen
Gruppirung, sondern nach mythologischen Rücksichten; neben Iuno stehen

ihre Kinder Vulcanus und Mars, zwischen die passend Venus eingeschoben ist; neben Iuppiter ebenso passend Minerva. Dann entsprechen sich Neptunus und Ceres, sowie Mercurius und Vesta. Zwischen Ceres und Vesta ist das eng zusammengehörige Geschwisterpaar Apollo und Diana eingeschoben. Zugleich stehen bei dieser Anordnung Iuppiter, Iuno, Minerva nebeneinander, eine dem Maler als Capitolinischer Dreiverein geläufige Gruppe.

Abg. Gell and Gandy, *Pompejana* Taf. 77. *Ann. dell' Inst.* Bd. XXII (1850) Taf. K. — Vgl. Gell *and* Gandy a. a. O. S. 198. *Ann.* a. a. O. S. 206 ff. (Gerhard). Arch. Ztg. Bd. VII (1849) S. 69. Helbig, Die Wandgem. der v. Vesuv verschütt. St. Camp. Nr. 7. Zur Gesamtdarstellung vgl. Preller-Robert Bd. I S. 111; zum jugendlichen Iuppiter Overbeck, Kunstmyth., Zeus S. 199 ff.; zur Venus Pompejana Arch. Ztg. Bd. XIX (1861) S. 184 (Conze) und unten im Abschnitt Aphrodite; zur Vesta mit dem Esel Ovid. *Fast.* VI 311 ff. *Ann. dell' Inst.* Bd. XXXV (1863) S. 124 ff. 128 (Reifferscheid). Preuner, Hestia S. 179. Jordan, Tempel der Vesta S. 18. Preller-Jordan Bd. I S. 68 Anm. 1; zu Mercur und Vesta Reifferscheid a. a. O. S. 130 Anm. 5.

3 (III 47, a). Zeus und Thalia. Rotfiguriges Vasenbild der zweiten Hamilton-Sammlung. Nach Tischbein.

H. 0,235 m.

Ein jugendliches Mädchen, dem der Name ΘΑΛΙΑ *(Θαλία)* beigeschrieben ist, wird von einem Adler in die Luft emporgetragen. Sie hat lang herabfallende Locken, ist mit einem gestickten und gegürteten Chiton bekleidet und mit Kranz, Halsband, Armbändern und Fußspange geschmückt; über ihren ausgebreiteten Armen hängt ein shawlartiges Mäntelchen. Der Adler hält sie vor sich, und zwischen seinen ausgebreiteten Schwingen wölbt sich ein Strahlenkranz. Links unten erblickt man einen Altar, rechts unten einen umgestürzten Korb, aus dem Blumen heraus zu fallen scheinen. Über diesem wird noch teilweise die Gestalt eines nackten Knaben mit Spitzohr sichtbar, der aufgeregt auf den Vorgang hindeutet. Der leere Raum wird von zwei (also fallend gedachten) Blumen ausgefüllt; ebenso sieht man oberhalb des Korbes einen herab fallenden Ball. Der Vorgang ist danach deutlich so gedacht, dass Thaleia beim Ballspiel und Blumenpflücken im heiligen Bezirk (dessen ländlicher Charakter durch den kleinen Satyr bezeichnet wird) von dem Adler überrascht und entführt wird. Durch den Strahlenkranz ist angedeutet, daß sich in der Gestalt des Adlers der verliebte Zeus verbirgt. Nun wird zwar gewöhnlich Aigina als diejenige Geliebte des Zeus genannt, welche dieser in Adlergestalt entführt; vereinzelt wird jedoch auch Thaleia, die Mutter der Paliken, in ähnlicher Weise von Zeus entführt, nämlich in Geiergestalt (Clem. Rom. *Homil.* V 13. *Recogn.* X 22); daß auch hier eigentlich der Adler gemeint ist, zeigt die Verwechselung bei Servius zu Verg. *Aen.* IX 584; und daß diese Tradition alt ist, wird durch das Vasenbild erwiesen, während bei Aigina, wo die litterarischen Quellen für die Adlergestalt des Zeus ebenfalls spät sind, kein sicheres Monument aus älterer Zeit vorliegt. Demnach mufs die Adlergestalt in der Thalia-Sage für ursprünglich, in der Aigina-Sage für späte Übertragung gelten, und die beiden Vasenbilder *Élite* I 17, 1. 2 sind ebenfalls auf Thalia zu deuten.

Abg. Tischbein, *Vases Hamilton* Bd. I Taf. 24, danach auch bei Lenormant und de Witte, *Élite céramogr.* Bd. I Taf. 16. Panofka, Zeus und Aegina (Berliner Akademieschr. 1835) Taf. II Nr. 6. Overbeck, Kunstmythol., Atlas Taf. VI 6. — Vgl. *Élite* a. a. O. S. 31. Welcker, Alte Denkm. Bd. III S. 207. 225 Anm. 33. Griech. Götterl. I S. 371. III S. 190. Overbeck a. a. O., Zeus S. 401 f. 418 f. Zur Überlieferung der Sage vgl. G. Michaelis, Die Paliken (Progr., Vitzthum'sches Gymn., Dresden 1856) S. 48 f. Preller - Robert Bd. I S. 182; über den Satyr, Stephani, *Parerga archaeol.* XIV S. 544. 560; zum Nimbus, Stephani, Nimbus und Strahlenkranz S. 16, 1. 124. 126.

4. Zeus und Aigina. Vorderseite eines rotfigurigen Stamnos strengen Stiles. Rom, Museo Gregoriano. Nach Braun.

H. der ganzen Vase 0,41 m.

Aigina, die Tochter des Königs Asopos von Phleius, wird nach der Sage von Zeus geraubt (erst nach späteren Berichten in Gestalt eines Adlers, wovon aber die älteren Quellen nichts wissen) und nach der Insel Oinopia entführt, die nach ihr den Namen Aigina erhält; dort gebiert sie den Aiakos. In Olympia befand sich eine von den Phleiasiern geweihte Gruppe, welche die von Zeus verfolgte Aigina, deren Schwestern und den alten Asopos darstellte (Paus. V 22, 6). Mit dieser Gruppe hat das hier abgebildete Vasenbild grosse Ähnlichkeit. Zeus (ΙΕΥΣ), mit Spitzbart, langem Haar und Schulterlocken, bekränzt, bis auf den über dem linken Arm hängenden Mantel unbekleidet, eilt mit raschen Schritten nach rechts der zurückblickend vor ihm fliehenden Aigina (ΔΙΛΙΝΔ) nach, die er mit der Linken bei der Schulter ergreift, während er mit der Rechten sein Scepter horizontal vorstreckt, wie um ihren Lauf zu hemmen. Sie ist bekränzt, trägt ein langes Untergewand und darüber ein Himation, das auch die Arme und Hände umhüllt. Links hinter Zeus entflieht, ebenfalls umblickend, eine ihrer Schwestern (nach Pausanias wohl Nemea zu nennen) mit einer Blüte in der Hand. Vor Aigina erblickt man noch zwei fliehende Schwestern; die vorderste von ihnen wird in der Mitte durch den Henkel des Gefäfses verdeckt. Auf der Rückseite setzt sich die Scene fort; man erblickt den greisen König Asopos, dem vier seiner Töchter herbei eilend die Schreckenskunde melden.

Das Schema der Darstellung ist völlig analog zahlreichen Darstellungen der Verfolgung der Thetis durch Peleus. Wir sehen also hier einen für eine

populäre, oft dargestellte Sage erfundenen Typus auf eine seltenere und ent-
legenere übertragen.

Abg. *Mus. Greg.* II 20, 1. Braun, Ant. Marmorw., 1. Dekade Taf. 6. Overbeck, Kunstmyth., Atlas Taf. VI 1. — Vgl. O. Jahn, Arch. Beitr. S. 31 f. Overbeck
a. a. O., Zeus S. 400. Roscher, Lexikon Bd. I Sp. 148 f. (Roscher). Helbig, Führer
Bd. II S. 263 Nr. 113 (E. Reisch). Pauly-Wissowa, Realencykl. Bd. I Sp. 968 (Escher).

5. Zeus und Danae. Vorderseite eines rotfigurigen Kraters strengen
Stiles. St. Petersburg, Ermitage. Nach Gerhard.

H. des abgebildeten Stückes 0,22 m, der ganzen Vase 0,41 m. Aus
Caere. Früher in der Sammlung Campana. Rückseite: Danae wird
mit dem kleinen Perseus im Beisein des Akrisios in den Kasten gesperrt.

D a n a e (ΔΑΝΑΕ), bekleidet mit ionischem Ärmelchiton und einem
um den Unterkörper geschlungenen Mantel, hat sich auf ihr reich verziertes
und mit gesticktem doppelten Unterbett, sowie gesticktem Kopfkissen belegtes
Bett gesetzt, um sich niederzulegen. Ihre Füße ruhen noch auf einer Fuß-
bank, und sie war im Begriff, aus ihrem zum Krobylos aufgebundenen
Haare die Binde zu lösen. Da blickt sie empor und sieht den g o l d e n e n
Regen, in dessen Gestalt Z e u s sie der Sage nach besucht, in dicken
Tropfen in ihren Schofs hernieder rieseln. Wie verzückt schaut sie hin, hält
mit ihrer Thätigkeit inne und bietet sich dem Gotte dar. An der Wand
hängen ein Spiegel und eine Haube. Stil des Vasenmalers Brygos.

Abg. Raoul-Rochette, *Choix de peintures* Bd. I S. 181. Gerhard, Danae
(Winckelmannsprogr., Berlin 1854) Tafel. Welcker, Alte Denkm. Bd. V Taf. 16.
Overbeck, Kunstmythol., Atlas Taf. VI Nr. 2. — Vgl. *Bull. dell' Inst.* 1845 S. 214 ff.
(Campana). *Cataloghi Campana Ser. IV—VII* Nr. 866. Gerhard a. a. O. S. 1 ff.
Welcker a. a. O. S. 276 f. Stephani, Die Vasensamml. d. kais. Ermitage Nr. 1723.
Overbeck a. a. O., Zeus S. 406 Nr. 1.

6 (III 48, b). Zeus und Danae. Wandgemälde. Neapel, Museo
Nazionale. Nach Overbeck.

H. 0,54 m. Br. 0,44 m. Aus Pompeji, *Casa della caccia.*

In einer felsigen Landschaft steht D a n a e in Vorderansicht, nur mit
einem Mantel bekleidet, welcher schleierartig vom Kopfe nach hinten herab
fällt und wie vom Winde getrieben sich mit einem Zipfel nach vorn herum
vor die Beine legt, so dafs die Vorderseite bis zur Scham hinab unbedeckt
bleibt. Von links oben fliegt ein nackter E r o s herab und schüttet aus
einer henkellosen, unten spitz zulaufenden Vase den g o l d e n e n R e g e n
in ihren Schofs. Sie fafst mit der Linken einen Zipfel des Gewandes, um
ihn aufzufangen, erhebt erstaunt die rechte Hand und wendet den Blick
mit einem Gemisch von Erstaunen und Wollust dem goldenen Regen zu.
Auf einem Felsstück zu ihrer Linken erblickt man den geflügelten B l i t z,

als Andeutung für den Beschauer, daß der goldene Regen eine Verwandlungsform des Zeus ist. Dafs Danae hier stehend dargestellt ist, geschah deshalb, weil das Bild als Gegenstück zu einer stehenden Leda dienen sollte.

Abg. *Mus. Borb.* Bd. XI Taf. 21. Overbeck, Kunstmyth., Atlas Taf. VII
Nr. 1. — Vgl. Raoul-Rochette, *Choix de peint.* S. 195. Rhein. Mus. Bd. X (1856)
S. 240 (Welcker). Welcker, Alte Denkm. Bd. V S. 281. *Ann. dell' Inst.* Bd. XXXIX
(1867) S. 349. Helbig, Die Wandgem. d. v. Vesuv verschütt. Städte Camp. Nr. 116.
Overbeck a. a. O., Zeus S. 408 Nr. 5. Zu dem Gegenstück (Leda) vgl. Helbig
a. a. O. Nr. 145. O. Jahn, Arch. Beitr. S. 8 f.

7 (III 48, a). Zeus und Danae. Gemme aus der Sammlung des
Barons von Gleichen. Nach Lippert.

H. 0,015 m. Br. 0,013 m. Amethyst. Von Lippert als Fragment
bezeichnet, ohne ersichtlichen Grund.

Danae kauert nackt auf ihrem Gewande nach rechts und fängt mit
den Händen den goldenen Regen auf, in dessen Gestalt Zeus zu ihr
herniedersteigt.

Abdruck bei Lippert, Daktyliothek I Nr. 28. Abg. Overbeck, Kunstmyth.,
Zeus, Gemmentafel V Nr. 4, vgl. S. 409.

8 (III 47, b). Zeus und Phthia (?). Skarabäus. Aufbewahrungsort
unbekannt. Nach den *Impronte dell' Instituto.*

H. 0,016 m. Br. 0,013 m. Carneol.

Ein nacktes Mädchen kniet nach, links ihr Gewand über den vorgestreckten rechten Arm haltend, mit der Linken erschreckt an den Hinterkopf fassend. Von links oben fliegt in ihren Schofs ein Vogel, anscheinend
eine Taube. Panofka deutete die Darstellung auf eine Localsage von
Aigion, die Autokrates, ein nur bei Athenaios citirter obscurer Schriftsteller
von 'Αχαϊκά, erzählt hatte (Athen. IX p. 395 a): danach hatte sich Zeus
aus Liebe zu Phthia, einem Mädchen von Aigion, in eine Taube
verwandelt. Die Deutung ist möglich und von Overbeck und Wieseler
angenommen. Aber es bleibt immerhin zu erwägen, ob in dieser späten
Gemme nicht vielleicht eine nicht sehr geschickte Darstellung des doch viel
bekannteren Leda-Mythos beabsichtigt ist.

Abdruck in den *Impr. dell' Inst. Cent.* I Nr. 11. Abg. *Ann. d. Inst.* VII
(1835) Taf. H. Overbeck, Kunstmyth., Zeus, Gemmentaf. V Nr. 5. — Vgl. *Ann.*
a. a. O. S. 245 (Panofka). Overbeck a. a. O. S. 415.

TAFEL VII.

1 (V 66, a). Semele's Tod (?). Relief von einem Hause in der Nähe des Bazars der Stadt Chios (Scio). Angeblich verschollen. Nach *Antiquities of Ionia.*

            H. unbekannt. Abgebrochen sind: der rechte Arm des Zeus vom Deltoides ab, die Hände der Hera, sowie Kopf, rechter Arm und linke Hand der hinsinkenden Figur. Auch der Adler und die rechte obere Ecke des Reliefs scheinen beschädigt zu sein. Ob rechts und links ein Abschluß vorhanden ist, bleibt zweifelhaft.

    Zeus und Hera thronen neben einander in Vorderansicht. Links vom Beschauer Zeus, mit kurzem Haar und Bart, am Rücken und Unterkörper mit dem Mantel bekleidet, der über die linke Schulter nach vorn geht und auf dem Arme aufliegt; er hält in der Linken den Blitz und beugt sich etwas vor, indem er den Blick nach seiner linken Seite hin wendet; mit der Rechten stützte er sich wohl auf die Seitenlehne des Thrones. Die Mitte nimmt Hera ein, nicht ganz in Vorderansicht, etwa ein Viertel nach rechts (von Zeus ab) gewandt, aber den Kopf zu ihm wendend; sie trägt Chiton und Mantel und hat auf dem Kopfe eine Stephane, von der ein Schleier nach hinten herab fällt; die Arme legt sie auf die Seitenlehnen ihres Thronsessels. Rechts endlich erblickt man eine nach links sitzende weibliche Figur in Chiton und Mantel, welche gleich Zeus und Hera die Füße auf eine Fußbank setzt; sie sinkt weit hintenüber, die Beschaffenheit ihres Sitzes läfst sich nicht mehr erkennen. Zwischen den Thronen des Zeus und der Hera befindet sich der mit den Flügeln schlagende Adler, unterhalb beschädigt; über ihm zwischen den Köpfen des Götterpares etwas, das wie eine Flamme aussieht.

    Man hat dies Relief, das, soweit die mangelhafte Zeichnung erkennen läfst, dem Ende des fünften Jahrhunderts angehört, auf den Tod der Semele bezogen. Dagegen spricht aber vor allem die Anwesenheit der Hera, ebenso die ruhige Erscheinung des nur wie im lebhaften Gespräche bewegten Zeus. Der fliegende Flammenblitz beruht wohl auf einem Mißverständnis des Zeichners, ebenso wie das taubenmäßige Aussehen des Adlers. Der Reliefgrund rechts scheint stark beschädigt zu sein; das sollen doch wohl die krausen Linien andeuten. Die hinsinkende Figur mufs auf einem Stuhle gesessen haben, wie man aus dem Fußschemel schliefsen darf. Vielleicht safs sie nur weit zurückgelehnt, wie Aphrodite im Parthenonfriese, und hinter ihr safs eine weitere Figur, die sie stützte. Das Ganze scheint einem Tempelfriese anzugehören, und würde dann wohl am wahrscheinlichsten eine Götterversammlung gewesen sein.

Tafel VII. 69

Abg. *Antiquities of Ionia* Bd. I S. IV (Vignette). — Vgl. Overbeck, Kunstmyth., Zeus S. 169 Nr. E. 416 f. Hera S. 129 Nr. D.

2 (III 46). Zeus und Antiope (?). Etruskischer Spiegel. London, British Museum. Nach Inghirami.

H. 0,195 m. Dm. des Spiegelkreises 0,165 m.

Zeus, bärtig (ohne Schnurrbart), durch den Blitz im linken Arm gekennzeichnet, steht nach links und umarmt die ihm gegenüber stehende, nach etruskischer Art geflügelte A n t i o p e. Er ist unbekleidet, trägt aber einen Kranz, ein Halsband und Schuhe. Antiope hat ein Diadem, Halsband, Armbänder und Schuhe; ob das Gewandstück, welches hinter ihr sichtbar wird, ihr oder Zeus gehört, ist nicht auszumachen. Rechts steht abgewandt ein nackter jugendlicher S a t y r, in jeder Hand eine Flöte haltend. Ranken mit Blättern und Blüten füllen den Grund.

Man hat die Darstellung auf Zeus' Liebesvereinigung mit Antiope gedeutet und in dem Satyr eine Andeutung der Verwandlung gesehen, in welcher Zeus der Antiope nahte. Andere, denen dies (mit Recht) bedenklich erschien, dachten an Semele, aber auch hier macht der Satyr Schwierigkeiten. So steht eine sichere Deutung des Bildes noch aus.

Abg. Inghirami, *Mon. Etr. Ser.* II Taf. 17. Gerhard, Etr. Spiegel Bd. I Taf. 81 Nr. 2. — Vgl. Welcker zu K. O. Müller's Handbuch S. 384 Anm. 2. Arch. Ztg. Bd. XI (1853) S. 81 ff. Anm. 47. (Newton), *Synopsis of the Contents of the Brit. Mus.*, *Bronze Room* (1871) S. 21 Nr. 2. Overbeck, Kunstmyth., Zeus S. 405 f. Pauly-Wissowa, RealencykL Bd. I Sp. 2497 (Wernicke). Über den Satyr als Zuschauer mythologischer Scenen vgl. Stephani, *Parerga archaeol.* XIV S. 542 ff., über den des Spiegels speciell S. 565.

3 (III 49). Zeus und Alkmene (?). Vorderseite eines tarentinischen Kraters in Kelchform. Rom, Vatican. Nach Winckelmann.

Früher im Besitz von Raphael Mengs. Rückseite: Zwei M a n t e l -j ü n g l i n g e.

Dargestellt ist ein Liebesabenteuer des Zeus in der Form der Phlyakenposse. Das L i e b c h e n, mit Haube, Ohrring und Halsband geschmückt, schaut aus dem Fenster; ihr Gesicht zeigt edle Bildung. Desto karikirter sind die beiden Gesellen, die unten herbeikommen; sie tragen das Phlyakencostüm (Tricot an Armen und Beinen, Dickbauch und Phallos), haben aber keine Maske, sondern gemeine Gesichtszüge. Z e u s, durch einen wunderlichen Kopfputz ausgezeichnet, ist als spitzbärtiger, knickbeiniger, verliebter Greis geschildert; er trägt eine Leiter herbei, mittels deren er bei der Geliebten einsteigen will. Dazu leuchtet ihm H e r m e s, durch Petasos, Chlamys und Kerykeion bezeichnet, indem er eine Lampe zum Fenster erhebt. Man pflegt auf den Besuch des Zeus bei Alkmene zu deuten, lediglich wohl deshalb, weil in Plautus' *Amphitruo* Mercurius den Iuppiter begleitet. Sonst

spricht eigentlich nichts für diese Deutung; dagegen könnte sprechen, daß
nach der Sage Zeus der Alkmene in Amphitryons Gestalt naht, obgleich
zuzugeben ist, daß er dann im Bilde nicht als Zeus erkennbar gewesen wäre.

Abg. Winckelmann, *Mon. Ined.* Nr. 190 und öfter. — Vgl. Jahrb. d. arch.
Inst. Bd. I (1886) S. 276 (H. Heydemann mit reichen Litteraturnachweisen). Helbig,
Führer II S. 266 Nr. 121 (E. Reisch).

4. Europa auf dem Zeus-Stier. Innenbild einer polychromen Schale.
München, Alte Pinakothek. Nach Roscher's Lexikon.

H. der Schale 0,105 m. Gefunden im Opisthodom des Tempels
von Aigina. Nur in Bruchstücken erhalten. Der Grund ist hellgrau,
die nackten Teile der Europa in Umrißzeichnung ausgeführt. Das
Horn des Stieres, die Ranke, sämtlicher Schmuck und der Gewand-
saum sind vergoldet. Der Stier ist schwarz, sein Auge gelb.

Ein schwarzer Stier, hier inschriftlich als Zeus (ΙΕVΣ) bezeichnet,
trägt die auf seinem Rücken nach Frauenart reitende Europa über's Meer
nach rechts. Sie ist mit einem langen, von goldenen Heftnadeln zusammen-
gehaltenen Peplos bekleidet und trägt reichen Goldschmuck (Diadem, Halsband, Ohrring, Armband, Spange am Haarschopf); sie blickt zurück zum
Ufer, hat in der Rechten noch eine der gepflückten Blumen und hält sich
mit der Linken an dem Horne des Stieres fest. Wie gewöhnlich in der
älteren Malerei ist nur ein Horn des Stieres dargestellt.

Abg. O. Jahn, D. Entführ. d. Europa (Denkschr. d. Wiener Akad., phil.-
hist. Cl. Bd. XIX 1870) Taf. VII. Roscher, Lexikon Bd. I Sp. 1415. — Vgl.
O. Jahn a. a. O. S. 44 f. O. Jahn, Beschr. d. Vasens. K. Ludwigs Nr. 208. Stephani,
Compte Rendu 1866 S. 108 Nr. 23. Overbeck, Kunstmyth., Zeus S. 428 ff.

5 (Bd. I Taf. XLI Nr. 186). Europa (?). Silbermünze von Gortyn
auf Kreta. London, British Museum. Nach Combe.

Die Vorderseite zeigt ein Mädchen, welches unterwärts mit einem
Mantel bekleidet, nach rechts auf dem Stamme und in den Zweigen eines
Baumes sitzt. Sie stützt wie trauernd oder sinnend den Kopf auf die
linke Hand. Unterhalb werden Kopf und Hals eines riesenhaften Adlers
sichtbar. Die Rückseite stellt einen nach rechts schreitenden, zurück blickenden
Stier dar. Man erklärt das Mädchen gewöhnlich für Europa und den
Baum für die berühmte Platane von Gortyn, welche die Blätter im Winter
nicht abwarf, und unter der der Sage nach Zeus sein Beilager mit Europa
gefeiert hatte (Theophr. *Hist. plant.* I 15. Plin. *N.H.* XII 11. Varro *De re
rust.* I 7, 6); der Adler wird für eine Verwandlungsform des Zeus erklärt,
und der Stier der Rückseite als Andeutung dafür, daß sich Zeus in einen
Stier verwandelt hatte, um Europa zu entführen. Allein diese früher allgemein
angenommene Deutung begegnet doch (wie man auch früher nicht verkannte)
verschiedenen Schwierigkeiten. Nirgends wird überliefert, daß Zeus sich der

Europa in der Gestalt eines Adlers gesellt habe; aufserdem müfste man, wenn die Deutung richtig wäre, eine doppelte Verwandlung des Zeus annehmen: erst in einen Stier, um die Geliebte zu entführen, und darauf in einen Adler. um ihr in Liebe zu nahen. Diesen unleugbaren Schwierigkeiten gegenüber mufs die neueste Deutung von Svoronos auf Britomartis mindestens für sehr beachtenswert gelten.

Abg. Combe, *Numi Musei Britannici* Taf. VIII Nr. 10. 11. *Brit. Mus., Cat. Coins, Crete etc.* Taf. IX Nr. 9. Overbeck, Kunstmyth., Zeus, Münztaf. VI Nr. 3. O. Jahn, D. Entführ. d. Europa (Denkschr. d. Wiener Akad., phil.-hist. Cl. Bd. XIX 1870) Taf. IX Nr. f. — Vgl. *Brit. Mus.* a. a. O. S. 38 Nr. 11. Overbeck a. a. O. S. 446. Jahn a. a. O. S. 25 ff. *Revue belge de numism.* Bd. V (1894) S. 113 ff. (J. N. Svoronos). J. N. Svoronos, *Numismatique de la Crète ancienne* S. 169 Nr. 87.

6 (III 40). Zeus als Stier und Europa. Rückseite einer unter Gallienus geschlagenen Bronzemünze von Tyros. Nach *Catal. de Moustier.*

Vorderseite: IMP C P LIC GALLIENVS AVG. Brustbild des Gallienus mit Strahlenkrone, Panzer und Mantel nach rechts.

Europa (ЄVPΩΠη) steht in Vorderansicht ruhig an dem durch das Wappen von Tyros (der heilige Ölbaum der Athena zwischen den ambrosischen Felsen) gekennzeichneten Strande von Tyros. Sie trägt einen langen Chiton und einen vom Hinterhaupte bis auf den Boden herab fallenden Schleier. Im linken Arme trägt sie einen Blumenkorb, in den sie mit der Rechten eine Blume hinein zu legen im Begriffe steht; Europa ist also beim Blumenpflücken dargestellt; Andere (wie Babelon) deuten freilich den Gegenstand als ein Idol der Astarte. Ihr nähert sich, von links unten aus dem Meere hervorkommend, der Zeus-Stier. Umschrift COLonia TVROs METropolis. Der Typus findet sich viermal, und zwar aufser auf der hier abgebildeten Münze auf einer zweiten Münze des Gallienus, sowie auf zwei anderen, von denen die eine unter Traianus Decius, die andere unter Valerianus geprägt ist. Die Blume in der Rechten der Europa ist auf der anderen Gallienus-Münze deutlich zu sehen, und ganz besonders auf der Münze des Traianus Decius, wo sie sich eher wie ein Zweig ausnimmt; die letztgenannte Münze zeigt auch das den Hinterkopf verhüllende Obergewand sehr deutlich.

Abg. (verschiedene Exemplare) O. Jahn, D. Entführ. d. Europa (Denkschr. d. Wiener Akad., phil.-hist. Cl. Bd. XIX 1870) Taf. IX Nr. d. Overbeck, Kunstmyth., Zeus, Münztaf. VI Nr. 8. Fr. Kenner, Münzsamml. St. Florian Taf. VI Nr. 13. *Catal. des Méd. rom. compos. la coll. de feu le marquis de Moustier* (Paris 1872) Taf. V Nr. 321⁸. Babelon, *Catalogue, Les Perses Achéménides* Taf. XXXVIII Nr. 23. — Vgl. Eckhel, *Doctr. Num.* Bd. III S. 389. Mionnet, *Descr.* Bd. V S. 451 Nr. 748. Stephani, *Compte Rendu* 1866 S. 98. 119. O. Jahn a. a. O. S. 23 f. Overbeck a. a. O. S. 461. Kenner a. a. O. S. 175 f. Babelon a. a. O. Nr. 2348. Zu den ambrosischen Felsen (die auch inschriftlich als AMBPOCIЄ ΠЄTPЄ auf Münzen vorkommen) als Wappen von Tyros vgl. Jahn a. a. O. S. 24 Anm. 1.

7 (III 40, c). Europa auf dem Zeus-Stier. Vorderseite einer Silbermünze von Gortyn. Berlin, Kgl. Münzkabinet. Nach Fox.

Rückseite: ΑѴѴΑƧΑ ϽΟΤ ΜΟѴѴΤΑΟΛ *Γόρτυνός (εἰμι)* τὸ *παῖμα* um ein Quadrat, in dem ein Löwenkopf in Vorderansicht.

Europa, langbekleidet, sitzt nach Frauenart auf dem Rücken des nach rechts schwimmenden Stieres; sie breitet die Arme wehklagend aus, den linken nach vorn, den rechten rückwärts. Unter dem Stiere zur Andeutung des Meeres ein Delphin.

Abg. Fox, *Engravings of Greek Coins* Bd. I Taf. X Nr. 109. J. N. Svoronos, *Numism. de la Crète* Taf. XII Nr. 21. — Vgl. Friedländer und v. Sallet, Das Kgl. Münzkab.² S. 59 Nr. 42.   Svoronos a. a. O. S. 158 Nr. 1.

8 (III 40, d). Europa auf dem Zeus-Stier. Gemme. England, Privatbesitz. Nach Lajard.

H. 0,01 m. Br. 0,012 m. Früher in der Sammlung Mertens-Schaafhausen in Bonn.

Europa sitzt auf dem stürmisch dahin sprengenden Stier, unterhalb dessen man zwei Delphine gewahrt. Sie hält mit beiden Händen das bogenförmig über ihrem Haupte wallende Obergewand gefasst.

Abg. F. Lajard, *Recherches sur le culte de Vénus* Taf. XIV G Nr. 1. — Vgl. O. Jahn, D. Entführ. d. Europa (Denkschr. d. Wiener Ak., phil.-hist. Cl. Bd. XIX 1870) S. 16 Anm. 11. Overbeck, Kunstmyth., Zeus S. 404.

9 (III 40, b). Europa auf dem Zeus-Stier. Rückseite einer Bronzemünze von Sidon aus der Regierung des syrischen Königs Demetrios I. (162—150 v. Chr.). Nach Combe.

Vorderseite: ΒΑΣΙΛΕΩΣ ΔΗΜΗΤΡΙΟΥ Kopf des Demetrios mit Diadem nach rechts.

Europa, nach Frauenart auf dem Stiere reitend, wird von ihm nach links über's Meer getragen. Sie hält sich mit der Rechten am linken Horne des Stieres fest, indem sie, wie es scheint, mit der Linken das schleierartig wallende Gewand fasst. Umschrift griechisch ΣΙΔΩΝΙΩΝ und phoinikisch 𐤀𐤋𐤑𐤃𐤍𐤌 (o;ɔ̣̄ *ľSidonim* = der Sidonier *gen. plur.).* Die Beziehung der Darstellung auf Europa wird bezeugt durch Lukian *d. dea Syr.* 4.

Abg. Combe, *Numi Mus. Britannici* Taf. 12 Nr. 6. *Brit. Mus., Cat. Coins, Seleucid Kings of Syria* Taf. XIV Nr. 8. — Vgl. O. Jahn, D. Entführ. d. Europa (Denkschr. d. Wiener Ak., phil.-hist. Cl. Bd. XIX 1870) S. 15 Anm. 4. Overbeck, Kunstmyth., Zeus S. 461 ff. *Brit. Mus.* a. a. O. S. 48. Ein besser erhaltenes Exemplar ist in Paris, abg. Babelon, *Rois de Syrie* Taf. XVII Nr. 6. Ähnliche Münze des Nero, Lenormant, *Nour. Gal. myth.* Taf. IX Nr. 12.

10 (III 41). Europa (?). Vorderseite einer Silbermünze von Gortyn auf Kreta. Paris, Cabinet des Médailles. Nach Mionnet.

Rückseite wie bei Nr. 5.

Ein am Unterkörper mit einem Mantel bekleidetes Mädchen sitzt
in Vorderansicht in einem Baume, drückt mit der Linken einen mit den
Flügeln schlagenden Adler gegen ihren Schofs und erhebt mit der Rechten
einen Zipfel ihres Mantels über der Schulter. Unterhalb wird ein Stier-
kopf sichtbar. Auch hier begegnet die gewöhnliche Deutung auf Europa,
die Platane von Gortyn und den in Adlersgestalt nahenden Zeus denselben Schwierigkeiten wie bei Nr. 5.

Abg. Mionnet, *Suppl.* Bd. IV Taf. 10 Nr. 1. Lenormant, *Nour. Gal. mythol.*
Taf. IX Nr. 15. O. Jahn, D. Entführ. d. Europa (Denkschr. d. Wiener Akad.,
phil.-hist. Cl. Bd. XIX 1870) Taf. IX Nr. K. Stephani, *Compte Rendu* 1866 Taf. II
Nr. 33. Overbeck Kunstmyth., Zeus, Münztaf. VI Nr. 7. *Brit. Mus., Cat. Coins,
Crete* Taf. X Nr. 8. Svoronos, *Numism. de la Crète anc.* Taf. XV Nr. 7. — Vgl.
O. Jahn a. a. O. S. 27 f. Stephani a. a. O. S. 126 f. Overbeck a. a. O. S. 447 f.
Svoronos a. a. O. S. 168 Nr. 84.

11 (III 40, a). Europa auf dem Zeus-Stier. Intaglio. Berlin,
Kgl. Antiquarium. Nach einem Abdrucke.

H. 0,008 m. Br. 0,01 m. Smaragd-Plasma. Römische Kaiserzeit.

Europa, langbekleidet, sitzt auf dem nach links schreitenden Zeus-
Stier, an dessen Horn sie sich mit der rechten Hand festhält, während sie
mit der linken Hand einen Zipfel ihres Gewandes empor zieht. Die Zweifel
Stephani's an der Deutung wie an dem antiken Ursprung scheinen unbegründet.

Abg. Schlichtegroll, *Pierr. grav.* Taf. XXIX. Millin, *Gal. myth.* Taf. XCIX
Nr. 398. Guigniaut, *Rel. de l'ant.* Taf. CLXIV Nr. 620. O. Jahn, D. Entführ. d.
Eur. (Denkschr. d. Wiener Akad., phil.-hist. Cl. Bd. XIX 1870) Taf. IV Nr. c.
Overbeck, Kunstmyth., Zeus, Gemmentaf. V Nr. 6. Furtwängler, Beschr. d.
geschnitt. Steine Nr. 2475. — Vgl. Winckelmann, *Descr. Stosch* II Nr. 155. Toelken,
Verzeichn. S. 101 Nr. 114. Jahn a. a. O. S. 15 Anm. 3a. Stephani, *Compte Rendu*
1866 S. 110 Nr. 41. Overbeck a. a. O. S. 464.

12 (III, 37). Zeus und Io. Vorderseite einer rotfigurigen lucanischen
Amphora. Sammlung Coghill. Nach Millingen.

Aus Anzi (Basilicata). Weifs sind: der Adler, die Syrinx, das
Alabastron und die nackten Teile des Götterbildes. Auf der Rückseite eine Scene am Grabe.

In einem links oben durch einen Baum, rechts oben durch einen zurückblickend fortlaufenden, nackten, bärtigen Satyr (hält in der Linken eine Syrinx)
angedeuteten ländlichen Heiligtum steht auf einer Säule das archaische Cultbild einer weiblichen Gottheit; die langbekleidete Göttin steht mit
eng geschlossenen Beinen und Armen da und hebt nur die Unterarme, wie
um Attribute zu halten; da diese jedoch fehlen (nicht erhalten sind?), läfst
sich nicht erkennen, welche Göttin gemeint ist. Rechts, seitlich vom Cultbild, steht der Altar; auf ihm sitzt nach rechts eine gehörnte Frau mit
aufgelöstem Haare, nacktem Oberkörper und einem Mantel um den Unter-

körper. Auf sie zu schreitet von rechts ein jugendlich bartloser Mann, der um Unterkörper und linken Arm ein Himation trägt; er stemmt die Linke in die Seite, erhebt mit bedeutungsvoller Geberde in der Rechten ein adlerbekröntes Scepter und scheint die Sitzende anzureden. Links steht ein mit Chlamys und Stiefeln bekleideter Jüngling, mit dem linken Fufs hoch auftretend und etwas vorgebeugt dem Vorgange zuschauend. Endlich sitzt oberhalb der auf dem Altare sitzenden Frau der nackte, geflügelte Eros nach links und beträufelt das Götterbild aus einem Alabastron. Dafs sich die Darstellung auf den Mythos von Io bezieht, wird wohl mit Recht allgemein angenommen. Dann wäre die gehörnte Frau Io, der Mann mit dem Adlerscepter Zeus. Das Götterbild würde man zunächst geneigt sein für das der Hera zu erklären; dem widerspricht jedoch die Darstellung einer ebenfalls aus Anzi stammenden lucanischen Hydria des Berliner Museums (Furtwängler Nr. 3164), welche dieselbe Composition in erweiterter Form zeigt. Die Attribute des Götterbildes sind hier erhalten: Fackel und Bogen bezeichnen es als Artemis; der zuschauende Jüngling könnte entweder Argos oder Hermes sein. Aber die bisher aufgestellten Erklärungen sind unhaltbar. Eine Liebesscene des Zeus mit der Priesterin der Hera, wie sie Overbeck u. A. erkennen, ist völlig ausgeschlossen; dazu würden weder die Hörner der Io noch ihr Sitzen auf dem Altare noch die Geberde des Zeus noch der Zuschauer passen, auch träufelt Eros sein Öl nicht auf Io, sondern auf das Cultbild. Irgend eine Scene mit Argos ist ebenfalls nicht denkbar. Die richtige Deutung kann nur aus dem Bilde selbst gewonnen werden. Dies zeigt Io auf dem Altar sitzend, also die Gottheit des Altares um Schutz oder Gnade anflehend; zugleich beträufelt Eros das Bild der Göttin, damit dem Beschauer kein Zweifel bleibt, dafs diese sich erbitten lassen wird. Es ist also das Ende von Io's Leiden dargestellt, nicht eine neue Version, sondern der Vasenmaler hat sich die Sage für seine Zwecke zurecht gelegt. Er dachte sich, dafs Io nach vielem Umherirren endlich zu einem Altar der Artemis kam, vielleicht nicht ohne Einwirkung des Hermes, den man daher auf dem Bilde als Zuschauer erblickt (auf der Berliner Vase ist er durch ein Diptychon als Träger der Aufträge, natürlich des Zeus, gekennzeichnet). Sie fleht Artemis, die Entsühnerin der Frauen, um Schutz an, und nachdem auch Hera (deren Gegenwart auf der Berliner Vase dies noch deutlicher macht) besänftigt ist, schwingt Zeus sein Scepter, um den Zauber aufzuheben. Ein Satyr, erstaunt über das Wunder, läuft davon. Die Bartlosigkeit des Zeus wird wohl auf modernen Übermalung des Originales beruhen.

Abg. Millingen, *Vases of the Coll. Coghill* Taf. 46. Moses, *Vases Englefield* Taf. 19. Lenormant et de Witte, *Élite céram.* Bd. I Taf. 26. Panofka, Argos Panoptes (Abh. Akad. Berlin 1837) Taf. IV Nr. 1. Overbeck, Kunstmyth., Atlas Taf. VII Nr. 7. — Vgl. *Élite* a. a. O. S. 55 ff. Panofka a. a. O. S. 20 ff. R. Engel-

mann, *De Ione* (Diss., Halle, 1868) S. 9 f. Overbeck a. a. O. Zeus S. 466 f. Nr. 1.
Pauly-Wissowa, Realencykl. Bd. II Sp. 794 (Wernicke). Zum Satyr vgl. Stephani,
Parerga archaeol. XIV S. 559.

13. Leda mit dem Schwan (?). Statuettenvase. Jena, Museum.
Nach Jahn.
                    H. 0,17 m. Aus Megara.

In einer geöffneten Muschel kniet eine weibliche Figur mit langem
Haar; sie trägt einen Mantel, der aber die Vorderseite des Körpers fast
gänzlich unbekleidet läfst. Zwischen ihre Beine schmiegt sich ein Schwan.
Mit der linken Hand zieht sie einen Zipfel des Mantels vor die Scham, die
Rechte erhebt sie gegen einen Vogel, der von oben auf den Schwan herab
zu stofsen scheint. An ihrer linken Seite wird ein etwas erhöht stehender
nackter Knabe sichtbar. O. Jahn deutete dies auf Leda, welche den von
dem Adler des Zeus verfolgten Zeus-Schwan beschützt. Diese Deutung
wird wohl das Richtige treffen, obwohl die Muschel und der Eros eher für
Aphrodite spricht, deren heiliges Tier ja der Schwan ist; Stephani, dem
Overbeck beistimmt, deutete daher auf Aphrodite und sah in dem fliegenden
Vogel eine Taube. Aber dann bliebe die dargestellte Handlung unverständlich.
Da Wieseler bereits die vorliegende Abbildung herstellen liefs, so mufs er
Jahn zugestimmt haben, wohl mit Recht. Der Künstler hat hier einen Typus
der Aphrodite auf Leda übertragen und sogar den Eros nicht fortgelassen,
der ihm bei der Liebesaffaire nicht unpassend schien.

> Abg. Ber. d. Sächs. Ges. 1853 Taf. 1. 2. — Vgl. daselbst S. 14 f. (O. Jahn).
> Stephani, *Compte Rendu* 1863 S. 63. 1870-71 S, 55 f. Overbeck, Kunstmyth.,
> Zeus S. 594 Anm. 198. Bernoulli, Aphrodite S. 328 f.

14 (III 44). Leda mit dem Schwan. Marmorstatue. Florenz,
Uffizien. Nach Gori und Feu.

> H. 1,71 m. Ergänzt (nach Amelung): an Leda die Nase, ein Teil
> der Oberlippe, der äufsere Rand der Ohren, ein Stück vorn am Halse,
> der rechte Arm vom Armband an, Teile des Gewandes, die Füfse; am
> Schwane Kopf und Hals; endlich die Basis. Der Kopf der Leda ist
> antik, aber nicht zugehörig.

Leda steht in ängstlicher Verwirrung da, die zusammen knickenden
Beine eng an einander drängend und den Oberkörper vornüber beugend.
Der Grund ihrer Körperhaltung und Verwirrung ist das Bestreben, den (sehr
klein geratenen) Zeus-Schwan vor dem als Verfolger hinzu zu denkenden
Adler des Zeus im Mantel schützend zu verbergen. Sie hält den Schwan
in dem Mantel, der ihren Unterkörper und linken Arm bedeckt, mit der
Linken vor der Mitte des Körpers; der rechte Arm war wohl abwehrend
gegen den Adler erhoben. Ein Element der Sinnlichkeit, welches Overbeck
in dem Werke findet, fehlt gänzlich.

Abg. Gori, *Mus. Flor.* Bd. III Taf. 3. — Clarac, *Mus. de sculpt.* Taf. 411 Nr. 714.
Fea, *Osservaz. sulla Leda* (Roma, 1802) Nr. 2. — Vgl. Jahn, Arch. Beitr. S. 4 f.
Overbeck, Kunstmyth., Zeus S. 514 Nr. 41. — Dütschke, D. ant. Bildw. in Ober-
italien Bd. III Nr. 192. — W. Amelung, Führer durch die Antiken in Florenz
S. 66 f. Nr. 92.

15. Leda mit dem Schwan. Marmorrelief. London, British Museum.
Nach Jahn.

H. (nicht genau bestimmbar, da das Relief in eine moderne Plinthe
eingelassen ist; von deren Oberfläche ab beträgt die Höhe) 0,405 m.
Br. 0,44 m. Aus Argos.

Der riesige Z e u s - S c h w a n mit ausgebreiteten Flügeln hält die nackte,
nach links stehende L e d a, deren Gewand zwischen den Beinen herab sinkt,
fest gepackt, so daß ein Entrinnen unmöglich ist; mit den Klauen hält er
sie an den Oberschenkeln, und mit dem Schnabel hinten im Nacken, indem
er seinen Hals über ihren Kopf hinwindet. Sie steht zusammengeduckt,
vornüber gebeugt und mit einknickenden Knien, scheint sich in ihr Schicksal
zu finden und sich der süfsen Wollust hinzugeben. Das schöne Werk ist
ungemein effectvoll componirt; künstlerisch schön wirkt der symmetrische
Aufbau der Gruppe mit der prachtvollen Biegung des Schwanenhalses als
oberem Abschluſs. Wirkungsvoll hebt sich von dem Hintergrunde des gefie-
derten Schwanenkörpers der nackte, in weichster Linienführung gegebene
Körper der Leda ab. Trefflich ist in der Haltung dieses Körpers der Wider-
streit der Empfindungen, der Furcht, Ergebung und Sinnlichkeit ausgedrückt;
Feinheiten im Einzelnen, wie das teilweise Heben des linken Fuſses, dienen
nur zur Verstärkung des Gesamteindruckes, ohne sich irgendwie störend
vorzudrängen.

Abg. O. Jahn, Arch. Beitr. Taf. 1 (danach u. a. Roescher's Lexikon Bd. II
Sp. 1930). Overbeck, Kunstmyth., Atlas Taf. VIII Nr. 22. — Vgl. O. Jahn a. a. O.
S. 6 f. Anm. 14. Arch. Ztg. XXIII (1865) S. 49 (O. Jahn). Overbeck a. a. O.,
Zeus S. 504 Nr. 22.

16 (III 45, a). Leda mit dem Schwan. Intaglio. Berlin, Kgl.
Antiquarium. Nach einem Abdrucke.

H. 0,011 m. Br. 0,008 m. Smaragd - Plasma. Nach Furtwängler
spätrömisch; vielleicht modern.

L e d a sitzt mit nacktem Oberkörper in Vorderansicht neben einem
Cippus, auf dem sich der Z e u s - S c h w a n befindet. Sie umfaſst den Schwan
mit dem linken Arm und zieht mit der Rechten das Gewand von ihrer Scham
weg, um ihn anzulocken.

Abg. Furtwängler, Beschreibung d. geschnitt. Steine Nr. 2476. — Vgl.
Toelken, Verzeichn. III 2 Nr. 110.

17 (III 45, b). Leda mit dem Schwan. Intaglio. Berlin, Kgl.
Antiquarium. Nach einem Abdrucke.

Br. 0,012 m. Bergkrystall. Nach Furtwängler spätrömisch; vielleicht modern.

Leda giebt sich auf ihrem Gewande liegend den Liebkosungen des
Schwanes hin, der in ihrem Schofse sitzend sie küfst. Links steht eine
kleine nackte männliche Figur (bärtig?), die mit der Linken Leda's
rechte Hand zu ergreifen scheint, und mit der Rechten an den Penis fafst.
Eros ist hier schon wegen der Flügellosigkeit sicher nicht gemeint. Wieseler
dachte an einen Zuschauer ähnlich dem Satyr auf Nr. 12. Ob der Verfertiger
etwa an Zeus selbst gedacht hat?

Abg. Schlichtegroll, *Dactyl. Stoschiana* II 23 Nr. 147. Furtwängler, Beschr.
d. geschnitt. Steine Nr. 3073. — Vgl. Winckelmann, *Descr. Stosch* II Nr. 147.
Toelken, Verzeichn. III 2 Nr. 113. Overbeck, Kunstmyth., Zeus S. 512. Einige
verwandte Gemmen zählt O. Jahn, Arch. Beitr. S. 8 Anm. 22 auf.

TAFEL VIII.

1 (III 43). Leda mit dem Schwan. Pfeiler-Relief von der Attica
der sogenannten »Incantada« zu Salonichi. Paris, Louvre. Nach Stuart.

H. 2,06 m. Br. 0,74 m. Beide Arme, der linke Fufs und die Zehen
des rechten Fufses der Leda waren abgebrochen; auch der Körper ist
gebrochen. Pentelischer Marmor. Drittes Jahrhundert n. Chr.

Die als Gegenstück zu Nr. 8 angebrachte Gruppe zeigt Leda mit
nacktem Oberkörper, wie sie den zu ihr geflüchteten Zeus-Schwan (der
allerdings eher wie eine Gans aussieht) mit der Rechten zärtlich an ihren
Schofs drückt, während sie mit der Linken das Gewand, welches aufserdem
ihren Unterkörper bedeckt, erhebt, um den Schwan vor seinem Verfolger zu
schützen. Der Kopf, mit zierlich in einer Schleife über der Stirn geordnetem
Haar, ist aber nicht diesem zugewandt, sondern dem Schwane. Der Gedanke
der Abwehr und des Schutzes ist also hier nur noch nebenher festgehalten,
während das sinnliche Motiv der Liebesvereinigung nach der Weise der späteren
Zeit die Gruppe beherrscht. In diesem Sinne ist ein der älteren Zeit entlehnter
Typus (vgl. die Gruppe des Capitolinischen Museums, Helbig, Führer Bd. I
Nr. 454, abg. u. a. Roscher's Lexikon Bd. II Sp. 1926) umgebildet.

Die Incantada, einst die Propyläen des Hippodroms von Thessalonike,
erhielt ihren spanischen Namen, *las Incantadas* »die verwunschenen Frauen«,

von spanischen Juden nach einer bei Froehner erzählten Alexanderlegende. Es ist eine offene Halle mit einer Pfeilerattica darüber. Jeder der vier erhaltenen Pfeiler zeigt an seiner Vorder- und Rückseite eine Gestalt in Hochrelief; der vierte Pfeiler zeigt an der Vorderseite die Ledagruppe, an der Rückseite als Gegenstück die Ganymedesgruppe Nr. 8.

Abg. Stuart *and* Revett, *Antiquities of Athens* Bd. III Kap. XI Taf. XLV. Froehner, *Notice de la sculpt.* S. 56 (nach einer Zeichnung von Gravier d'Otières). Overbeck, Kunstmyth., Atlas Taf. VIII Nr. 7 u. ö. — Abbildungen der Halle bei Stuart a. a. O. und Froehner a. a. O. S. 53. — Vgl. Jahn, Arch. Beitr. S. 2 ff. Froehner a. a. O. S. 56 f. Nr. 23 IV a (mit Angabe der älteren Litteratur). Overbeck a. a. O., Zeus S. 495 f. Nr. 14. (H. de Villefosse), *Catalogue sommaire* Nr. 1394. Über die Incantada vgl. Stuart und Froehner a. a. O. Meyer, Türkei und Griechenland Bd. I S. 383.

2. Leda mit dem Schwan. Marmorgruppe. Venedig, Museo Archeologico. Nach Clarac.

H. 0,73 m. Ergänzt (nach Overbeck): an Leda Kopf und Hals, der halbe linke Busen und die linke Schulter, der rechte Vorderarm, das linke Bein vom Knie abwärts; an dem Schwan Hals und Kopf, rechter Flügel und ein Stück des Rückens. Die Ergänzungen treffen ungefähr das Richtige. Aus der Sammlung Grimani.

Gegenüber dem Andringen des mächtigen Zeus-Schwanes, der sie von vorn an den Oberschenkeln gepackt hat und sich an sie schmiegt, indem er sie zugleich zu küssen versucht, leistet Leda nur noch schwachen Widerstand. Ihr Gewand ist vom Körper herabgeglitten; nur mit den zusammengepreßten Beinen hält sie es noch fest. Mit der Rechten sucht sie den Hals des Schwanes zurück zu drängen, mit der Linken ihn von ihrem Schoße fortzuschieben. Es ist der Augenblick vor der bedingungslosen Hingabe gewählt, ein künstlerisch fruchtbarer Moment, der aber dem Kunstwerk den Charakter einer raffinirten Sinnlichkeit verleibt.

Abg. Zanetti, *Le statue di S. Marco* Bd. II Taf. 5, danach Clarac, *Mus. de sculpt.* Taf. 412 Nr. 716. Overbeck, Kunstmyth., Atlas Taf. VIII Nr. 17. — Vgl. Valentinelli, *Catal. d. Marmi sculp. del Mus. arch. della Marciana di Venezia* S. 81 Nr. 138. Thiersch, Reisen in Italien Bd. I S. 240 f. O. Jahn, Arch. Beitr. S. 5 ff. Arch. Ztg. Bd. XXX S. 86 Nr. 138 (Conze). Dütschke, D. ant. Bildw. in Oberital. Bd. V Nr. 202. Overbeck, Kunstmyth., Zeus S. 501 f. Nr. 20. Roscher, Lexikon Bd. II Sp. 1928 f. (Bloch).

3 (III 34, a). Zeus im Gigantenkampf. Cammeo des Athenion. Neapel, Museo Nazionale. Nach *Museo Borbonico.*

Br. 0,035 m. Sardonyx. Links am Rande ist ein Stückchen ausgebrochen.

Zeus fährt auf einem von vier ungezügelten Rossen gezogenen Wagen in wilder Eile nach rechts. Edler Zorn spricht aus seinem bärtigen Antlitz; in der Linken hält er sein Scepter, mit der Rechten holt er aus, um den

Blitz zu schleudern. Unter den Rossen liegt rücklings hingestürzt ein toter Gigant, während ein zweiter in tötlicher Angst und ohnmächtiger Wut sich zusammenduckt und mit der Rechten eine Keule (?) schwingt. Die Giganten haben wie im pergamenischen Altarfriese statt der Beine Schlangen, die in Köpfe (statt der Füfse) endigen. Links unten die Inschrift ΑΘΗΝΙΩΝ. Das gewöhnlich der Zeit des Augustus zugeschriebene Werk wird von Furtwängler wohl mit Recht noch in die hellenistische Periode gesetzt.

Abdrücke bei Cades I A Nr. 107. Lippert, *Dactyl.* I 26. Abg. Tassie-Raspe, *Catal.* Bd. II Taf. 19 Nr. 986. Bracci, *Mem. degli antichi incisori* Bd. I Taf. 30. *Mus. Borb.* Bd. I Taf. 53. Millin, *Gal. myth.* Taf. IX Nr. 33. Overbeck, Kunstmyth., Zeus, Gemmentaf. V Nr. 2. Jahrb. d. arch. Inst. Bd. III (1888) Taf. 8 Nr. 19. — Vgl. Brunn, Gesch. d. griech. Künstl. Bd. II S. 449. 477 ff. Overbeck a. a. O. S. 391. M. Mayer, Giganten u. Titanen S. 400. Jahrb. d. arch. Inst. a. a. O. S. 215 f. (Furtwängler).

4 (III 34).   Zeus im Gigantenkampf. Intaglio. Florenz, Uffizien. Nach Lippert.

H. 0,027 m. Carneol. Der Lippert'sche Abdruck ist sehr schlecht, weit besser der von Overbeck benutzte bei Cades. Sicher ist, dafs Zeus weder Helm noch Schild trägt, wie vereinzelt behauptet worden ist.

Zeus steht nach rechts als Sieger über einem niedergesunkenen Giganten. Er trägt im Haare eine Binde und ist unbekleidet; seinen bogenförmig flatternden Mantel*), der für die Figur des Gottes einen wirkungsvollen Hintergrund abgiebt, fafst er schildartig mit der Linken, während er mit der Rechten den dreizackigen Blitz schwingt. Der Gigant ist unbekleidet, er sucht mit der Rechten dem Zeus ein Bein zu stellen und erhebt die Linke, etwa um einen Stein zu schleudern; doch scheint er nur noch geringen Widerstand zu leisten. Seine Beine gehen von der Mitte der Oberschenkel ab in Schlangen über, — eines der ältesten Beispiele für diese Bildung der Giganten. Denn die Gemme gehört ihrem Stile nach sicher vor die hellenistische Zeit. Ob man berechtigt ist, den Giganten mit Wieseler und Overbeck als Typhoeus zu bezeichnen, mufs zweifelhaft bleiben.

Abdrücke bei Lippert, *Dactyl. Suppl.* Nr. 33. Cades I A Nr. 110. Abg. Gori, *Mus. Flor.* Bd. II Taf. XXXV Nr. II. *Gall. di Fir.* Bd. V (II) Taf. 44 Nr. 2. Lenormant, *Nouv. Gal. myth.* Taf. IV Nr. 8. Overbeck, Kunstmyth., Zeus, Gemmentaf. V Nr. 1. — Vgl. Overbeck a. a. O. S. 390 f. M. Mayer, Giganten u. Titanen S. 401 (der die Composition sehr ungerecht beurteilt). Eine moderne Paste des Berliner Museums (Furtwängler, Beschr. Nr. 9733. Winckelmann, *Descr. Stosch* II Nr. 109) ist in Winckelmann's *Mon. Ined.* Nr. 4 abgebildet. Replik auf einem Carneol des Berliner Museums, als Ares verwendet (Winckelmann II Nr. 115. Toelken, Verz. III 1 Nr. 55. Furtwängler, Beschr. Nr. 6850). Verwandt auch der Ares des Carneols Furtwängler Nr. 6851.

---

*) Der Mantelumrifs links und die Falten unter dem linken Arme des Zeus sind bei Lippert nur mangelhaft sichtbar.

5 (III 35, a). Zeus im Gigantenkampf. Rückseite einer Goldmünze des Diocletianus. Nach Lenormant.

Vorderseite: DIOCLETIANVS P F AVG. Lorberbekränztes Brustbild des Diocletianus nach rechts.

Zeus ist nach rechts dargestellt, wie er zurücktritt, um auszuholen und den gezückten Blitzstrahl mit gröfserer Wucht zu werfen; er ist unbekleidet bis auf ein kleines Gewandstück um den gesenkten linken Arm; seine Bewegung erinnert an den Zeus des pergamenischen Altares. Der schlangenfüfsige Gigant macht mit der erhobenen Hand eine Geberde der Furcht oder Bitte. Umschrift: IOVI FVLGERATORI, unten im Abschnitt P(*rima*) R(*omana*). Wieseler sprach die nicht unwahrscheinliche Vermutung aus, es sei hier mit dem Giganten speciell der in späterer Zeit den Giganten zugezählte Typhoeus gemeint, zumal auf anderen Münzen des Diocletian, der ja selbst den Beinamen Iovius führte, Zeus dargestellt ist, wie er auf den hinsinkenden Giganten eine Insel wirft.

Abg. Walsh, *Essay on ancient coins* S. 87 Nr. 19 (danach Overbeck, Kunstmyth., Zeus, Münztaf. V Nr. 11). Lenormant, *Nour. Gal. myth.* Taf. XVI Nr. 7. — Vgl. Overbeck a. a. O. S. 103. 388f. M. Mayer, Giganten u. Titanen S. 408. Cohen, *Méd. impér.²* Bd. VI S. 445 Nr. 285.

6 (III 36). Zeus als Gigantensieger. Rückseite einer unter Gordianus Pius geschlagenen Bronzemünze von Akmonia in Phrygien. Paris, Cabinet des médailles. Nach *Revue numismatique.*

Vorderseite: AYT K M AN ΓΟΡΔΙΑΝΟC. Lorberbekränztes Brustbild des Gordianus mit Mantel nach rechts.

Zeus, den Unterkörper mit einem Mantel bekleidet, sitzt in Vorderansicht auf einer Estrade und wendet den Kopf nach seiner Linken. Die linke Hand stützt er auf sein Scepter, mit der Rechten streckt er eine Schale seitlich vor. Unterhalb der Estrade liegt zu seinen Füfsen jederseits ein schlangenbeiniger Gigant, mit der einen Hand, wie es scheint, den Thron des Gottes berührend, mit der andern eines seiner Schlangenbeine fassend. Umschrift AKMONEΩN. Dafs die Giganten den Thron des Zeus trügen, wie Lenormant meinte, ist offenbar unrichtig; noch mehr, dafs sie, wie Wieseler glaubte, überhaupt nicht lebendig zu denken seien, sondern als blofse decorative Ausschmückung des Thrones. Die letztere Ansicht wird schon durch eine ähnliche Münze von Bruzos in Phrygien widerlegt, auf der die Giganten in der einen Hand einen Stein schwingen. Es ist vielmehr, wie Overbeck richtig bemerkt, hier überhaupt keine Handlung dargestellt, sondern eine Situation. Der Allsieger Zeus thront ruhig und unbekümmert, während sich die besiegten Giganten in ohnmächtiger Wut im Staube zu seinen Füfsen winden.

Abg. *Revue numismatique* 1851 Taf. VI Nr. 3, vgl. S. 155 (Waddington). *Rev.*
numism. 4. Sér. Bd. II (1898) Taf. X Nr. 3, vgl. S. 386 Nr. 5525 (E. Babelon). Der-
selbe Typus auf Münzen des Alexander Severus ebd. Nr. 5515, vgl. Ztschr. f. Numism.
Bd. XIII (1889) Taf. IV Nr. 13. Die Münze von Bruzos ist abg. Mionnet, *Suppl.* Bd. VII
Taf. XII Nr. 2. Lenormant, *Nouv. Gal. myth.* Taf. IV Nr. 12. — Vgl. Mionnet, *Descr.*
Bd. IV S. 246 Nr. 311. *Suppl.* Bd. VII S. 524 Nr. 211. Overbeck, Kunstmyth.,
Zeus S. 389. Gewis unrichtig erklärt Gädechens, Glaukos S. 117 Anm. 4 die Giganten
hier für Triton und Tritonin.

7 (III 35). Zeus im Gigantenkampf. Rückseite eines Denars des
Cn. Cornelius Sisenna. Nach Cohen.

Vorderseite: ROMA. Kopf der Roma mit Flügelhelm nach rechts.
Im Felde ein Stern. SISENA.

Iuppiter, am Unterkörper mit einem Mantel bekleidet, fährt stehend
auf einem nach rechts sprengenden Viergespann; mit der Linken hält
er die Zügel, mit der Rechten schwingt er den Blitz. Unter den Hufen der
Rosse windet sich am Boden ein nackter, schlangenbeiniger Gigant, der in
der Hand einen Zweig hält. Im Felde der Kopf des Sol mit Strahlenkranz,
ferner eine Mondsichel und ein Stern. Im Abschnitt CN·CORNEL·L·F.
Die unscheinende Bartlosigkeit des Iuppiter hat die Vermutung veranlafst, es
sei hier nicht der Gott selbst, sondern L. Scipio Asiaticus in dessen Rolle
dargestellt, und der Sieg über die Giganten auf diese Weise mit dem über
Antiochos in Parallele gesetzt. Jedoch ist Zeus wahrscheinlich (auf einem
Exemplar des Gothaer Münzcabinets nach Pick's Versicherung sogar sicher)
bärtig.

Abg. Cohen. *Méd. consulaires* Taf. XIV, *Cornelia* Nr. 1. Overbeck, Kunstmyth.,
Zeus, Münztaf. V Nr. 9. Wiener Num. Ztschr. 1897 Taf. IV Nr. 98. Babelon, *Méd.*
cons. Bd. I S. 394 Nr. 17. — Vgl. Eckhel, *Doctr. num.* Bd. V S. 189. *Ann. dell'*
Inst. Bd. XI (1839) S. 298 ff. (Cavedoni). Cohen a. a. O. S. 101 Nr. 1. Th. Mommsen,
Gesch. d. röm. Münzw. S. 540 Nr. 137. Overbeck a. a. O. S. 387 f. M. Mayer, Gig.
u. Tit. S. 408. Wiener Num. Ztschr. a. a. O. S. 91 (Bahrfeldt). Ein gleicher
Gigant findet sich auf einem Denar des L. Valerius Acisculus (vergröfsert abg.
Ztschr. f. Num. Bd. IX S. 7, vgl. Bahrfeldt a. a. O.).

8 (IV 51 b). Ganymedes vom Adler entführt. Pfeiler-Relief von
der Attica der sogenannten »Incantada« zu Salonichi. Paris, Louvre. Nach
Stuart.

> H. 2,06 m. Br. 0,74 m. Es fehlt die Nase, der rechte Unterarm
> und das rechte Bein von der Mitte des Oberschenkels an. Pente-
> lischer Marmor. Rückseite des Reliefpfeilers Nr. 1.

Ganymedes, ein zarter Knabe mit langen Locken, bekleidet mit
Chlamys und phrygischer Mütze, wird von dem Adler von hinten an den
Hüften gepackt und in die Luft entführt. Zur Darstellung ist der Augenblick gewählt, wo der Knabe eben noch mit der linken Fufsspitze den Boden
berührt, was der Darstellung etwas Momentanes giebt. Ganymedes, von vorn

Antike Denkmäler z. griech. Götterlehre.   6

gesehen, wendet den Kopf zu dem Adler um, der ihm zärtlich über die Schulter blickt, und hebt seinen linken Arm, um ihn liebend um den Hals des Adlers zu schlingen; dieser beugt zärtlich seinen Kopf über die Schulter des Knaben, dessen Lippen entgegen. So, im Begriff einander zu küssen, bieten sie im Gegensatz zu der älteren Composition des Leochares (Nr. 9) das Bild glühender Leidenschaft; ebenso wie das Gegenstück Leda (Nr. 1). Hier ist zweifellos unter dem Adler nicht der Vogel des Zeus, sondern Zeus selbst verstanden.

Abg. Stuart and Revett, *Antiquities of Athens* Bd. III Kap. XI Taf. XLV. — Vgl. Froehner, *Notice de la sculpt. ant.* S. 56 f. Nr. 23 IV b. (H. de Villefosse), *Catalogue sommaire des marbres antiques du mus. du Louvre* Nr. 1394. Über die Incantada vgl. das zu Nr. 1 Gesagte.

9 (Bd. I Taf. XXXVI Nr. 148). Ganymedes vom Adler entführt.

Marmorgruppe nach Leochares. Rom, Vatican. Nach einem Gipsabgufs neu gezeichnet, mit Angabe der Ergänzungen.

H. 1,279 m. Ergänzt (nach Helbig): an Ganymedes Nase, Kinn nebst Unterlippe, Hals, rechter Vorderarm mit Pedum, linker Arm fast ganz, die Beine vom Knie abwärts einschliefslich des rechten Fufses; am Adler Kopf und Flügel; vom Hunde sind nur Pfoten und Gesäfs antik. Die Ergänzungen treffen sämtlich in glücklichster Weise das Richtige.

Die erhaltenen Darstellungen der Entführung des Ganymedes zerfallen, wie bereits zu Nr. 8 angedeutet ist, in zwei (zuerst von O. Jahn geschiedene) Classen; in der ersten ist der Adler nur der Sendbote des Zeus, in der zweiten ist es der verliebte Gott selbst, der in der Gestalt des Adlers den schönen Knaben entführt. Die erstere Composition ist, wie Helbig zuerst erkannte, die ältere, weil sie einfacher und natürlicher ist. Overbeck, dem man mit Recht allgemein zugestimmt hat, war der Erste, der diese ältere Composition auf eine Erzgruppe des Leochares zurückführte, die nach Plinius (*Nat. Hist.* XXXIV 79) zeigte *aquilam sentientem quid rapiat in Ganymede et cui ferat, parcentem unguibus etiam per vestem.* Hauptvertreter dieser Classe ist die hier abgebildete Gruppe, in der das seit alter Zeit von der griechischen Sculptur versuchte Problem der Darstellung einer frei schwebenden Figur eine besonders glückliche Lösung gefunden hat. Die unvermeidliche Stütze ist geschickt mit der Composition verbunden, so dafs sie einen wesentlichen Teil derselben bildet. G a n y m e d e s , bekleidet mit der Chlamys, im Haar eine Binde (auch den Hirtenstab hielt er wohl), hat unter einem Baume gesessen und die (jetzt am Boden liegende) Syrinx gespielt, neben ihm safs sein H u n d . Da stöfst der A d l e r von oben auf ihn herab und fafst ihn von hinten; vorsichtig, um den Knaben nicht zu verletzen, packt er den Körper nicht unmittelbar mit den Klauen an, sondern so, dafs sich die

Chlamys schützend dazwischen schiebt. Die Gruppe stellt den Augenblick
dar, wie der Knabe eben den letzten Halt am Boden verliert; er zeigt aber
nicht Angst oder Schrecken, sondern, als ahnte er schon seinen himmlischen
Beruf, selige Begeisterung. Wundervoll ist der Zug nach oben, der die ganze
Gruppe beseelt, und den auch der Ergänzer in dem emporgerichteten Kopf
des Adlers und des Hundes gewis richtig nachgefühlt hat. Auch der linke
Arm ist richtig ergänzt; weder umfaßt er den Hals des Adlers, — das
würde das Werk zur zweiten Classe herabwürdigen —, noch beschattet er
(wie Wolters und Helbig meinen) wie geblendet die Augen, — das würde
den Eindruck des Emporstrebens beeinträchtigen. Man pflegt zu sagen, die
Gruppe sei für die Vorderansicht berechnet; dies ist jedoch unrichtig. Erst
in der hier zum ersten Male gegebenen seitlichen Ansicht kommt der hin-
reifsende Schwung der Composition zur vollen Geltung.

    Abg. Visconti, *Mus. Pio-Clem.* Bd. III Taf. 49. Millin, *Gal. Myth.* Taf. 145
Nr. 531. Inghirami, *Gall. Omer.* Taf. 8. Clarac, *Mus. de sculpt.* Taf. 409 Nr. 707.
Overbeck, Plastik⁴ Bd. II S. 94 Fig. 160. Kunstmyth., Atlas Taf. VIII 4. Brunn-
Bruckmann Taf. 158 u. ö. — Vgl. Beschr. Roms Bd. II 2 S. 252 Nr. 21. E. Braun,
Ruinen u. Mus. Roms S. 466 Nr. 186. O. Jahn, Arch. Beitr. S. 19 ff. *Ann. d. Inst.*
XXXIX (1867) S. 339 ff. (Helbig). Overbeck, Plastik ⁴II S. 51. ⁴II S. 95 ff. Kunst-
myth., Zeus S. 521 Nr. 8. Friederichs-Wolters Nr. 1246. Helbig, Führer Bd. I S. 302
Nr. 398. Jahrb. d. arch. Inst. Bd. VII (1892) S. 164 ff. (Winter). Vgl. auch das
Relief einer Spiegelkapsel aus Amphissa bei Furtwängler, Samml. Sabouroff Bd. II
Taf. CXLVII, das Furtwängler auf ein Gemälde zurückführt; dieses Gemälde sei älter
als Leochares und sei die ursprüngliche, von Leochares weiter gebildete Composition.

    10. Zeus verfolgt den Ganymedes. Bild einer rotfigurigen Hydria
strengen Stiles. Rom, Vatican. Nach Overbeck.

    Die Entführung des Ganymedes durch den Adler ist in der Sage nicht
ursprünglich, vielmehr erst die Erfindung einer späteren Zeit. Die ältere,
einfachere Sage läfst Zeus in eigener Person den Knaben rauben, und die
Kunst gestaltet dies nach dem Schema der Liebesverfolgung. Zeus ist als
bärtiger, bekränzter Athener mit Chiton und Mantel dargestellt; er hält in
der Linken ein Scepter, schreitet eilig nach rechts und streckt beide Arme
nach dem umblickend vor ihm davon laufenden Knaben Ganymedes
aus. Dieser ist ebenfalls bekränzt und nur mit einer über dem linken Arm
hängenden Chlamys bekleidet. Er hält in der Rechten sein Knabenspielzeug,
einen Reifen mit Stab, und im linken Arm einen Hahn, den ihm Zeus
wol nach dem Beispiel attischer Liebhaber geschenkt haben wird; derselbe
Zug kehrt auch auf anderen Vasen mit der Darstellung dieser Scene wieder.

    Abg. Passeri, *Pict. in rasc.* Taf. 156. *Mus. Greg.* Bd. II Taf. 14 Nr. 2. Lenor-
mant *et* de Witte, *Elite céramogr.* Bd. I Taf. 18. Pistolesi, *Il Vatic. descr.* Bd. III
Taf. 70 Nr. 3. Overbeck, Kunstmyth., Atlas Taf. VIII Nr. 11. Ganymedes allein:
Panofka, Bild. ant. Leb. Taf. 10 Nr. 8. — Vgl. Jahn, Arch. Beitr. S. 26 f. Overbeck
a. a. O., Zeus S. 516 Nr. 1. Helbig, Führer Bd. II S. 261 f. Nr. 104 (Reisch). Ver-

wandte Darstellungen auf Vasen, Ber. d. Sächs. Ges. 1854 S. 255 (O. Jahn). *Ann.
d. Inst.* Bd. XLVIII (1876) S. 48 ff. (G. Koerte). Röm. Mitth. Bd. II (1887) S. 240
(v. Duhn). Zum Hahn und Reifen vgl. auch Roulez, *Choix de Vases de Leyde* S. 71.

11. Ganymedes vom Adler entführt. Marmorgruppe. Venedig, Museo archeologico. Nach Clarac.

H. 0,92 m. Ergänzt (nach Overbeck): an Ganymedes der rechte
Arm von der Mitte des Oberarmes an, der linke von der Schulter an (?),
das rechte Bein vom Knie, das linke von der Mitte des Oberschenkels
abwärts; am Adler die Flügel. Aus Grimani'schem Besitz.

Wie die ältere Classe von Darstellungen der Entführung des Ganymedes am besten durch die auf Leochares zurückgehende vaticanische
Gruppe (Nr. 9) vertreten wird, so ist die hier abgebildete Gruppe Hauptvertreter der zweiten Classe, in der Zeus selbst als Adler den Knaben entführt. Sie ist seit langer Zeit schwebend aufgehängt, doch sind am Rücken
des Adlers Spuren vorhanden, welche auf die einstige Existenz eines stützenden
Baumstammes hindeuten. Wie bei der ebenfalls der zweiten Classe ange-
hörigen Gruppe aus Thessalonike (Nr. 8) faßt der Adler den mit Chlamys
und phrygischer Mütze bekleideten Knaben bei den Hüften (bei Leochares
faßt er ihn höher) und beugt den Kopf über dessen Schulter vor; dieser
beugt den Kopf zurück um den Adler zu küssen, und schlang wol auch den
Arm um den Hals des Adlers, ihn näher heran zu ziehen.

Abg. Zanetti, *Statue di S. Marco* Bd. II Taf. 7; danach Clarac, *Mus. de sculpt.*
Taf. 407 Nr. 702. Overbeck, Kunstmyth., Atlas Taf. VIII Nr. 6; danach Roscher's
Lexikon I Sp. 1599. — Vgl. Valentinelli, *Catalogo* Nr. 148. Thiersch, Reisen in
Italien Bd. I S. 241 f. Jahn, Arch. Beitr. S. 23. Overbeck a. a. O. S. 526 Nr. 14.
Roscher's Lex. a. a. O. Sp. 1598 f. (Drexler). Sehr ähnlich ist das Relief einer Spiegel-
kapsel, abg. *Mon. dell' Inst.* Bd. VIII Taf. 47 Nr. 2.

12 (IV 51). Raub des Ganymedes. Rückseite einer autonomen Bronzemünze von Ilion. Nach Lenormant.

Vorderseite: ΙΛΙΕΩΝ. Brustbild der Athena nach rechts mit
Helm, Aigis und Lanze.

Der Adler ist von oben auf den mit Chlamys und phrygischer Mütze
bekleideten Ganymedes niedergestofsen und beugt sich von hinten über
den Kopf des Knaben, um ihn zu küssen. Ganymedes hält in der Rechten
sein Pedum; er ist vor Schrecken zu Boden gesunken. Umschrift ΙΛΙΕΩΝ.
Dafs der Adler den Knaben bei den Haaren packte, wie Overbeck behauptet,
ist unrichtig.

Abg. Lenormant, *Nouv. Gal. myth.* Taf. XV Nr. 8. Dumersan, *Descr. du cab.
Allier de Hauteroche* Taf. XIII Nr. 6. — Vgl. Eckhel, *Doctr. num.* Bd. II S. 484.
Mionnet, *Suppl.* Bd. V S. 558 Nr. 403 ff. Overbeck, Kunstmyth., Zeus S. 530. Roscher,
Lexikon I Sp. 1601 (Drexler).

13 (IV 50, a). Raub des Ganymedes. Rückseite einer Bronzemünze der jüngeren Faustina, aus Dardanos in der Troas. Nach Lenormant.

Vorderseite: ΦΑΥϹΤΕΙΝΑ ϹΕΒΑϹΤΗ. Brustbild der Faustina nach rechts.

Der Adler, gröfser als Ganymedes, ist im Begriff, diesen in die Luft zu entführen. Er hält ihn vor sich und hebt die Flügel; an ein wirkliches Fliegen in der Luft ist wol noch nicht zu denken. Der Knabe ist gänzlich unbekleidet und hält in der Rechten ein Pedum. Umschrift ΔΑΡΔΑΝΙΩΝ (fehlt in der Abbildung).

Abg. Lenormant, *Nour. Gal. myth.* Taf. XV Nr. 7. — Vgl. Mionnet, *Descr.* Bd. II S. 656 Nr. 179.

14 (IV 50, b). Ganymedes und der Adler. Intaglio. Berlin, Kgl. Antiquarium. Nach einem Abdruck.

H. 0,014 m.   Br. 0,01 m.   Chalcedon.   Kaiserzeit.

Ganymedes, nackt, mit phrygischer Mütze auf dem Kopfe, in der Linken ein Pedum haltend, ist vor Schrecken vornüber zu Boden gesunken. Von oben stöfst, noch in der Luft schwebend, der Adler auf ihn herab. Im Felde ein Stern, der nach Wieseler's Vermutung auf die spätere Verstirnung des Ganymedes als Wassermann hindeuten soll.

Abg. Panofka, Zeus und Aegina (Abh. Akad. Berlin 1835) Taf. 2 Nr. 10. Arch. Ztg. XXVI (1868) Taf. 6 Nr. 2.   Overbeck, Kunstmyth., Zeus, Gemmentaf. V Nr. 12.   Furtwängler, Beschr. d. geschnitt. Steine Nr. 7594. — Vgl. Winckelmann, *Descr. Stosch* II Nr. 166.   Toelken, Verz. III 2 Nr. 119.   Panofka a. a. O. S. 174.   Arch. Ztg. a. a. O. S. 43f. (E. Curtius).   Overbeck a. a. O. S. 533.   Zur Verstirnung des Ganymedes vgl. Eratosth. *Katast.* 26.   Serv. *Verg. Aen.* I 28. Clem. Al. *Homil.* V 17.   Hygin. *Fab.* 224.   *Astr.* II 29.   Roscher's Lexikon Bd. I Sp. 1596f. (Drexler).

15 (IV, 51a). Raub des Ganymedes. Rückseite einer Bronzemünze des Geta aus Dardanos (Troas). Paris, Cabinet des Médailles. Nach Choiseul-Gouffier.

Vorderseite: Π ϹΕΠΤΙ ΓΕΤΑϹ ΚΑΙ Brustbild des Geta mit Panzer und Mantel nach rechts.

Der Adler schwebt mit dem bedeutend gröfseren Ganymedes, den er vor sich hält, durch die Luft. Ganymedes hat Chlamys und phrygische Mütze; er wendet den Kopf zu dem Entführer zurück, um diesen zu küssen. Die Umschrift *Δαρδανίων* ist in roher Weise durch Überprägung anderer Schriftzeichen (wol *Ἰλι[έων]*) verstümmelt.

Abg. Choiseul-Gouffier, *Voyage pittoresque* Bd. II Taf. 67 Nr. 28. — Vgl. Mionnet, *Descr.* Bd. II S. 657 Nr. 183.   Overbeck, Kunstmyth., Zeus S. 529.   Besser erhaltene Exemplare sind im British Museum (abg. *Brit. Mus., Cat. Coins, Troas* Taf. X Nr. 1) und in der Sammlung Löbbecke (abg. Ztschr. f. Numismat. Bd. XVII [1893] Taf. I Nr. 15).

16 (IV 50, o). Ganymedes vom Adler entführt. Intaglio. Berlin,
Kgl. Antiquarium. Nach einem Abdruck.

H. 0,009 m. Br. 0,007 m. Niccolo. Kaiserzeit. Unter dem rechten
Flügel des Adlers eine Verletzung des Steines, welche Winckelmann
für eine dem Adler entfallene Feder hielt, der der Hund nachspränge.

Ganymedes, vollständig nackt, wird von dem Adler, der ihn oberhalb der Hüften gefafst hat, durch die Luft empor getragen. Er streckt
erstaunt die Arme aus und wendet ebenso wie der Adler den Blick nach
oben. Der Hund springt bellend empor (nicht etwa laufend zu denken;
auffallend ist, dafs er mit den Hinterfüfsen scheinbar auf einer Bodenlinie steht).
Die Reminiscenzen an die Gruppe des Leochares (Nr. 9) sind hier unverkennbar; aber die Abweichungen (veränderte Bewegung der Arme, Fehlen
des Gewandes, Verhalten des Hundes) sind eben so viele Verschlechterungen.
Eine fein abgestimmte Composition ist durch viele Hände und Jahrhunderte
gegangen, aber sie hat dennoch nicht jeglichen Reiz abgestreift, und vor
allem ist der Adler auch hier noch der Diener des Zeus, nicht dieser selbst.

Abg. Schlichtegroll, *Pierr. grav.* Taf. 31. Millin, *Gal. myth.* Taf. 108 bis Nr. 532.
Overbeck, Kunstmyth., Zeus, Gemmental. V Nr. 11. Furtwängler, Beschr. d. geschnitt.
Steine Nr. 8230. — Vgl Winckelmann, *Descr. Stosch* III Nr. 168. Toelken, Ver-
zeichn. III 2 Nr. 120. O. Jahn, Arch. Beitr. S. 19 f. Overbeck a. a. O. S. 525.

17 (IV 50). Ganymedes mit dem Adler. Rückseite einer Bronzemünze des Caracalla aus Hadrianopolis in Thrakien. Berlin, Kgl. Münzcabinet.
Nach einem Abdruck.

Vorderseite: AVT K M AVP CEV ANTΩNEINOC. Bärtiges
Brustbild des Caracalla mit Lorberkranz und Mantel nach rechts.

In der Mitte steht Ganymedes als schlanker Jüngling in Vorderansicht, mit Chlamys, phrygischer Mütze und (in der Abbildung fehlenden)
Stiefeln angethan. Mit der erhobenen Rechten legt er das Pedum horizontal
hinter den Kopf, den er nach seiner linken Seite hinwendet zu dem Adler,
der zu ihm aufblickend und mit den Flügeln schlagend auf einem Postament
sitzt. Auf der andern Seite steht nach links der Hirtenhund, zu seinem
Herrn zurück und empor blickend. Umschrift AΔPIANOTTOΛEITΩN.

Auch hier ist nicht mehr von einer Handlung die Rede; die Situation
ist an ihre Stelle getreten (vgl. oben Nr. 6).

Abg. Beschr. d. antiken Münzen Bd. I S. 168. — Vgl. Friedländer-v. Sallet, Das
Kgl. Münzcabinet* S. 222 Nr. 873. Eine ähnliche Auffassung zeigte offenbar eine
Gruppe, die sich ehemals im Besitz des Consuls Spiegelthal befand, vgl. die Bemer-
kungen Brunn's, *Bull. d. Inst.* 1860 S. 10 f. Arch. Anz. 1860 S. 22*.

18 (IV 52). Ganymedes den Adler tränkend. Relief einer Terra-
cotta-Lampe. Aufbewahrungsort unbekannt. Nach *Annali dell' Instituto.*

Von Helbig in Pozzuoli erworben.

Ganymedes (GAMEDES, das M angeblich Ligatur*) für NVM)
sitzt nackt auf seinem Gewande nach rechts und hält dem vor ihm auf einer
Art Basis stehenden Adler mit der Rechten eine Schale hin, während er
mit der Linken seinen Flügel streichelt. Der Adler schlägt mit den Flügeln
und trinkt aus der Schale, indem er mit der rechten Klaue den Rand der
Schale ankrallt.

Abg. *Ann. dell' Inst.* XXXVIII (1866) Taf. G Nr. 1. — Vgl. ebd. S. 121 f.
(Kekulé). *Bull. d. Inst.* 1867 S. 34. Stephani, *Compte Rendu* 1867 S. 188 ff. Overbeck,
Kunstmyth., Zeus S. 548 f. *Rev. arch. N. S.* Bd. XXII (1870) S. 375 Anm. 6 (H. de
Villefosse).

19 (IV 53). Ganymedes den Adler tränkend. Sarkophag-Relief.
Rom, Vatican. Nach Visconti.

H. 0,706 m. Mittelgruppe eines geriefelten Sarkophages. An den
Ecken jederseits ein fackelhaltender Eros.

Ganymedes, ein leichtes Gewandstück über der linken Schulter,
auf dem Kopfe eine phrygische Mütze, steht vor einer Eiche nach rechts;
die linke Hand stützt er auf einen Cippus, mit der Rechten hält er dem
(worauf? vielleicht ist der Blitz gemeint?) sitzenden Adler eine Schale hin.
Am Boden sitzt nach links ein um Unterkörper mit einem Mantel bekleidetes
Mädchen, welches mit emporgerichtetem Antlitz zuschaut und erstaunt die
Arme vorstreckt. Eine sichere Deutung hat die Figur bisher nicht gefunden.

Abg. Visconti, *Mus. Pio-Clem.* Bd. V Taf. 16. — Vgl. Winckelmann, *Mon.
ined.* zu Nr. 16. Beschr. Roms Bd. II 2 S. 136 Nr. 41. Kekulé, Hebe S. 51 Anm. 2.
Stephani, D. ausruh. Herakles S. 42 Anm. 3. *Compte Rendu* 1867 S. 191 Anm. 1.
Göttinger Nachr. 1876 S. 82 f. (Wieseler). Overbeck, Kunstmyth., Zeus S. 546 f.

---

*) Abweichend von der Abbildung giebt Kekulé im Text die Inschrift statt mit M mit ΛΛ.

TAFEL IX.

Münztafel.

A. Zeus sitzend.

1 (II 14). Ephesos. Kupfermünze des Antoninus Pius. Nach
Mionnet, *Supplément.*

Vorderseite: T ΑΙΛ ΚΑΙCΑΡ ΑΝΤΩΝΕΙΝΟC. Lorberbekränzter Kopf des Antoninus Pius nach rechts.

Rückseite: ΠΤΕΙΩΝ ΕΦΕCΙΩΝ. Zeus als Regenverleiher (vgl. den
Cultnamen Ύέτιος) sitzt nach rechts auf dem Berge Pion bei Ephesos; er sitzt

auf dem Mantel, der den Rücken und die Beine verhüllt; seine Brust ist
nackt. In der gesenkten Linken hält er den Blitz; der rechte Arm ist
hoch erhoben, von ihm fliefst der Regen in dicken Tropfen herab. Zu seinen
Füfsen wird der Adler sichtbar. Rechts und links erblickt man die Häuser
von Ephesos, dazwischen rechts eine hohe Cypresse. Unten ist der Flufsgott
Kaystros gelagert, neben ihm ein Rind.

Abg. Mionnet, *Suppl.* Bd. VI Taf. IV Nr. 1. F. Lajard, *Recherches sur le
culte du cyprès* Taf IV Nr. 5. Overbeck, Kunstmyth., Zeus, Münztaf. III Nr. 22. —
Vgl. Mionnet a. a. O. S. 141 f. 413 f. *Descr.* Bd. III S. 98 Nr. 282. F. Lajard
a. a. O. S. 101 f. Overbeck a. a. O. S. 226 f. Zum Regenzeus vgl. den Regengott
auf der Antoninsäule (Petersen, Die Marcussäule Taf. XVI S. 58 f.). Zum Berge
Pion Paus. VII 5, 10. Plin. *Nat. Hist.* V 115. Mionnet, *Suppl.* Bd. VII S. 141 f.
(B. Hase). E. Curtius, Beitr. z. Gesch. u. Topogr. Kleinasiens (Abh. Akad. Berlin
1872) S. 2 f. Gesamm. Abh. Bd. II S. 233 ff. Wood, *Discor. at Ephesos* S. 2 ff.
79 ff. Frazer, *Pausanias* Bd. IV S. 129. Die Cypresse ist vielleicht der heilige
Baum des Regenzeus; doch war sie auch der Hauptgottheit von Ephesos, der
Artemis, an verschiedenen Orten heilig; vgl. Pauly-Wissowa, Realencykl. Bd. II
Sp. 1434 (Wernicke).

2 (II 18). Dion. Kupfermünze der Crispina. Nach *Mon. d. Instituto.*

Vorderseite: **KPICTTEINA CEBACTH.** Kopf der Crispina
mit Gewand nach rechts.

Rückseite: **ΔIA IΔAION IΛIEIC.** Zeus Idaios sitzt in derselben
Haltung und Bekleidung wie der Zeus auf Nr. 1 nach rechts; die erhobene
Rechte stützt er auf ein Scepter, auf der vorgestreckten Linken hält er ein
ihm zugewandtes ruhig stehendes Palladion.

Abg. *Mon. dell' Inst.* Bd. I Taf. 57 B Nr. 2. Overbeck, Kunstmyth., Zeus,
Münztaf. II Nr. 14. — Vgl. Lenormant, *Nour. Gal. myth.* S. 71. Ztschr. f. Num.
Bd. II (1875) S. 107 (J. Friedländer). Overbeck a. a. O. S. 155. 159. 213 f. Eine
ähnliche Münze der Julia Domna beschreibt Mionnet, *Descr.* Bd. II S. 664 Nr. 225.
Vgl. auch die Gemme Sacken-Kenner, Münz- u. Antikencab. zu Wien S. 434 Nr. 273.

3 (II 26). Nikaia (Bithyn.). Kupfermünze des Antoninus Pius.
Nach einem Mionnet'schen Schwefelabdrucke.

Vorderseite: **AVT KAI AΔPIANOC ANTΩNEINOC.**
Lorberbekränztes Brustbild des Antoninus Pius mit Aigis nach
rechts.

Rückseite: Zeus als Weltherrscher, mit langem Haar und Bart,
thront in Vorderansicht inmitten des Tierkreises. Er trägt einen Mantel,
der die rechte Seite des Oberkörpers frei läfst, stützt die erhobene Rechte
auf das Scepter und legt die Linke mit dem Blitz in den Schofs. Oben
fahren rechts und links von Zeus Helios und Selene mit ihren Zweigespannen; zu seinen Füfsen sind gelagert links Gaia mit Füllhorn und
Ähren, rechts Thalassa mit Ruder und Schiffshinterteil, neben ihr ein
Delphin. Im Abschnitt **NEIKAIEΩN.**

Abg. Mionnet, *Suppl.* Bd. V zu S. 78. Lenormant, *Nouv. Gal. myth.* Taf. VIII Nr. 2. Overbeck, Kunstmyth., Zeus, Münztaf. II Nr. 13. — Vgl. Mionnet, *Descr.* Bd. II S. 453 Nr. 225. Stephani, *Compte Rendu* 1860 S. 67 f. Zeus im Tierkreis auch auf Münzen von Perinthos, auf römischen Münzen abgesehen von Contorniaten nur auf einer (Jordianus' III., vgl. C. L. Grotefend, Unedirte Griech. u. Röm. Münzen (Begrüfsungsschrift z. Philol.-Vers. Hannover 1864) Taf. I Nr. 7 S. 39 f. Jahrb. d. Arch. Inst. XIII (1898) S. 142 Anm. 15 (B. Pick).

4. Satrap Datames (Kilikien, 378—372 v. Chr.). Silberstater. Paris, Cabinet des Médailles. Nach Luynes.

Vorderseite: Zeus von Tarsos (ІΨᴵ Ｌ ᴜ Ч תת בעל Ba'al-Tars) thront nach rechts, den Oberkörper dem Beschauer zuwendend. Er hat einen Mantel um den Unterkörper und eine Strahlenkrone auf dem Haupte. In der gesenkten Linken hält er eine Ähre und eine Traube, im rechten Arme hat er das mit einem Adler bekrönte Scepter. Im Felde ein Thymiaterion. Herum ein Kranz von Mauerzinnen.

Rückseite: Zwei Gottheiten in einem Tempel. Zwischen ihnen ein Thymiaterion.

Abg. Luynes, *Num. des Satrapies* Taf. II Nr. 2. Babelon, *Les Perses Achéménides* Taf. IV Nr. 19. Roscher, Lexikon Bd. I Sp. 2867. — Vgl. Arch. Ztg. XXIV (1866) S. 163 (F. Lenormant). Luynes a. a. O. Taf. II Nr. 1. 3. 5. IV, V Nr. 7. 8. VIII Nr. 3—10. IX. Babelon a. a. O. S. 26. Pinder, D. ant. Münzen des Kgl. Münzcab. in Berlin S. 70 Nr. 369 f. Kenner, Münzsamml. St. Florian S. 102 f. Overbeck, Kunstmyth., Zeus S. 228. 563 Anm. 55. 580 Anm. 133. Roscher a. a. O. (Ed. Meyer).

5 (II 17, d). Prusa (Bithyn.). Kupfermünze des Commodus. Berlin, Kgl. Münzcabinet. Nach einem Abdrucke.

Vorderseite: Λ ΑΙΑ ΑΥΡΗΛΙΟC ΚΟ^{sic}ΝΝΟΔΟC. Lorberbekränzter Kopf des Commodus nach rechts.

Rückseite: Zeus mit nacktem Oberkörper, einen Mantel um die Beine, ist auf dem mysischen Olympos nach links gelagert. Zwei Bäume deuten die Bewaldung des Abhanges an. Im Felde Reste eines dritten Baumes. Unten im Abschnitt ΠΡΟΥCΑΕΩΝ.

Abg. Overbeck, Kunstmyth., Zeus, Münztaf. II Nr. 16. — Vgl. ebd. S. 155. 161. Die seltene Darstellung des gelagerten Zeus erinnert an das Relief des Archelaos von Priene (Friederichs-Wolters Nr. 1620).

6 (II 17, c). Arkadien. Silbermünze. Nach Imhoof-Blumer, *Choix.* Fünftes Jahrh. v. Chr.

Vorderseite: In vertieftem Quadrat weiblicher Kopf mit Haube nach rechts.

Rückseite: Zeus Lykaios (vgl. Herodot. IV 203; s. u. Nr. 9) mit Spitzbart und langem, an der Spitze gebundenem Haarschopf, sitzt nach links auf einem Throne, dessen Rücklehne in einen Schwanenkopf ausläuft. Die

Füße setzt er auf einen Schemel, mit der erhobenen Rechten stützt er ein
knotiges, von einer Palmette bekröntes, schräg vorgehaltenes Scepter auf, die
Linke mit dem Blitz ruht im Schofse. Vor dem Gotte ein auf ihn zu
fliegender Adler.

> Abg. Imhoof-Blumer, *Choix de Monn. grecques* Taf. II Nr. 76. Ztschr. f.
> Numism. Bd. III (1876) Taf. VII Nr. 3. *Brit. Mus., Cat. Coins, Pelop.* Taf. XXXI
> Nr. 23. Overbeck, Kunstmyth., Zeus, Münztaf. II Nr. 2. — Vgl. Ztschr. f. Num.
> a. a. O. S. 291 (Imhoof-Blumer). Overbeck a. a. O. S. 26. 155. *Brit. Mus.* a. a. O.
> S. 171 Nr. 28. Eine Abbildung der Vorderseite findet sich auch in der früheren
> Ausgabe dieser Denkmäler Taf. XV Nr. 156e.

7 (II 17). Elis. Silbermünze. Lord Northwick (wohl das Exemplar
im British Museum). Nach Millingen.

Vorderseite: Zeus, mit langem Haar und kurzem, rundem Vollbart,
sitzt nach links auf einem Felsblock; er ist mit einem Mantel bekleidet,
der den Unterkörper, sowie den linken Arm umhüllt, stützt sich mit der
Linken auf den Sitz und streckt die Rechte vor; auf derselben sitzt ein
Adler, die Flügel hebend, als wolle er fortfliegen. Beizeichen: Jugendlicher
Kopf nach rechts.

> Rückseite: FAλειον Adler nach links fliegend, in Klauen und
> Schnabel eine Schlange haltend.

> Abg. Millingen, *Anc. Coins of Greek Cities and Kings* Taf. IV Nr. 21. *Brit.
> Mus., Cat. Coins, Pelop.,* Taf. X Nr. 12. — Vgl. Overbeck, Kunstmyth., Zeus S. 160.
> *Brit. Mus.* a. a. O. S. 59 Nr. 13.

8 (I 9). Praisos (Kreta). Silbermünze. Wohl das Londoner Exemplar.
Nach Falkener.

Vorderseite: Zeus, in Vorderansicht mit Viertelwendung nach links,
sitzt auf einem Thron mit hoher Lehne; sein Oberkörper ist unbekleidet,
sein Unterkörper mit einem Himation bedeckt. Er stützt sich mit der Linken
auf das sehr hoch gefafste Scepter und hält auf der vorgestreckten Rechten
attributiv den (ihm abgewandten) Adler.

> Rückseite: In vertieftem Felde der Vorderteil eines zurück blickenden
> Steinbockes nach links. Früher Elyros zugeschrieben.

> Abg. Falkener, *Mus. of Class. Antiq.* Bd. II S. 269. *Brit. Mus., Cat. Coins,
> Crete* Taf. XVII Nr. 9, vgl. S. 71 Nr. 6 (Wroth). J. N. Svoronos, *Numism. de la
> Crète* Taf. XXVII Nr. 26, vgl. S. 289 Nr. 25 (dort die bekannten Exemplare aufgezählt).

9 (II 17, b). Kyrene. Goldmünze. Wien, Kaiserl. Münzcabinet.
Nach Müller.

Vorderseite: Zeus Lykaios (vgl. Herodot IV 203) sitzt auf einem
Throne mit niedriger Lehne nach links. Er ist bärtig und hat langes Haar;
sein Unterkörper ist mit einem Mantel bekleidet, der Oberkörper nackt; den

linken Arm legt er bequem über die Lehne, ähnlich wie im Partheuonfries (Taf. I Nr. 4), mit der Rechten stützt er sich auf das Scepter. Die Füße setzt er auf einen Schemel, den linken vor, den rechten zurück. Von links fliegt ein Adler auf ihn zu. Hinter dem Throne rückläufig von unten nach oben ΘΕΥΦΕΙ (Rest eines Magistratsnamens).

Rückseite: ΚΥΡΑΝΑΙΩΝ. Weibliche (?) Figur auf einem Viergespann nach rechts. Oben die Sonne.

Abg. L. Müller, *Numism. de l'anc. Afrique* Bd. I S. 49 Nr. 184. Overbeck, Kunstmyth., Zeus, Münztaf. II Nr. 15. — Vgl. Mionnet, *Descr.* Bd. VI S. 558 Nr. 36. L. Müller a. a. O. S. 67. 113 f. Overbeck a. a. O. S. 155. 161. 567 f. Anm. 75.

10 (I 11). Rom. Autonomer Denar aus der Zeit nach Nero's Tode. Silbermünze. London, British Museum. Nach *Revue numismatique*.

Vorderseite: VESTA P R QVIRITIVM. Brustbild der Vesta mit Schleier, den *sex crines* und Gewand, auf ihrer rechten Schulter ein Stern, vor ihr eine brennende Fackel.

Rückseite: Iuppiter Optimus MAXimus CAPITOLINVS. Iuppiter Capitolinus sitzt mit nacktem Oberkörper, einen Mantel um den Unterkörper, nach links im Innern seines schematisch durch einen zweisäuligen Tempel angedeuteten Capitolinischen (älteren) Heiligtumes (vgl. zu Taf. IV Nr. 4). Die Linke stützt er auf ein Scepter, die Rechte mit dem Blitze streckt er vor.

Abg. *Rev. numism. N. S.* Bd. VII (1862) Taf. VII Nr. 10, vgl. S. 204 Nr. 12. Cohen, *Méd. impér.* Bd. I S. 267 Nr. 103. Das Berliner Exemplar wird jetzt abg. Jahrb. des arch. Inst. Bd. XIII (1898) Heft 4, vgl. dazu Michaelis' Bemerkungen. S. auch Nr. 31.

11 (I 7, a). Diocletianus. Goldmedaillon, in Alexandria geprägt. Paris, Cab. des Médailles. Nach Cohen.

Vorderseite: IMP C C VAL DIOCLETIANVS P F AVG. Bärtiger Kopf des Diocletianus nach rechts.

Rückseite: IOVI CONSERVATORI. Iuppiter sitzt nach links auf einem Thron mit hoher Rücklehne; er ist bekränzt und hat einen Mantel um Rücken und Unterkörper. Er setzt das linke Bein vor, das rechte zurück; die erhobene Linke stützt er auf sein Scepter, die halb gesenkt vorgestreckte Rechte hält den Blitz. Zu seinen Füßen sitzt der Adler nach links, die Flügel hebend und den Kopf zu Iuppiter empor wendend; im Schnabel hält er einen Kranz. Die Unterschrift ALE· bezeichnet die Prägstätte Alexandria.

Abg. Cohen, *Méd. impér.* Bd. V Taf. XI, *Diocl.* Nr. 2. Ch. Lenormant, *Mél. des emp. rom.* Taf. LV Nr. 7. *Rev. numism. N. S.* Bd. IV (1859) Taf. XII Nr. 1. Overbeck, Kunstmyth., Zeus, Münztaf. II Nr. 31. — Vgl. *Rev. num.* a. a. O. S. 204 (Sabatier). Overbeck a. a. O. S. 160. Cohen, *Méd. impér.* VI² S. 441 Nr. 263.

12. Denar des C. Vibius Pansa (Consul 43 v. Chr.). Nach Cohen.

Vorderseite: PANSA. Maske des Pan (?) nach rechts.

Rückseite: IOVIS · AXVR. Iuppiter Anxur sitzt auf einem Stuhle nach links, Kopf und (nackten) Oberkörper in Vorderansicht. Er hat einen Mantel um den Unterkörper und auf dem Kopf ein Blätterdiadem. Die Linke stützt er (mit gesenktem Oberarm) auf das kreuzförmige Scepter, mit der Rechten streckt er eine Schale vor; das linke Bein ist vor, das rechte zurück gesetzt. Er ist als bartloser Jüngling mit langen Locken gebildet. Rechts von oben nach unten C · VIBIVS · C · F · C · N.

Abg. Riccio, *le monete delle ant. fam. di Roma* Taf. 40 Nr. 14. Millin, *Gal. myth.* Taf. IV Nr. 39. Cohen, *Méd. cons.* Taf. XLI Nr. 13. Overbeck, Kunstmyth., Zeus, Münztaf. III Nr. 9. Babelon, *Méd. consul.* Bd. II S. 546 (danach Roscher's Lexikon Bd. II Sp. 640) u. ö. — Vgl. Eckhel, *Doctr. Num.* Bd. V S. 310. Cohen a. a. O. S. 331 Nr. 19. Babelon a. a. O. Nr. 18. 19. Iuppiter Anxur ist der volskische Stammesgott von Anxur-Tarracina, ein Frühlingsgott (daher jugendlich), der dort zusammen mit der Feronia bezw. Iuno Feronia verehrt wurde, vgl. Verg. *Aen.* VII 799, dazu Servius. Porphyr. *Hor. Sat.* I 5, 26. *CIL* X 6331. 6483. Roscher's Lexikon a. a. O. (Aust). Pauly-Wissowa, Realencykl. Bd. I Sp. 2652 f. (Hülsen-Aust).

B. Zeus stehend.

13. Antiochos II. von Syrien (261—246). Tetradrachmon, in Baktrien geschlagen. London, British Museum. Nach Overbeck.

Vorderseite: Kopf des Antiochos mit Diadem nach rechts.

Rückseite: ΒΑΣΙΛΕΩΣ ΑΝΤΙΟΧΟΥ. Nackter jugendlich bartloser Zeus, mit dem linken Bein lebhaft nach links vorschreitend, schwingt mit der Rechten den Blitz und streckt die Linke befehlend vor; über dem linken Arm hängt die mit Schlangen umsäumte Aigis. Zu den Füßen des Gottes sitzt der Adler nach links. Im Felde das Münzzeichen N.

Abg. *Num. Chron. N. S.* Bd. II Taf. 4 Nr. 1—3. 7. Overbeck, Kunstmyth., Zeus, Münztaf. III Nr. 29. *Brit. Mus., Cat. Coins, Seleucid Kings* Taf. V Nr. 7. — Vgl. *Num. Chron.* a. a. O. S. 178 ff. Overbeck a. a. O. S. 248. *Brit. Mus.* a. a. O. S. 15 Nr. 18. Die Münze stammt aus der ersten Zeit der Unabhängigkeit Baktriens, das sich unter Diodotos um 250 v. Chr. von Syrien losriß; diejenigen Münzen, welche, wie die hier abgebildete, noch Bild und Namen des Antiochos mit dem speciell baktrischen Gepräge des blitzschleudernden Zeus vereinigen, gehören der Zeit unmittelbar vor 250 an, in der sich die Losreißung vorbereitete; später tritt für Antiochos Kopf und Name des Diodotos ein. Vgl. Friedländer-v. Sallet, D. Kgl. Münzkab.¹ S. 144 Nr. 491. A. v. Sallet, Münzen und Medaillen S. 37. Münzen mit dem Kopfe des Diodotos z. B. *Brit. Mus., Cat. Coins, Kings of Bactria* Taf. I Nr. 4—6

14. Antoninus Pius. Bronze-Medaillon aus der Zeit zwischen dem dritten (140 n. Chr.) und vierten (145 n. Chr.) Consulate des Kaisers. Berlin, Kgl. Münzcabinet. Nach einem Abdrucke.

Vorderseite: ANTONINVS AVG PIVS PP TR P. Brustbild des Antoninus Pius mit Gewand nach rechts.

Rückseite: COS III. Jugendlich bartloser Iuppiter in Vorderansicht, unbekleidet, hält in der gesenkten Linken den Blitz und stützt die Rechte (Oberarm wagerecht erhoben) auf ein Scepter. Auf der Seite des Scepters steht neben ihm ein mit Relief (Lupa, darüber Feston) geschmückter Altar, auf diesem eine Opferkanne. Neben dem linken Beine des Gottes sitzt am Boden ein umblickender Adler nach rechts, die Flügel hebend.

Vgl. Cohen, *Méd. imp.* Bd. II² S. 288 Nr. 169. Friedländer und v. Sallet, Das Kgl. Münzkab.² Nr. 1061.

15 (II 30). Hadrianus. Silbermedaillon der Provinz Asia aus der Zeit nach dem dritten Consulate des Kaisers (119 n. Chr.). Nach Abh. d. Akademie.

Vorderseite: HADRIANVS AVGVSTVS P P. Bärtiges Brustbild des Hadrianus mit Mantel nach rechts.

Rückseite: COS III. Der karische Zeus, bärtig und unbekleidet, auf dem Kopfe wohl einen Kranz, über dem linken Arm ein Mäntelchen, steht nach rechts. Im linken Arm hält er ein Doppelbeil, auf der vorgestreckten Rechten den zu ihm zurück blickenden Adler. Die Münze ist überprägt, zeigt daher an verschiedenen Stellen Spuren des ursprünglichen Gepräges.

Abg. Abh. d. Berl. Akad. 1855 Taf. VII Nr. 3, vgl. S. 626 f. (Pinder). Über den karischen Zeus s. d. folgende Nummer.

16 (II 29). Mylasa (Karien). Kupfermünze des Geta. Nach einem Mionnet'schen Schwefelabdrucke.

Vorderseite: Π CEΠΤΙΜΙOC ΓETAC. Brustbild des Geta mit Mantel nach rechts.

Rückseite: MVΛACEΩN. In einem von zwei ionischen Säulen getragenen Tempel steht das Xoanon des karischen Zeus mit enggeschlossenen Füßen in Vorderansicht, den Kopf zu seiner Rechten hin wendend. Er hat ein Untergewand mit Halbärmeln, um den Unterkörper einen Mantel, und auf dem Kopfe einen Kalathos. Die Oberarme liegen am Körper an, die Unterarme sind zum Halten der Attribute vorgestreckt: in der Rechten hält er ein Doppelbeil, in der Linken eine Lanze.

Abg. Overbeck, Kunstmyth., Zeus S. 8 Fig. 2 (nach demselben Vorbild). Conze, Heroen u. Göttergest. Taf. I (ohne Münzrand). — Vgl. Mionnet, *Descr.* Bd. III S. 358 Nr. 320. Lenormant, *Nouv. Gal. myth.* zu Taf. VII Nr. 11. Der schon bei Herodot (I 171. V 66) erwähnte, von Strabon (XIV 659) genauer charakterisirte karische Zeus von Labraunda, einem Dorfe bei Mylasa, war eine barbarische, in späterer Zeit mit dem griechischen Zeus identificirte Gottheit, die wie andere kleinasiatische Gottheiten (z. B. Dolichenus, s. o. zu Taf. V Nr. 6—8) als Attribut das Doppelbeil führte. Vgl. Overbeck a. a. O. S. 208 ff. Preller-Robert Bd. I S. 141. Roscher's Lexikon Bd. II Sp. 1776 f. (Höfer).

17. Licinius d. Ä. Kupfermünze. Wahrscheinlich nach einem Exemplar in Göttingen.

Vorderseite: IMP C VAL LICIN LICINIVS P F AVG. Brustbild des Licinius mit Panzer, Mantel und Strahlenkranz nach rechts.

Rückseite: IOVI CONSERVATORI. Iuppiter (oder der Kaiser als Iuppiter) steht nackt in Vorderansicht, den Kopf zu seiner Rechten hinwendend; er stützt die Linke auf ein mit Schwanenkopf bekröntes Scepter und hält auf der vorgestreckten Rechten eine Victoria, die auf einer Kugel steht und ihm einen Kranz hinhält. Neben seinem rechten Beine sitzt am Boden aufblickend der Adler nach links, die Flügel hebend und einen Kranz im Schnabel haltend. Auf der anderen Seite sitzt aufblickend am Boden nach rechts ein nackter, bärtiger Gefangener, dessen Hände auf dem Rücken zusammen gebunden sind. Im Felde ein Zahlzeichen. Im Abschnitt SMHΓ (Bezeichnung der Prägestätte Heraclea Thrac.). Vgl. Cohen, *Méd. impér.*[1] Bd. VII S. 196 Nr. 74—77.

18 (II 20). Pallantion als Mitglied des achäischen Bundes. Kupfermünze. London, British Museum. Nach Combe.

Vorderseite: AXAIΩN ΠΑΛΛΑΝΤΕΩΝ. Sitzende weibliche Figur nach links mit Kranz und Scepter, entweder Demeter Panachaia als Bundesgöttin der achäischen Liga oder die Personification von Achaia.

Rückseite: Zeus Homagyrios oder besser Amarios als Bundesgott der achäischen Liga, nackt, mit kurzem Haar und Bart, steht nach links, die Linke auf ein Scepter stützend, auf der vorgestreckten Rechten Nike haltend, die ihm einen Kranz bietet. Neben dem Scepter der Beamtenname ΙΠΠΑΡΧΟΣ.

Abg. Combe, *Numi Mus. Brit.* Taf. 8 Nr. 6. *Brit. Mus., Cat. Coins, Pelop.* Taf. III Nr. 17. Andere achäische Bundesmünzen ebendaselbst, ferner bei Overbeck, Kunstmyth., Zeus, Münztaf. II Nr. 17. 17a. Imhoof-Blumer *and* Gardner, *Num. comm. on Paus.* Taf. R Nr. XV. XVI. — Vgl. Eckhel, *Doct. Num.* Bd. II S. 231. Mionnet, *Suppl.* Bd. IV S. 12 Nr. 67. *Brit. Mus. a. a. O.* S. 14 Nr. 167. Zum Zeus Amarios vgl. Paus. VII 24, 2. Strab. VIII p. 385. 387. Polyb. V 93, 10. Overbeck a. a. O. S. 53. 563 Anm. 57. Preller-Robert Bd. I S. 148. Frazer, *Pausanias* Bd. IV S. 162f.

19. Kyrene. Goldstater. Paris, Cabinet des Médailles. Nach Müller.

Vorderseite: Zeus Ammon, bärtig, mit kurzem Haar, in dem ein Strahlenkranz liegt, aber ohne Widderhörner, steht in Vorderansicht; ein Mantel ist um seinen Unterkörper und linken Arm geschlungen. Im linken Arme lehnt an der Schulter das mit doppelter Blüte (Silphion?) bekrönte Scepter, auf der vorgesteckten rechten Hand steht Nike mit gehobenen

Flügeln. An der rechten Seite des Gottes steht ein Widder. Beamten-name ΔΑΜΩΝΑΚΤΟΣ.

> Rückseite: KVPANAION. Viergespann mit Lenker nach rechts.

> Abg. Mionnet, *Suppl.* Bd. IX Taf. 7 Nr. 1. L. Müller, *Num. de l'anc. Afrique* Bd. I S. 50 Nr. 194. — Vgl. Mionnet, *Descr.* Bd. VI S. 558 Nr. 35. L. Müller a. a. O. S. 68. 100. Overbeck, Kunstmyth., Zeus S. 276. 295. Über Zeus Ammon vgl. das zu Taf. III Nr. 4. 9 Gesagte.

20. Messenien. Tetradrachmon aus der Zeit zwischen 280 und 146 v. Chr. München. Nach Overbeck.

> Vorderseite: Kopf der Demeter nach rechts, mit Ähren und einem Perlendiadem geschmückt.

Rückseite: ΜΕΣΣΑΝΙΩΝ, darüber ΙΘΩΜ, ferner der Beamtenname ΔΙΟΝύσιος und das Münzzeichen A. Zeus, nackt, mit kurzem Bart und aufgebundenem Haar, schreitet nach rechts, indem er auf der vorgestreckten Linken einen Adler hält und mit der Rechten den Blitz schwingt. Rechts im Felde ein Dreifuss und eine Pfeilspitze. Das Münzbild giebt wahr-scheinlich die Statue des Zeus Ithomatas wieder, welche Hagelaidas für die Messenier in Naupaktos arbeitete.

> Abg. *N. Mem. dell' Inst.* Taf. I Nr. 3. Overbeck, Kunstmyth., Zeus S. 12. Andere Exemplare bei Sestini, *Med. grech.* Taf. 12 Nr. 6. Imhoof-Blumer *and* Gardner, *Num. comm. on Paus.* Taf. P Nr. 4. 5. Gardner, *Types* Taf. VIII Nr. 25. *Brit. Mus.*, *Cat. Coins, Pelop.* Taf. XXII Nr. 1. 5. 7. 10. Collignon, *Hist. de la sculpt. gr.* Bd. I S. 318 Fig. 158. 159 u. öfter. — Vgl Mionnet, *Suppl.* Bd. IV S. 206 Nr. 1. Zur Zurück-führung auf Hagelaidas vgl. Overbeck a. a. O. S. 11 ff. Plastik⁴ Bd. I S. 141. 290 (der mit Unrecht Brunn's künstlichen und unwahrscheinlichen Combinationen folgt). Collignon a. a. O. Vollständige Zusammenstellung der Litteratur über diese Frage bei Frazer, *Pausanias* Bd. III S. 438 ff. Zum Zeus des Hagelaidas vgl. noch Furt-wängler, Meisterw. S. 403 ff.

21 (II 23, a). Athen. Kupfermünze des dritten Jahrhunderts v. Chr. Berlin, Kgl. Münzcabinet. Nach einem Abdruck.

> Vorderseite: Athenakopf mit korinthischem Helm nach rechts.

Rückseite: ΑΘΕναίων. Zeus, nackt mit langen Locken und Spitz-bart, steht nach rechts, streckt die Linke (die wohl ein Attribut hielt, vgl. Nr. 22) vor, und hält in der gesenkten Rechten den Blitz. Im Felde rechts eine Eule. Das Münzbild stellt jedenfalls eine altertümliche Cultstatue dar, vielleicht die des Zeus Polieus (Paus. I 24, 4).

> Abg. Overbeck, Kunstmyth., Zeus S. 24 Fig. 5. Imhoof-Blumer *and* P. Gardner, *Num. comm. on Paus.* Taf. BB Nr. 2. — Vgl Mionnet, *Suppl.* Bd. III S. 567 Nr. 230. Overbeck a. a. O. und S. 54 f. Ähnlich *Brit. Mus., Cat. Coins, Attica* Taf. XIV Nr. 7 (mit anderen Beizeichen).

22 (II 23). Athen. Kupfermünze der Kaiserzeit. London, British Museum. Nach Combe.

> Vorderseite: Kopf der Athena mit korinthischem Helm nach rechts.

> Rückseite: AΘHNAIWN. Zeus, nackt mit kurzem Haar und Bart, steht nach rechts, streckt mit der Linken eine Opferschale vor und hält in der gesenkten Rechten den Blitz. Vor ihm steht ein Altar. Wahrscheinlich ist hier eine Zeusstatue des Leochares wiedergegeben, welche nach Paus. I 24, 4 auf der Akropolis zu Athen neben dem (älteren) Bilde des Zeus Policus stand. Da also hier, wie dies oft geschah, ein jüngeres Cultbild gleichsam als Ersatz neben das ältere gestellt wurde, so darf man annehmen, daß es sich soweit möglich an dieses anschloß. Dies zwischen dem Zeus Polieus und dem des Leochares vorauszusetzende Verhältnis findet aber zwischen den auf Nr. 21 und 22 wiedergegebenen Statuen statt; wenn man demnach Jahn's Vermutung annimmt, daß Nr. 22 den Zeus des Leochares wiedergebe, so wird Overbeck's Zurückführung von Nr. 21 auf den Zeus Polieus sehr wahrscheinlich, entgegen Jahn's Ansicht, der den Polieus vielmehr in Nr. 23 fand.

Abg. Combe, *Numi Mus. Brit.* Taf. 7 Nr. 1. *Brit. Mus., Cat. Coins, Attica* Taf. XVIII Nr. 5. Overbeck, Kunstmyth., Zeus S. 54 Fig. 7b. Plastik' Bd. II S. 93 Fig. 265. Imhoof-Blumer and P. Gardner, *Num. comm. on Paus.* Taf. B B Nr. 3. Andere Exemplare abg. *N. Mem. d. Inst.* Taf. I Nr. 1. 2. Beulé, *Monn. d'Ath.* S. 396. Overbeck a. a. O. Fig. 7a. — Vgl. *N. Mem. a. a. O.* S. 22 ff. (O. Jahn). Overbeck a. a. O. S. 54f. E. Petersen, Kunst d. Pheidias S. 84 f. Collignon, *Hist. de la sculpt. gr.* Bd. II S. 312. Statuarisch derselbe Typus in einer Marmorstatuette des Fitzwilliam Museum zu Cambridge (Michaelis, *Anc. Marbl. in Gr. Brit.* S. 267 Nr. 103).

23. Athen. Kupfermünze, wahrscheinlich viertes Jahrhundert v. Chr. Nach Beulé.

> Vorderseite: Kopf der Athena mit korinthischem Helm nach rechts.

> Rückseite: AΘEναιων. Zeus, nackt, mit Spitzbart und aufgebundenem Haar, schreitet nach rechts, schwingt mit der Rechten den Blitz und streckt die Linke vor. Am Boden sitzt vor ihm der Adler. Im Felde als Beizeichen ein Füllhorn. Von Jahn auf den Zeus Polieus zurückgeführt (s. zu Nr. 21. 22).

Abg. Beulé, *Monn. d'Ath.* S. 281. Andere Exemplare der häufigen Münze mit verschiedenen Beizeichen abg. *N. Mem. d. Inst.* Taf. I Nr. 1. 2. Overbeck, Kunstmyth., Zeus S. 19 Fig. 4. Imhoof-Blumer and Gardner, *Num. Comm. on Paus.* Taf. B B Nr. 1. Frazer, *Pausanias* Bd. II S. 302. — Vgl. noch Overbeck a. a. O. S. 19. 24. 55. Mionnet, *Suppl.* Bd. III S. 567 Nr. 225. *Brit. Mus., Cat. Coins, Attica* S. 80 Nr. 543.

24 (II 22, a). Syrakusai. Silbermünze (Zeit nach 215). London, British Museum. Nach *Annali*.

Vorderseite: Kopf der Persephone nach links.

Rückseite: ΣΥΡΑΚΟΣΙΩΝ. Zeus, bärtig und bekränzt, steht in Vorderansicht, die Rechte auf eine mit der Spitze nach unten gekehrte Lanze(?) gestützt, die Linke in die Seite gestemmt; er wendet den Kopf nach seiner Linken; ein Mantel umhüllt die Beine und die linke Seite des Oberkörpers. Links im Felde fliegt der Adler, über ihm der Beamtenname ΧΑΡ. Die Münze giebt einen schönen, auch statuarisch erhaltenen Typus wieder, den man mit dem von Verres geraubten »Iuppiter Imperator« (Cic. *Verr.* IV 57. 128 f.) zu identificiren versucht hat.

Abg. *Ann. dell' Inst.* XI (1839) Taf. A Nr. 1. *Brit. Mus.*, *Cat. Coins, Sicily* S. 224. Overbeck, Kunstmyth., Zeus, Münztaf. II Nr. 25. Strozzi's *Periodico* Bd. 1 (1868) Taf. IX Nr. 1. *Num. Chron.* Bd. XIV (1874) Taf. XIII Nr. 8. — Vgl. *Ann.* a. a. O. S. 62 ff. (Abeken). *Bull. d. Inst.* 1840 S. 69 f. (Cavedoni). O. Jahn, Arch. Aufs. S. 40 f. *Periodico* a. a. O. S. 199 f. (Salinas). Overbeck a. a. O. S. 131 ff. Eine ähnliche Münze von Kyrene bei L. Müller, *Num. de l'anc. Afrique* Bd. I S. 50 Nr. 193.

25. Claudius II. Gothicus. Kupfermünze. Paris, Cabinet des Médailles. Nach Cohen.

Vorderseite: IMP· C· CLAVDIVS AVG. Lorberbekränztes Brustbild des Claudius mit Panzer und Mantel nach rechts.

Rückseite: IOVI VICTORI. Iuppiter, bärtig, mit kurzem Haar, steht in Vorderansicht, den Kopf nach seiner Rechten hinwendend, in der Rechten den Blitz halb erhoben haltend, die Linke auf eine mit der Spitze nach unten gekehrte Lanze gestützt; im Rücken hängt ihm ein Mantel in einer für diesen Gott nicht gewöhnlichen Weise. Gemeint ist wohl der siegreiche Kaiser selbst.

Abg. Cohen, *Méd. imp.* Bd. V Taf. IV Nr. 100, vgl. S. 94 Nr. 100 und Bd. VI¹ S. 142 Nr. 128. Overbeck, Kunstmyth., Zeus, Münztaf. II Nr. 35, vgl. S. 165 f. Ähnlich, aber ohne die Lanze, Iuppiter Ultor auf einer Münze des Diocletianus, Kenner, St. Florian S. 209.

26 (II 24). Kyrene. Goldmünze. Nach Müller.

Vorderseite: Zeus, bärtig, mit langem Haar (darin eine Binde), im Himation, steht halb nach links; er hält in der vorgestreckten Rechten eine Schale über ein Thymiaterion und stützt mit der Linken ein Scepter oder wahrscheinlicher eine Lanze auf. Beischrift ΠΟΛΙΑΝΘΕΥΣ (Beamtenname).

Rückseite: KVPANAION. Viergespann mit Lenker nach rechts. Oben Sonne.

Abg. L. Müller, *Num. de l'anc. Afrique* Bd. I S. 49 Nr. 191. — Vgl. Friedländer-v. Sallet, Das Kgl. Münzkab.² Nr. 254. Mionnet, *Descr.* Bd. VI S. 558 Nr. 37.

27. Laodikeia. Kupfermünze des Nero. Gotha, Herzogl. Münzcabinet. Nach einem Abdruck.

Vorderseite: ΝΕΡΩΝ ΣΕΒΑΣΤΟΣ ΘΕΟΣ. Lorberbekränzter Kopf des Nero nach rechts.

Rückseite: ΙΟΥΛΙΟΣ ΑΝΔΡΟΝΙΚΟΣ ΕΥΕΡΓΕΤΗΣ ΛΑΟΔΙΚΕΩΝ. Der bärtige Zeus steht ruhig in sein Himation gewickelt nach links, im linken Arm das adlerbekrönte Scepter, auf der vorgestreckten Rechten den Adler haltend. Die Figur geht gewis auf ein statuarisches Vorbild zurück. Vgl. Mionnet, *Descr.* Bd. IV S. 320 Nr. 722.

28 (II 22, b). Hadrianus. Silbermedaillon der Provinz Asia, nicht vor 128 n. Chr. (Jahr des dritten Consulats des Kaisers). Nach Abh. d. Berl. Akademie.

Vorderseite: HADRIANVS AVGVSTVS P P. Bärtiger Kopf des Hadrianus nach rechts.

Rückseite: COS III. Der Kaiser Hadrianus als Zeus steht in Vorderansicht, im Chiton und Mantel, mit Schwertband über der Brust, die erhobene Rechte auf die umgekehrte Lanze gestützt, die gesenkte Linke auf den zu Boden gestellten Schild gestützt, neben dem der Adler (auf einem Helm?) sitzt. Die Münze stammt wahrscheinlich aus dem Jahre 129, in dem der Kaiser Kleinasien besuchte, nachdem er das Jahr zuvor, im Jahre seines dritten Consulats, aus Anlaß der Vollendung des Olympieion den Beinamen Zeus Olympios angenommen hatte.

Abg. Abhandl. Akad. Berlin 1855 Taf. VII Nr. 4, vgl. S. 627 (Pinder). Dürr, Die Reisen des Kaisers Hadrian S. 50 ff. Gregorovius, Der Kaiser Hadrian S. 180 ff. Pauly-Wissowa Bd. I Sp. 509 f. (P. v. Rohden).

29 (II 22). Amastris (Paphl.). Kupfermünze des Antoninus Pius. Paris, Cab. des Médailles. Nach Lenormant.

Vorderseite: ΑΥΤ ΚΑΙCΑΡ ΑΝΤWΝΕΙΝΟC. Lorberbekränztes Brustbild des Antoninus Pius nach rechts.

Rückseite: ΖΕΥC CΤΡΑΤΗΓΟC ΑΜΑCΤΡΙΑΝWΝ. Zeus steht ruhig in Vorderansicht, bekleidet mit einem Himation, das die rechte Schulter und Brust frei läßt. Er wendet den bärtigen Kopf nach seiner Rechten, hält in dem gesenkten rechten Arm ein Scepter und stemmt die Linke in die Seite. Am Boden sitzt neben seinem linken Fuße ein Adler. Hier, wie auch auf anderen Münzen von Amastris, ist sicher ein statuarischer Typus älterer Zeit wiedergegeben, vgl. oben zu Tafel II Nr. 6.

Abg. Lenormant, *Nouv. Gal. myth.* Taf. XV Nr. 14. Overbeck, Kunstmyth., Zeus, Münztafel II Nr. 27. Olympia, Die Ergebnisse u. s. w., Textbd. III S. 227. — Vgl. Mionnet, *Descr.* Bd. II S. 392 Nr. 31. Overbeck a. a. O. S. 134. 164. 223.

Olympia a. a. O. (Treu). Verwandt ist der Typus von Syrakus Nr. 24. Kopf des Zeus Strategos auf einer Münze von Amastris s. u. Nr. 39. Vgl. J. v. Schlosser, Num. Ztschr. Bd. XXIII.

C. Köpfe des Zeus.

30 (I 6, c). Syrakusai. Kupfermünze der Zeit zwischen 282 und 278. Früher nach Lenormant, jetzt nach Overbeck.

Vorderseite: ΔΙΟΣ ΕΛΛΑΝΙΟV. Jugendlich bartloser Kopf des Zeus Hellanios mit Lorberkranz nach links.

Rückseite: ΣVΡΑΚΟΣΙΩΝ. Adler mit ausgebreiteten Flügeln steht auf dem Blitze nach links.

Abg. (verschiedene Exemplare) Lenormant, *Nouv. Gal. myth.* Taf. VIII Nr. 7. Overbeck, Kunstmyth., Zeus, Münztaf. III Nr. 2. *Num. Chronicle* Bd. XII (1872) Taf. X Nr. 7. — Vgl. Lenormant a. a. O. S. 48. Overbeck a. a. O. S. 196. *Num. Chron.* a. a. O. S. 55 ff. (B. V. Head, auch als Einzelschrift: *Coins of Syracuse*, London 1874). Die Mamertiner in Messana prägten Kupferstücke mit beiderseits demselben Typus, vgl. *Brit. Mus.*, *Cat. Coins, Sicily* S. 110 Nr. 14—16.

31. Rom. Autonomer Denar aus der Zeit nach Nero's Tode. Nach *Revue numismatique.*

Vorderseite: I O M CAPITOLINVS. Brustbild des bärtigen Iuppiter Capitolinus mit Binde im Haar und Mantel nach links; davor ein Palmzweig.

Rückseite: VESTA P R QVIRITIVM. Vesta mit Schale und Fackel sitzt nach links.

Abg. *Rev. num. N. S.* Bd. VII (1862) Taf. X Nr. 58. — Vgl. Cohen, *Méd. imp.* I S. 268 Nr. 107. I² S. 350 Nr. 432. *Rev. num.* a. a. O. S. 219 Nr. 73 (Duc de Blacas). S. auch oben Nr. 10.

32 (II 31, a). Barke (Kyrenaike). Tetradrachmon. Viertes Jahrhundert v. Chr. Nach Müller.

Vorderseite: Kopf des bärtigen Zeus Ammon mit um das Ohr herumgelegtem Widderhorn nach links. Der Stirnschmuck am Diadem scheint eine Nachahmung der ägyptischen Uräusschlange zu sein. Hinter dem Kopfe im Felde zwei Lorberblätter.

Rückseite: ΛΙΒVΣΤΡΑΤΟ. Silphionstaude.

Abg. L. Müller, *Num. de l'anc. Afr.* Bd. I S. 23 Nr. 41. Overbeck, Kunstmyth., Zeus, Münztaf. IV Nr. 8. — Vgl. Müller a. a. O. S. 31 f. 85. Overbeck a. a. O. S. 294 f. Siehe auch die folgende Nr. Zum Cult des Zeus Ammon vgl. oben zu Taf. III Nr. 4.

33 (II 31, c). Barke (Kyrenaike). Tetradrachmon. Viertes Jahrhundert v. Chr. Nach Müller.

Vorderseite: ΞΙΟΞΞΧΑ. Kopf des Zeus Ammon in Vorderansicht mit um die Ohren gelegten Widderhörnern, eigenartig gesträubtem Haar und

7*

Bart und demselben Stirnschmuck wie auf Nr. 32. Von barbarischen Elementen in dem Kopfe, welche Overbeck zu bemerken glaubte, ist indessen nichts vorhanden.

Rückseite: BAPKAI. Silphionstaude.

Abg. L. Müller, *Num. de l'anc. Afrique* Bd. I S. 81 Nr. 320. Overbeck, Kunstmyth., Zeus, Münztaf. IV Nr. 16. Ein anderes Exemplar mit rechtsläufiger Beischrift und etwas anderer Rückseite abg. bei Friedländer-v. Sallet, Das kgl. Münzkab.' Taf. III Nr. 260. — Vgl. Müller a. a. O. S. 81. 86. 113 f. Overbeck a. a. O. S. 295.

34. Elis. Silbermünze. Ende des fünften Jahrhunderts v. Chr. Nach dem britischen Katalog.

Vorderseite: Kopf des Zeus mit Kotinoskranz nach rechts.

Rückseite: Im Kotinoskranze FA und geflügelter Blitz.

Abg. *Brit. Mus., Cat. Coins, Pelop.* Taf. XII 10. Monatsber. Akad. Berlin 1874 zu S. 500 Fig. I, vgl. S. 498 ff. (Friedländer). Jahrb. d. arch. Inst. XIII (1898), Anz. S. 178 f. (Wernicke). Ein zweites Exemplar in der Berliner kgl. Münzsammlung.

35. Elis. Silbermünze. Ende des fünften Jahrhunderts. Nach dem britischen Katalog.

Vorderseite: FAΛEION. Kopf des Zeus mit Kotinoskranz nach links.

Rückseite: Adler mit geschlossenen Flügeln nach rechts auf dem Capitell einer ionischen Säule *(meta)* sitzend.

Abg. *Brit. Mus., Cat. Coins, Pelop.* Taf. XIII Nr. 2. Monatsber. Akad. Berlin 1874 zu S. 500 Fig. 2, vgl. S. 498 ff. (Friedländer). Jahrb. d. arch. Inst. XIII (1898), Anz. S. 178 f. (Wernicke). Ein anderes Exemplar auch in der Berliner kgl. Münzsammlung.

36 (I 6, d). Lokroi Epizephyrioi. Didrachmon. London, British Museum. Nach Carelli.

Vorderseite: ΙΕΥΣ. Lorberbekränzter Kopf des Zeus nach rechts.

Rückseite: ΛΟΚΡΩΝ. Eirene (EIPHNH) mit Kerykeion in der Rechten sitzt nach links auf einem Altar, an dessen Vorderseite ein Bukranion angebracht ist.

Abg. Carelli - Cavedoni, *Num. Ital. Vet.* Taf. CLXXXIX Nr. 13. Sambon, *Monn. de la presqu'île italique* Taf. XXIII 28. Nach dem Mailänder Exemplar Overbeck, Kunstmyth., Zeus, Münztaf. I Nr. 13. — Vgl. *Brit. Mus., Cat. Coins, Italy* S. 364 Nr. 1. Overbeck a. a. O. S. 100 f. Der schöne, eigenartige Kopf findet seine Analogie in dem Zeus Eleutherios syrakusischer Münzen, vgl. Overbeck a. a. O. Münztaf. III Nr. 14.

37. Polyrrhenion (Kreta). Silbermünze des Augustus. Paris, Cabinet des Médailles. Nach Lenormant.

Vorderseite: ϑεὸς σεβαστΟΣ ΕΠΙ ΚΟΡΝΗΛΙΟΥ ΛΥΠΟΥᾼ. Kopf des Divus Augustus mit Strahlenkranz nach rechts.

Rückseite: TAN ΚϱηταγεΝΗΣ ΤΤΟΛVΡ. Lorberbekränzter Kopf des Zeus Kretagenes nach rechts. Unter dem Halse der Blitz.

Abg. Lenormant, *Nouv. Gal. myth.* Taf. XVII Nr. 11. Overbeck, Kunstmyth., Zeus, Münztaf. I Nr. 38. J. N. Svoronos, *Num. de la Crète anc.* Taf. XXVI Nr. 30. — Vgl. Overbeck a. a. O. S. 107. Svoronos a. a. O. S. 284 Nr. 52.

38. Pergamon. Kupfermünze des Traianus. Berlin, Kgl. Münzcabinet. Nach dem Original.

Vorderseite: ΖΕVC ΦΙΛΙΟC. Bärtiger Kopf des Zeus nach rechts.

Rückseite: [AVT] ΤΡΑΙΑΝΟC CEB. Lorberbekränzter Kopf des Traianus nach rechts.

Abg. (anderes Exemplar) Overbeck, Kunstmyth., Zeus, Münztaf. III Nr. 23. *Brit. Mus., Cat. Coins, Mysia* Taf. XXVIII Nr. 12. — Vgl. Eckhel, *Doctr. Num.* Bd. II S. 465. Mionnet, *Suppl.* Bd. V S. 433 Nr. 958 f. Overbeck a. a. O. S. 228.

39. Amastris (Paphl.). Kupfermünze. Kaiserzeit. Nach Overbeck.

Vorderseite: ΖΕVC CΤΡΑΤΗΓΟC. Kopf des Zeus Strategos mit eigentümlicher, für Zeus ungewöhnlicher Haartracht nach rechts. Am Halse Andeutung des Gewandes.

Mit dieser Vorderseite sind verschiedene Rückseiten verbunden; da Overbeck nicht angiebt, welches Exemplar er abbildet, so läíst sich nicht feststellen, welche Rückseite dazu gehört.

Abg. Overbeck, Kunstmyth., Zeus, Münztaf. III Nr. 21, vgl. S. 223. *Brit. Mus., Cat. Coins, Pontus* Taf. XX Nr. 1. 2. Zeus Strategos in ganzer Figur s. o. Nr. 29.

40 (I 6, e). Commodus. Bronzemedaillon. Nach Lenormant.

Vorderseite: M AVREL COMMODVS ANTONINVS AVG PIVS. Lorberbekränztes Brustbild des Commodus mit Panzer nach rechts.

Rückseite: I O M. Kopf des Iuppiter Capitolinus nach rechts.

Abg. Lenormant, *Nouv. Gal. myth.* Taf. VII Nr. 4. Cohen, *Méd. impér.* Bd. III S. 260 Nr. 238.

41 (I 6). Elis. Didrachmon der Zeit zwischen 271 und 191 v. Chr. Nach Lenormant.

Vorderseite: Kopf des Zeus nach rechts mit Lorber-(Kotinos?-)Kranz.

Rückseite: ΓΑλείων. Adler eine Schlange in den Klauen haltend. Im Felde der Blitz und das Münzzeichen H.

Abg. Lenormant, *Nouv. Gal. myth.* Taf. V Nr. 9. Overbeck, Kunstmyth., Zeus, Münztaf. I Nr. 32 (nach dem Berliner Exemplar). *Brit. Mus., Cat. Coins, Pelop.* Taf. XV Nr. 8. — Vgl. Mionnet, *Descr.* Bd. I S. 99 Nr. 20. Ber. d. Sächs. Ges. d. Wiss. 1866 S. 182, 12 (Overbeck). Overbeck a. a. O. S. 100 f. *Brit. Mus.* a. a. O. S. 73 Nr. 132.

42 (I 6, b). Syrakusai. Kupfermünze. Zweite Hälfte des vierten Jahrhunderts v. Chr. (nach der Befreiung der Stadt durch Timoleon 345 v. Chr.). Nach Lenormant.

Vorderseite: ZEYΣ I (von dem Beinamen *Ἐλευθέριος*, der durch andere
besser erhaltene Exemplare gesichert ist, sind hier nur undeutliche Spuren
erkennbar). Lorberbekränzter Kopf des Zeus Eleutherios nach links.

Rückseite: ΣΥΡΑΚΟΣΙΩΝ. Springendes Pferd nach links.

Abg. Lenormant, *Nouv. Gal. myth.* Taf. VII Nr. 2. Overbeck, Kunstmyth.,
Zeus, Münztaf. III Nr. 13. *Num. Chron.* Bd. XIV (1874) Taf. VII 10. *Brit. Mus.,
Cat. Coins, Sicily* S. 189 Nr. 311. — Vgl. Mionnet, *Suppl.* Bd. I S. 444 Nr. 602.
Overbeck a. a. O. S. 213. *Num. Chron.* a. a. O. S. 14 f. 30 f. (B. V. Head).

43. Sardeis. Kupfermünze. Kaiserzeit (wohl zweites Jahrhundert).
London, British Museum. Nach Combe.

Vorderseite: ΣΕΥC ΛΥΔΙΟC. Bärtiger Kopf des Zeus mit kurzem
Haar, in dem eine Binde liegt, nach links. Am Halse Andeutung des
Gewandes.

Rückseite: ΘΕΑ ΡΩΜΗ. Roma sitzt auf Waffen nach links,
auf der Rechten eine Victoria, in der Linken ein Parazonium haltend.

Abg. Combe, *Num. Mus. Brit.* Taf. XI Nr. 11. Vgl. Combe a. a. O. S. 192
Nr. 3. Mionnet, *Suppl.* Bd. VII S. 415 Nr. 451. Kleinere Münzen von Sardeis mit
dem Kopf des Zeus Lydios sind verzeichnet bei Mionnet, *Descr.* Bd. IV S. 120
Nr. 677 f. *Suppl.* Bd. VII S. 415 Nr. 150. Imhoof-Blumer, Griech. Münzen S. 722
Nr. 618. Auch in Kidramos findet sich der Typus, vgl. Imhoof-Blumer, *Monn. gr.*
S. 397 Nr. 91.

44. Seleukeia (Syr.). Kupfermünze des Traian.*)

Vorderseite: AYTOKP KAIC NEP TPAIANOC APICT
CEB ΓΕΡΜ ΔΑΚ. Lorberbekränzter Kopf des Traianus nach
rechts.

Rückseite: CEΛΕΥΚΕШΝ ΠΕΙΕΡΙΑC. In einem viersäuligen Tempel
der heilige Stein des Zeus Kasios. Darunter die Inschrift ΣΕΥC ΚΑCΙΟC
und das Münzzeichen A. Auf dem Dache des Tempels sitzt ein Adler.

Abg. Vaillant, *Num. graec.* Taf. V. Millin, *Gal. myth.* Taf. X Nr. 40* u. 5.
— Vgl. Mionnet, *Descr.* Bd. V S. 277 Nr. 891 (ähnliche Münzen ebd. S. 271 Nr. 884.
S. 277 Nr. 892—899. S. 279 Nr. 905). Overbeck, Kunstmyth., Zeus S. 2 f. 553.
Roscher's Lexikon Bd. II Sp. 370 ff. (Drexler).

---

*) Das Vorbild der bereits durch Wieseler veranlassten Abbildung lässt sich nicht mit Sicher-
heit angeben.

II. HERA.

1. Einleitung.

Der Cult der Himmelskönigin **Hera** ist allezeit eng mit dem ihres Gatten, des Zeus, verknüpft gewesen, so daß dieser zwar ohne jenen denkbar ist, aber der Heradienst stets einen solchen des Zeus und das bräutliche oder eheliche Verhältnis der Göttin zu Zeus voraussetzt. Doch konnte, wie an einigen Orten, z. B. zu Olympia in späterer Zeit, der Zeuscult überwog, an anderen auch der Heracult überwiegen, so besonders in Argos und auf Samos. Auch der Heradienst reicht in die älteste Periode der griechischen Religion hinauf, in welcher man rohe Naturgegenstände, Fetische, als Gottheiten verehrte; spätere Zeiten erblickten in ihnen, ohne die Verehrung aufzugeben, nur Symbole der Gottheit. So verehrten die Thespier einen Holzklotz (πρέμνον ἐκκεκομμένον, Clem. Alex. *Protr.* IV p. 46 P.), den sie als Hera Kithaironia bezeichneten; das älteste Idol der Hera auf Samos war ein Brett (σανίς, vgl. die bei Overbeck, Kunstmyth., Hera S. 4 zusammengestellten Zeugnisse); in Argos war es eine Säule (κίων, Phoronis fr. 4 Kink.).

Die zweite Stufe in der Entwickelung der göttlichen Vorstellung, die der menschlich gestalteten ältesten **Xoana**, ist bei Hera durch zahlreiche Beispiele vertreten. Als ältestes dieser Schnitzbilder galt das von Argos selbst oder dem Könige Peirasos von Tiryns aus dem Holze des wilden Birnbaumes geschnitzte Sitzbild, das die Argiver aus Tiryns fortschleppten und im Heraion aufstellten (Paus. II 17, 5. VIII 46, 3. Clem. Alex. *Protr.* IV 41 P. Euseb. *Praep. ev.* III 99); ein Verzeichnis anderer Xoana findet sich bei Overbeck a. a. O. S. 6 ff. Um von dem Aussehen solcher Idole eine Vorstellung zu erhalten, darf man sich nicht an die Darstellungen altertümlicher Götterbilder auf späteren Vasen und in Wandgemälden halten; diese sind als freie, aus allgemeiner Kenntnis solcher Idole gemachte Erfindungen, nicht als Nachbildungen bestimmter Werke zu betrachten und geben

daher nur eine ganz allgemeine Vorstellung. Dagegen scheinen die Münzen
in der Wiedergabe der Idole genauer zu sein. In ihnen sind uns von einem
hochberühmten Hera-Idol sichere Nachbildungen erhalten, von der Hera
des Smilis auf Samos (Kallim. fr. 105. Olympichos b. Clem. Alex. Protr.
IV 41 P. Varro b. Lactant. Inst. I 17). Nach Varro war das Schnitzbild
stehend, in habitu nubentis dargestellt; es trug also einen Schleier. Ein
solches verschleiertes Götterbild der Hera findet sich häufig auf Münzen
von Samos. Die älteren Münzen (vgl. Taf. XII Nr. 3) pflegen es in Seitenansicht darzustellen; aber da sie nach der Weise der älteren Zeit nicht
genau copiren, sondern den Typus des Idols ihren Münzstempeln nur im
allgemeinen zu Grunde legen, so ergeben sich starke Abweichungen, zwischen
denen man sich nur schwer entscheiden könnte, wenn nicht die späteren
Kaisermünzen (vgl. Taf. XII Nr. 2) zur Controle da wären. Man sieht auf
den meisten von diesen das Götterbild in Vorderansicht steif aufrecht stehen,
voll bekleidet, von weitem Schleier umwallt, auf dem Kopfe einen hohen
Aufsatz von wechselnder Form, bald einfach, bald doppelt, die Unterarme,
über denen heilige Wollbinden hängen, mit Schalen in den Händen opfer-
heischend vorgestreckt; auch auf Münzen der Tochterstadt Perinthos (Taf. XII
Nr. 1, allerdings aus neronischer Zeit) erscheint dasselbe zum Wahrzeichen
von Samos gewordene Bild, auf der σάμαινα, einem anderen Wahrzeichen
von Samos, stehend. Ebenfalls nach Samos führt eine erhaltene Darstellung
der Hera, die, in Marmor ausgeführt, dennoch den Eindruck eines altertümlichen Schnitzbildes macht; nicht ein Cultbild, sondern ein Weihgeschenk,
die auf Samos gefundene Hera des Cheramyes im Louvre (abg. u. a. Bull.
d. Corr. hell. 1880 Taf. 13. 14. Overbeck, Plastik⁴ Bd. I S. 97). In dieser
mit fest geschlossenen Füfsen stehenden Figur, um die sich ein doppeltes
Gewand eng herum legt, glaubt man noch das Grundschema des runden
Baumstammes zu erkennen, aus dem die Gestalt wie mit dem Schnitzmesser
heraus geschnitten ist. Ob das Gewand, welches auf ihren Schultern liegt,
auch über den Kopf ging und also als Schleier zu bezeichnen ist, bleibt
unsicher, da der Kopf fehlt; es ist jedoch wahrscheinlich, da schleierlose
Darstellungen der Hera aus dieser ältesten Zeit sonst nicht bekannt sind.
In archaischen Vasenbildern erscheint Hera allerdings meist ohne Schleier;
aber auch hier geben ihr gerade die ältesten, wie das ionische Vasenbild
Taf. X Nr. 8, den Schleier; von den beiden Darstellungen auf der François-
Vase (Wiener Vorlegebl. 1888 Taf. II—IV) zeigt wenigstens die eine den
Mantel schleierartig über den Kopf gezogen.

　　Aufser den stehenden Idolen der Hera gab es jedoch auch sitzende.
Schon jenes älteste argivische, angeblich von Argos selbst verfertigte, war
ein Sitzbild. Ein archaisches Sitzbild zeigt uns auch die Taf. X Nr. 7 abge-

bildete Terracottastatuette aus Argos; auch hier haben wir wieder den Schleier. Ein Sitzbild war auch das Cultbild im Heraion zu Olympia, dessen Kopf wahrscheinlich wieder aufgefunden worden ist (Taf. X Nr. 1); es ist der älteste Herakopf, der in der Sculptur bekannt ist. Man sieht hier, neben der archaischen Sorgfalt in der Darstellung der Haarfrisur und anderer Äußerlichkeiten, wiederum den hohen Kalathos auf dem Kopfe, wie ihn die Hera des Smilis zeigte, und der auch der Statuette aus Argos nicht fehlt; man sieht außerdem eine Binde und wahrscheinlich auch den Schleier; zugleich ist der Versuch, den Zügen des Gesichtes einen milden, gütigen Ausdruck zu verleihen, unverkennbar.

Bereits an der Grenze der archaischen Periode, um die Wende des sechsten und fünften Jahrhunderts vor Chr., finden wir wieder eine hochbedeutsame Darstellung, die Metope von Selinus (Taf. I Nr. 1); hier ist Hera wirklich *in habitu nubentis* dargestellt, sie erscheint als die himmlische Braut des Zeus, als solche wiederum mit dem bräutlichen Schleier angethan. Als Braut verschleiert schreitet sie auch im Hochzeitszuge einher auf dem archaistischen Relief Albani (Taf. I Nr. 9). Von den archaischen Vasen geben die schwarzfigurigen der Hera zwar nicht den Schleier, aber stets den Kalathos, in verschiedenen Formen; die rotfigurigen Vasen strengen Stiles variiren mehr: Hieron (Taf. X Nr. 9) giebt Hera eine diademartige Binde ohne Schleier, Brygos (Wiener Vorlegebl. Ser. VIII Taf. 3) giebt ihr wieder den Schleier; ein schleierartiges Kopftuch hat sie auch bei dem Meister mit der Ranke (Taf. X Nr. 10), während sie in dem Parisurteil bei Gerhard, Auserl. Vas. Bd. III Taf. 174. 175 einen hohen Kalathos nach Art einer Mauerkrone auf dem Kopfe hat.

Überblickt man die Heradarstellungen der archaischen Periode, so ergeben sich verschiedene charakteristische Züge. Zwar durch besondere Darstellung der körperlichen Erscheinung vermag die archaische Kunst Hera noch weniger zu charakterisiren als Zeus, bei dem in dieser Beziehung wenigstens der Bart und das kräftige Mannesalter hervorgehoben werden konnte. Solche äußeren Kennzeichen waren bei einer weiblichen Gottheit viel schwerer zu geben. Die Attribute spielen daher bei Hera eine viel wichtigere Rolle als bei Zeus; sie geben aber auch eine Vorstellung davon, wie man die Göttin im wesentlichen auffaßte. Die verbreitetsten Attribute sind der Schleier und der kalathosartige Kopfputz; der Schleier bezeichnet Hera als Braut und Gattin des Zeus; sie ist ja unter verschiedenen Beinamen, von denen Teleia der wichtigste ist, die Schließerin und Schützerin der Ehe; dies ist immer ihre heiligste und den Menschen wichtigste Bedeutung geblieben. Als Gattin des Zeus ist sie aber zugleich die Himmelskönigin, und als solcher gehört ihr die Krone, der Kalathos; nichts anderes kann die Bedeutung dieses bei weiblichen Gottheiten besonders für Hera charakteristischen, seltener auch für Demeter und Aphrodite verwendeten, Kopfschmuckes sein. Als Königin führt sie auch nicht selten das Scepter (Beispiele Taf. I Nr. 7. X Nr. 9, 10, wahrscheinlich auch Taf. I Nr. 1). Der Pfau, in späterer Zeit ihr heiliges Tier und häufiges Attribut (vgl. Taf. IV Nr. 2. XII Nr. 2. 4. 9. 10. 19), kommt als ihr Attribut in dieser Zeit noch nicht vor, weil man ihn damals in Griechenland noch nicht kannte. Daß die Göttin stets voll bekleidet erscheint, folgt schon aus ihrer ehelichen und göttlichen Würde; dagegen ist von der Herbheit und Strenge, wie Hera sie gelegentlich in der Litteratur zeigt, in der Kunst dieser, und, wie gleich hinzugefügt werden kann, aller Zeiten keine Spur vorhanden, — schon dies ein sicherer Beweis, daß die sogenannte Hera Farnese (s. u. bei Artemis) unmöglich Hera sein kann. Sobald wir in der Kunst überhaupt von Ausdruck sprechen können, sind die Züge, welche der Hera verliehen werden, solche der Milde, der Würde ohne Strenge, der mütterlichen Güte, von dem sanften Lächeln der olympischen Hera bis in die späteste Zeit.

Aus der folgenden Periode, welche durch die Namen Pheidias und Polyklet bezeichnet wird, liegt eine Reihe von bedeutenden Gestaltungen des Hera-Ideales vor. Zwar von Pheidias selbst, dem attischen Hauptmeister, ist keine Darstellung der Göttin erhalten; aber wie man auch über das persönliche Verhältnis des Künstlers zu den Parthenonsculpturen urteilen mag, sicher bleibt doch, daß sie innerhalb der von ihm angebahnten Kunstrichtung das Beste sind, was uns erhalten geblieben ist. Und im Parthenonfriese erscheint Hera neben Zeus sitzend (Taf. I Nr. 4) unter den Göttern, welche dem Panathenäenfestzuge zuschauen. Sie trägt hier weder Diadem noch Kalathos, gleich dem göttlichen Gemahl hat sie die Majestät des Herrschers abgelegt; aber sie trägt den Schleier, und sie öffnet ihn, um Zeus anzuschauen. Es kann keine beredtere Andeutung dafür geben, daß Hera dem Athener vor allem Gattin des Zeus, Göttin der Ehe war. Ähnlich sitzt sie auch im Friese des Theseion (Anc. Marbl. Bd. IX Taf. 13. Overbeck, Kunstmyth., Atlas Taf. IX Nr. 29) neben Zeus und hat den Mantel als Schleier über den Kopf gezogen; vgl. auch das Relief in Chios (Taf. VII Nr. 1), wo sie außer dem Schleier auch noch eine Stephane trägt. Von Künstlern aus dem Kreise des Pheidias ist es Alkamenes, von dem Pausanias (I 1, 5) eine Hera-Darstellung erwähnt. Auf diese hat Petersen (Röm. Mitth. Bd. IV 1889 S. 68 f.) mit nicht geringer Wahrscheinlichkeit einen schönen Statuentypus zurückgeführt, der sicher attisch ist und sicher in diese Zeit gehört; er kommt auch auf attischen Urkundenreliefs vor: Hera reicht der Athena, welche Athen vertritt, als Vertreterin eines anderen Staates die Hand; dieser Staat ist einmal Samos, wodurch die Deutung auf

Hera gesichert wird. Ein Beispiel dieses Typus bietet eine Statue im Vatican (Visconti, *Mus. Pio-Clem.* Bd. II Taf. 27); Hera ist im Chiton und Schultermäntelchen dargestellt, mit kurzem Haar, in dem eine Binde liegt, zu der wahrscheinlich noch eine Stephane hinzu kam. Noch ein zweiter Statuentypus muſs mit der attischen Kunst des ausgehenden fünften Jahrhunderts zusammenhängen, vielleicht ebenfalls mit Alkamenes, wenigstens wenn die Zurückführung der sog. Venus Genetrix auf dessen Aphrodite ἐν κήποις richtig ist. Dies ist der Typus der Hera Barberini (Taf. XI Nr. 5), den man aus nichtigen Gründen für die Hera Teleia des Praxiteles erklärt hat. Die Darstellung der Hera ist hier von einer fast aphroditeartigen Milde, der mit einer Stephane gekrönte Kopf leicht vorgeneigt, Schale und Scepter gewis richtig ergänzt. Einen dritten hierher gehörigen Statuentypus giebt endlich der barberinische Candelaber (Taf. XI Nr. 9) wieder; er ist wohl etwas älter als die beiden anderen, Scepter und Stephane fehlen auch hier nicht. Von namhaften attischen Künstlern des fünften Jahrhunderts ist noch Kallimachos zu nennen, dessen Herastatue im Heraion zu Plataiai (Paus. IX 2, 7) den Namen Nympheuomene führte, also jedenfalls den Schleier hatte. Endlich wäre hier auch die Hera Teleia des Praxiteles (Paus. IX 2, 7) in demselben Tempel zu nennen, wenn Klein's Vermutung, sie sei ein Werk eines älteren Praxiteles, richtig wäre; dies ist jedoch nicht sicher.

Das berühmteste Herabild dieser Zeit ging jedoch aus der peloponnesischen Kunst hervor, das Cultbild aus Gold und Elfenbein von der Hand des Polyklet im Heraíon bei Argos. Nach Pausanias (II 17,4) war Hera sitzend dargestellt; sie hielt in der einen Hand einen Granatapfel, in der andern das mit einem Kuckuck bekrönte Scepter; der Kuckuck spielte an auf einen Liebesmythos des Zeus und der Hera; auf dem Kopfe hatte die Göttin einen Stephanos, an dem in Relief Chariten und Horen angebracht waren. Nachbildungen dieses Werkes sind in Kaisermünzen von Argos erhalten (Tafel XII Nr. 4 Antoninus Pius, 5 Julia Domna), welche der Beschreibung des Pausanias entsprechen. Zum Überfluſs ist auf der einen der beiden Münzen (Nr. 4) auch noch das Goldelfenbeinbild der Hebe von Naukydes und der von Hadrian geweihte, aus Gold und funkelnden Edelsteinen verfertigte Pfau dargestellt, welche beide nach Pausanias neben der Hera des Polyklet standen. Aus den Münzbildern erkennt man, daſs Polyklet für seine Hera wesentliche Anregungen durch den Zeus des Pheidias (vgl. Taf. II Nr. 3—5) empfing. Der in der archaischen Kunst so beliebte Schleier fehlt hier ebenso wie bei den attischen Typen des fünften Jahrhunderts, von Kallimachos abgesehen; dagegen war der für Hera so charakteristische Kopfschmuck noch besonders künstlerisch ausgebildet. Chariten und Horen waren im Relief daran dar-

gestellt, wohl im Reihentanze einander die Hände reichend. Von dem Kopfe
geben die Münzen von Argos einen deutlicheren Begriff, welche um die Wende des
fünften und vierten Jahrhunderts, also bald nach der Vollendung der Hera
des Polyklet, geschlagen sind (Taf. XII Nr. 24). Daß sie in der That
dies berühmteste Herabild wiedergeben, beweist der Einfluß, den dieser
Typus weit über die Grenzen von Argos hinaus gewonnen hat (vgl. die
Münzen von Knosos Taf. XII Nr. 25, Elis Nr. 26, Plataiai Nr. 27, die
Hera Lakinia Nr. 28. 29). Auch dieser Kopf läßt sich in seiner schlichten
Würde und mit dem in ruhigen Wellen hinten herab fallenden halblangen
Haar mit dem Zeus des Pheidias vergleichen; doch fehlen die (bei Hera
überhaupt nicht üblichen) Schulterlocken; auf den nicht argivischen Münzen,
besonders bei der Hera Lakinia, erscheint das Haar lebhafter bewegt. Da
schon der Kuckuck an die Zeit vor der Ehe mit Zeus erinnerte, so ist es
nur natürlich, daß die Göttin für die Himmelskönigin verhältnismäßig
jugendlich dargestellt war. Die Darstellung der Chariten und Horen an
dem Stephanos ließ sich auf den Münzen ihrer Kleinheit halber nicht
wieder geben; in solchen Details sind auch die älteren autonomen Münzen
nicht treu; in der Regel ist dafür auf den Münzen ein Zierstreifen von
Ranken und Palmetten getreten. Soviel geht jedenfalls klar aus den
Münzbildern hervor, daß weder die Hera Ludovisi, noch die sogenannte
Hera Farnese mit dem Goldelfenbeinbild des Polyklet, auf das man zuerst
die eine, dann die andere zurück geführt hat, irgend etwas zu thun haben.
Die Wirkung des polykletischen Heratypus zeigen auch andere Münztypen
als die genannten Heraköpfe, Münzen mit Hera in ganzer Figur, von denen
die Marcusmünze von Chalkis (Taf. XII Nr. 7) hier als Beispiel genannt
sei. Selbständiger sind andere Typen dieser Zeit, wie z. B. der edle,
mit Zeus zum Doppelkopf vereinte Kopf der Münze von Tenedos
(Taf. XII Nr. 8).

Im Gegensatz zur Sculptur, welche der Hera durchaus die volle Gewan-
dung giebt, stellt die gleichzeitige Vasenmalerei die Göttin mit Vorliebe ohne
Himation dar, oder läßt dasselbe soweit zusammen schrumpfen, daß es wie
ein Schleier oder Shawl aussieht. So finden wir Hera auf der Schale des
Aristophanes und Erginos (Taf. X Nr. 11), ähnlich auch auf der Giganto-
machievase aus Melos im Louvre (Wiener Vorlegebl. Ser. VIII Nr. 7).
Auf dem Kertscher Parisurteil (ebd. Ser. A Nr. 11) trägt sie zwar kein
Himation, aber einen kurzen Schleier, der von einer kalathosartigen, mit
Zacken und Perlen bekrönten Stephane herab hängt, dazu ein Scepter; auf
dem unteritalischen Vasenbild ebd. Nr. 10 einen gestickten Chiton, einen
langen Schleier, der fast ein Himation zu nennen ist, und einen hohen,
einer Mauerkrone ähnlichen Kalathos.

Im vierten Jahrhundert tritt in der Überlieferung Praxiteles als
Schöpfer von Herabildnissen auf. Dieser Überlieferung gegenüber ist man
jedoch in einer mislichen Lage. Denn von den beiden dem Praxiteles
zugeschriebenen Heradarstellungen pflegt man neuerdings die eine, die Hera
Telcia in Plataiai, dem »älteren Praxiteles« zuzuschreiben (s. o.), ohne dafs
jedoch auch nur einigermafsen sichere Nachbildungen erhalten wären. Die
andere, eine Gruppe von Hera, Hebe, Athena in Mantineia (Paus. VIII 9,3),
wird wohl sicher dem berühmten Praxiteles gehören, der an demselben Orte
eine Letogruppe arbeitete; aber auch von dieser zweiten Darstellung sind
keine Nachbildungen erhalten. So ist der Einflufs des Praxiteles auf die
Gestaltung des Hera-Ideals für uns ein blofser Schatten. Trotzdem glaubt
man den Einflufs der jüngeren attischen Schule in den Heradarstellungen
zu spüren, die mittelbar oder unmittelbar auf diese Zeit zurück gehen. Hier
ist vor allem die herrliche Schöpfung zu nennen, welche in dem Wiener
Torso (Taf. XI Nr. 8) und der Neapler Statue (ebd. Nr. 3) nachklingt. Der
Kopf dieses Werkes ist uns ja in den Nachbildungen nicht erhalten; aber
wir können den Charakter desselben einigermafsen aus der majestätischen
und doch von jeder Steifheit freien Haltung des Körpers entnehmen, die
etwa der der Eirene des Kephisodotos entspricht. Die Behandlung des
Gewandes weist auf dieselbe Stufe der attischen Kunstentwickelung hin; im
Parthenonfriese taucht zuerst für unsere Kenntnis in der attischen Kunst
die Gewandbehandlung auf, welche durch das Gewand hindurch die Formen
des Körpers erkennen läfst; weiter entwickelt findet sich dieselbe Tendenz
bei Alkamenes, und völlig durchgeführt in dem hier besprochenen Typus.
Aber aufser diesem Statuentypus zeigt noch eine Reihe von Köpfen, die der
römischen Kaiserzeit zugewiesen werden müssen (Taf. X Nr. 4—6), deutlich
die Einwirkung der jüngeren attischen Kunstschule, die es liebte, die Götterideale weicher, milder, menschlicher zu gestalten. Aufserhalb des attischen
Kunstkreises liefse sich namentlich von Münztypen noch manches erwähnen;
doch sei hier nur auf die schönen Heraköpfe samischer Münzen (Taf. XII
Nr. 20. 21) und auf die schon oben erwähnte Hera Lakinia (vgl. den Marmorkopf in Venedig bei Overbeck, Kunstmyth., Atlas Taf. XI Nr. 9) hingewiesen.

Die hellenistische und namentlich die römische Zeit bringt
mancherlei neue Vorstellungen. Hellenistisch ist wohl der bei Overbeck,
Kunstmyth., Hera S. 120 f. besprochene Statuentypus mit Schleier, Stephane
und Scepter (vgl. ebd. Hilfstaf. I Nr. 1), der von den Römern für die Iuno
Regina benutzt wurde. Hiermit nahe verwandt und wohl ebenfalls helle-
nistisch ist das Cultbild von Kos, welches auf Kaisermünzen erscheint (vgl.
Taf. XII Nr. 9). Als eine hellenistische, an Pheidias und Polyklet anknüpfende
Schöpfung ist die Hera von Amastris (Taf. XII Nr. 6) zu betrachten; ebenso

der Herakopf von Kromna mit der Mauerkrone, die gleichwohl nach der
Analogie anderer Heraköpfe als hoher Stephanos ornamentirt ist (Taf. XII
Nr. 30). Eigenartig ist der Kopf des Triobolon von Chalkis mit seinem
prächtigen Schmuck (Taf. XII Nr. 21). Dagegen hat die Hera Argeia von
Alexandreia (Taf. XII Nr. 23) bereits etwas entschieden römisches, vielleicht
Porträtzüge. Auf ein hellenistisches Vorbild geht wohl das pompejanische
Wandgemälde mit dem ἱερὸς γάμος (Taf. III 10) zurück. Die Römer brachten
neue Züge in das Hera-Ideal vornehmlich dadurch hinein, dafs sie die griechische Göttin mit der italischen Iuno identificirten, was die natürliche Folge
der Identification des Zeus und Iuppiter war. So entstand eine Reihe speciell
italischer Hera-Typen, unter denen die Iuno Sospita von Lanuvium, auch in Rom
hoch verehrt (Taf. X Nr. 12. 13. XI Nr. 2. XII Nr. 15—17), besonders hervor
zu heben ist; ferner gehören hierher die Iuno Pronuba (Taf. X Nr. 15), die
Iuno Moneta (Taf. XII Nr. 18) und die Iuno Lucina (Taf. XI 1. XII 12—14).
Am meisten an griechische Vorbilder knüpfte die Iuno Regina vom Capitol
an, wie ja auch der Cult des capitolinischen Dreivereines nicht ursprünglich
römisch ist; so finden wir die Iuno Capitolina oder Regina sowohl in der
Cultgruppe wie im Giebelfelde des capitolinischen Tempels (Taf. IV Nr. 4.
V Nr. 1. 2), in statuarischen Typen (Taf. XI 4. 7) und auf Münzen römischer
Kaiserinnen (Taf. XII Nr. 10. 11), wo sie gelegentlich (Taf. XII Nr. 11) als
weiblicher Genius auch das Füllhorn hält, welches der Genius oder die
Concordia zu tragen pflegen. Italisch ist auch die Beziehung der Göttin zum
Jahreslauf, die Einreihung unter die Monatsgötter (Taf. V Nr. 5. VI Nr. 2).
Ganz im Geiste der griechischen Kunst sind dagegen einige bedeutsame
Kopftypen wie die Hera Pentini (Taf. X Nr. 4), der Kopf aus Praeneste
(ebd. Nr. 6) und ganz besonders die Hera Ludovisi (ebd. Nr. 5), die unter
den römischen Gestaltungen den Höhepunkt bildet.

2. Beschreibung der Tafeln.

TAFEL X.

1. Kopf der Hera. Bruchstück einer Colossalstatue aus Mergelkalk. Olympia, Museum. Nach Gipsabgufs und Photographie.

H. 0,53 m. Gefunden in Olympia zwischen dem Prytaneion und der Altismauer. Es fehlen die Nase, der Hinterkopf und das rechte Ohr. Spuren der einstigen Bemalung: rote Farbe am Haar und an der Binde und eingeritzte Vorzeichnung der Augensterne.

Die Benennung **Hera**, sowie die zuerst von Furtwängler geäufserte Vermutung, dafs dieser Kopf ein Rest der Cultgruppe des Heraion (Paus. V 17, 1) sei, ist zwar nicht strict zu beweisen, aber überaus wahrscheinlich. Die mit Recht dafür angeführten Gründe sind die Gröfse (doppelte Lebensgröfse), welche nur an ein Götterbild zu denken erlaubt; die gute Erhaltung der Oberfläche, welche bei dem hohen Alter des Werkes und dem weichen Material zu dem Schlusse zwingt, dafs es nicht im Freien gestanden hat; es stand also im Zeustempel oder im Heraion als den einzigen Gebäuden der Altis, die für ein solches Colossalbild grofs genug waren; da nun im Zeustempel kein Bild der Hera erwähnt wird, so bleibt füglich nur das Heraion übrig, wo Pausanius die Cultgruppe als ἔργα ἀπλᾶ, einfach altertümliche Werke, bezeichnet. Endlich der für Hera in der ältesten Zeit charakteristische Kopfschmuck. Die Ausführung erinnert noch an die Technik des Schnitzens aus Holz, in der die ältesten Götterbilder der Griechen, die hölzernen Schnitzbilder (ξόανα) gearbeitet waren; alles ist knapp und scharf, in möglichst geraden Flächen aus dem weichen Material wie mit dem Schnitzmesser herausgeschnitten: die mageren Wangen, der zusammen gekniffene Mund mit den schmalen Lippen, die scharf geschnittenen Augenlider, die flächenhaft behandelten, weit aufgerissenen (Hera βοῶπις) Augen. Die Nase, nach dem allein erhaltenen Ansatz zu urteilen, sprang in archaischer Weise stark vor; die Augenbrauen sind durch plastische Erhöhungen angegeben. Das vom Kopfe sehr abstehende Ohr sitzt im Gegensatz zu anderen archaischen Werken nicht zu hoch, eher etwas tief. Das Haar ist in sorgfältigen Parallellinien geordnet und von einer breiten Binde umschlossen, vor der es, in der Mitte gescheitelt, die Stirn in wellenförmigen Löckchen umkränzt. Auf dem Kopfe trägt die Göttin eine durch Verticallinien streifenartig verzierte hohe Stephane, von der (einem Reste neben dem Ohre nach zu schliefsen) ein Schleier nach hinten herab fiel. Trotz aller Härte der Formen scheint ein freundliches Lächeln den Mund zu umspielen; nicht das sogenannte »archaische« Lächeln, sondern offenbar beabsichtigt zur Charakterisirung der milden, gütigen Natur der Göttin.

Abg. Ausgrab. z. Olympia Bd. IV Taf. 16 f. L. Mitchell, *A history of anc. sculpt.* S. 209. Bötticher, Olympia² Fig. 54. Roscher, Lexikon Bd. I Sp. 2118. Overbeck, Plastik⁴ Bd. I S. 123 Fig. 18. Collignon, *Hist. de la sculpt. gr.* Bd. I S. 239 Fig. 115. Olympia, Die Ergebnisse u. s. w. Bd. III Taf. 1. Brunn-Bruckmann Taf. 441. Verkäufl. Photogr. des Arch. Instituts in Athen, Ol. Nr. 82. Frazer, *Pausanias* Bd. III S. 594, und öfter. — Vgl. Olympia a. a. O. Textbd. III S. 1 ff. (dort die ältere Litteratur, aus der hervorzuheben) Friederichs-Wolters Nr. 307. Overbeck a. a. O. S. 122 f. Über die Cultgruppe am ausführlichsten Jahrb. d. arch. Inst. IX (1894) S. 102 ff. (K. Wernicke).

2 (IV 54, h). Kopf der Hera. Intaglio. London, British Museum. Früher nach Lenormant; jetzt neu gezeichnet nach Cades.

H. 0,015 m. Sard. Früher in der Sammlung des Herzogs von Blacas.

Kopf der Hera im Profil nach rechts, von schönen vollen Formen. Das reiche Haar, in dem eine Stephane liegt, ist im Nacken zu einem Schopfe aufgebunden. Die Deutung auf Hera ist nicht sicher, jedoch wahrscheinlich; zu der Annahme von A. H. Smith, die Gemme gebe nur das Bildnis einer Römerin wieder, liegt kein Grund vor.

Abdruck bei Cades *Impr. gemm. Ia, Classe b Giunone* Nr. 4. — Abg. Lenormant, *Nour. Gal. myth.* Taf. XI Nr. 13. Overbeck, Kunstmyth., Hera, Gemmentaf. I Nr. 6. — Vgl. Overbeck a. a. O. S. 108. A. H. Smith, *A Catalogue of engraved gems in the Brit. Mus.* Nr. 608.

3 (IV 54, g). Kopf der Hera. Intaglio. Einst im Besitze eines Herrn Laland du Férol. Früher nach *Impr. d. Inst.*, jetzt neu gezeichnet nach Cades.

H. 0,019 m. Aquamarin.

Die vorzügliche, etwa augusteischer Zeit angehörige Gemme zeigt einen auf schlankem Halse sitzenden, nach rechts gewandten Kopf der Hera von herber, aber regelmäfsiger und feiner Schönheit. Das Haar ist vom Scheitel nach allen Seiten hin gekämmt, so dafs es nach vorn mit leicht gekräuselten Löckchen in die Stirn fällt, nach hinten mit kurzen Locken in den Nacken;

über der Stirn liegt im Haare eine Stephane, hinten werden die Locken wie
bei Nr. 4 durch eine herum geschlungene Einzellocke zusammen gehalten.

Abdrücke *Impr. gemm. dell' Inst. Cent. IV* Nr. 5. Cades, *Impr. gemm. Ia
Classe b Giunone* Nr. 3. — Abg. Lenormant, *Nouv. Gal. myth.* Taf. X Nr. 1 bis.
Overbeck, Kunstmyth., Hera, Gemmentaf. I Nr. 4, vgl. S. 108.

4. Colossalkopf der Hera. Marmor. Rom, Braccio nuovo des
Vatican. Nach *Monumenti dell' Instituto.*

H. vom Kinn bis zum höchsten Punkte der Stephane 0,36 m.
Früher im Palazzo Pentini, 1838 durch Schenkung in päpstlichen
Besitz übergegangen. Ergänzt (nach Helbig): Nase, Oberlippe, Teil
der Unterlippe, Lockenenden, Hals und Büste, sowie Stücke der Stephane.
Der Hinterkopf ist nur im Groben ausgeführt.

Hera ist hier in ähnlicher Weise dargestellt wie auf Nr. 3, und auch
die Zeit der Entstehung wird bei beiden Werken etwa die gleiche sein.
Ähnlich ist auch die Haartracht wenigstens insofern, als die seitlich auf die
Schultern fallenden Locken durch eine herum geschlungene, am Hinterkopfe
aufgesteckte Einzellocke zusammen gefafst sind; über der Stirn jedoch ist
das Haar in der Mitte gescheitelt und leicht wellig nach beiden Seiten zurück
gestrichen; vor dem Ohre kräuselt sich ein zierliches Löckchen. Der Kopf
ist bekrönt von der für Hera besonders charakteristischen hohen Stephane,
die hier reich mit Blumen und Ranken verziert ist und eine etwas ungewöhn-
liche Form hat; sie umgiebt den Kopf fast wie ein Heiligenschein. Dazu
pafst für das moderne Empfinden sehr gut der milde, weiche Ausdruck,
welcher im Gegensatz zu Nr. 3 den Kopf beseelt. Das Gesicht mit seinen
fein geschnittenen Zügen und knappen Formen zeigt nichts von matronaler
Fülle wie etwa Nr. 2 und 5. Besonders stark ist natürlich der Gegensatz
zu Nr. 1, dem ältesten monumentalen Herakopfe mit seinem breiten Antlitz.
Die Hera Pentini vertritt dagegen in besonders treffender Weise das jüngste
Hera-Ideal in derjenigen Form, aus der alle Strenge und hobeitsvolle Würde
verschwunden und nur der Liebreiz der Himmelskönigin geblieben ist. Wahrscheinlich gehörte der Kopf zu einer Colossalstatue, was schon aus seiner
leichten seitlichen Wendung hervor zu gehen scheint; auch scheint er darauf
berechnet, von unten gesehen zu werden.

Abg. *Mon. dell' Inst.* Bd. II Taf. 52. Overbeck, Kunstmyth., Atlas Taf. IX
Nr. 13. — Vgl. *Ann. dell' Inst.* Bd. X (1838) S. 20 ff. (Abeken). Kekulé, Hebe
S. 70 ff. Overbeck a. a. O., Hera S. 97 f. Nr. 17 (der ohne jeden ersichtlichen
Grund den Kopf mit einer von Pausanias VIII 9, 3 erwähnten Gruppe des Praxiteles
in Verbindung bringt). Friederichs-Wolters Nr. 1516. Helbig, Führer Bd. I Nr. 50.

5 (IV 55). Colossalkopf der Hera. Griechischer Marmor. Rom,
Museo Boncompagni-Ludovisi. Nach Kekulé, mit Vergleichung eines Gips-
abgusses.

H. 1,16 m.   Früher in Villa Ludovisi.   Vielleicht 1622 aus Villa
Cesi erworben.   Ergänzt (nach Helbig): die Nasenspitze, ein Stück des
rechten Nasenflügels, und die an der rechten Seite des Halses herab
hängende Locke fast ganz.   Der Hals ist zum Einsetzen des Kopfes
in eine Statue zurecht gemacht.   Der Hinterkopf ist nicht ausgeführt.

Auch der berühmte Kopf der Hera Ludovisi ist ein Vertreter des
jüngeren Hera-Ideals, aber in einer anderen Richtung als die Hera Pentini
(Nr. 4).   Es spricht aus den vollen, schön gerundeten Formen des Gesichtes,
der edel profilirten, mit kräftigem Rücken versehenen Nase, den weit und
ruhig geöffneten Augen etwas Gerciftes, Majestätisches, welches der lieb-
lichen, zarten Schönheit der Hera Pentini abgeht.   Das Haar ist in der
Mitte gescheitelt und in lockeren Wellen nach den Ohren gestrichen, die
es zum Teil verhüllt; im Nacken ist es in einem Schopf zusammen gebunden,
vor dem jedoch jederseits eine Locke nach vorn auf die Schulter fällt.   Wie
die Hera Pentini trägt auch die Hera Ludovisi eine besonders hohe Stephane,
die hier mit abwechselnden Palmetten und Lotosblüten verziert ist.   Vor
dieser Stephane liegt eine Schmuckbinde im Haar, um deren herab hängende
Enden die Seitenlocken geflochten sind.   Diese Binde wird gewöhnlich für
eine durch Knüpfen gliederartig eingeteilte Wollbinde erklärt, wie sie von
den Händen altertümlicher Idole herab hängen (vgl. Taf. XII Nr. 1) oder
den delphischen Omphalos bedecken.   Aber eine solche Binde ist kein
Kopfschmuck; man darf also wohl eher an eine Astragalenbinde denken,
d. h. eine Kette aus einzelnen abwechselnd längeren und kürzeren durch-
bohrten Gliedern, die mittels einer hindurch gezogenen Schnur an einander
gereiht sind.   Ein solcher Kopfschmuck, wie überhaupt die Haartracht in
ihrer Gesamtheit, kommt nicht vor der römischen Kaiserzeit vor (sehr ähnlich bei der im Heraion zu Olympia gefundenen Statue der Poppaea Sabina,
abg. Olympia, die Ergebn. Bd. III Taf. 63,6. 64,2. 3).

Damit kommen wir auf die oft erwogene Frage nach der Entstehungszeit
des vielgepriesenen Werkes.   Seit Heyne bis in die neuere Zeit hinein hatte
man ziemlich allgemein in dem ludovisischen Kopfe eine Nachbildung der
berühmten Hera des Polyklet gesehen; nur um eine Nuance verschieden ist
die Beurteilung von Heinrich Meyer, der unter vorsichtigem Hinweis auf
Naukydes an die Schule Polyklet's dachte.   Zeitlich weiter herab ging
Friederichs, der den Kopf zuerst mit Entschiedenheit auf Praxiteles zurück
führte.   Diese Ansicht ist in der von Kekulé gegebenen Modification, die
ohne directe Beziehung auf Praxiteles in dem Kopfe ein Werk der jüngeren
attischen Schule sieht, jetzt am meisten verbreitet.   Im Gegensatz hierzu
stellte Helbig die Ansicht auf, die Hera Ludovisi könne nach Gesamtauffassung
und Einzelheiten in der Formenbehandlung nicht vor der Zeit Alexander's
des Grofsen entstanden sein.   Der Erste endlich, welcher sie als ein römisches

Werk ansprach, war Conze; dafs man die von ihm gegebene Anregung nicht
weiter verfolgte, lag wohl daran, dafs man gegenüber der römischen Kunst
in einer sehr ungerechtfertigten Geringschätzung befangen war und zum
Teil noch ist: mit Nachdruck ist erst Furtwängler neuerdings für die An-
setzung in der römischen Kaiserzeit eingetreten. Wenn er freilich hier das
Bildnis einer römischen Dame als Hera erkennt, so geht er wohl zu weit;
porträthafte Züge sind in dem durchaus ideal gehaltenen Kopfe nicht zu
bemerken. Aber die Binde ist beweisend, auch wenn dem idealen Antlitz
nicht ein leiser Anflug römischer ernst-nüchterner Hoheit beigemischt sein
sollte. Charakteristisch und durchaus verständlich ist es, dafs eine Zeit, der
im wesentlichen nur die griechisch-römische Kunst der Kaiserzeit bekannt
war, die höchsten Ideale des Zeus und der Hera in zwei Werken dieser
Kaiserzeit fand, dem Zeus von Otricoli (Taf. III Nr. 3) und der Hera Ludovisi.
Dafs man diese Werke dann auf die litterarisch bekannten berühmtesten
Gestaltungen der beiden Gottheiten, den Zeus Olympios des Pheidias und
die Hera von Argos des Polyklet, zurückführte, ist ebenfalls verständlich;
aber, so unrichtig dies auch war, so liegt doch in der Parallelisirung beider
Schöpfungen ein Körnchen Wahrheit. Beides sind Werke hervorragender
Künstler, in beiden ringt der Künstler danach, die höchsten Gedanken zu
gestalten; aber reiner und vollkommener ist dies bei der Hera gelungen, die
auch für uns, denen die gefeierte Hera des Polyklet nur ein Schatten ist
(vgl. Taf. XII Nr. 4. 5), das Idealbild der Hera bleibt.

Oft abg., z. B. Braun, Vorschule z. Kunstmyth. Taf. 23. Kekulé, Hebe Taf. 2.
Overbeck, Kunstmyth., Atlas Taf. IX Nr. 7. 8. Baumeister, Denkm. Bd. III S. 1352
Fig. 1505. Roscher, Lexikon Bd. 1 Sp. 2122 f. Brunn-Bruckmann Taf. 389. —
Vgl. Beschr. Roms Bd. II 2 S. 582. Comm. Soc. Getting. Bd. VIII S. 27 (Heyne).
H. Meyer, Gesch. d. bild. Künste Bd. I S. 67 f. Ztschr. f. Alterthumsw. 1856 S. 5 f.
Ann. dell' Inst. Bd. XLI (1869) S. 149 f. (Helbig). Conze, Die Familie des Augustus
S. 15. Derselbe, Heroen- und Göttergest. S. 11. Kekulé, Hebe S. 68 f. Overbeck
a. a. O., Hera S. 83 ff. 190 f., Anm. 25 f. Schreiber, Die antiken Bildw. d. Villa
Ludovisi S. 123 Nr. 104 (dort die übrige Litteratur). Friederichs-Wolters Nr. 1272.
Brunn, Griech. Götterideale S. 9. Helbig, Führer Bd. II S. 107 ff. Nr. 806. Furt-
wängler, Meisterw. S. 557.

6 (IV 55, a). Kopf der Hera. Marmor. Aufbewahrungsort unbekannt. Nach einem Gipsabgufs*).

Gefunden in Praeneste.

Dem Charakter nach steht dieser Kopf, der wohl ebenfalls zu einer
Statue gehörte, in der Mitte zwischen der Hera Ludovisi (Nr. 5) und der Hera
Pentini (Nr. 4). Er ist, soweit man nach den Abbildungen urteilen kann, ernster

---

*) So nach C. O. Müller's Angabe in der ersten Auflage dieses Werkes. Doch ist auch der Abgufs
jetzt verschollen, und bereits Wieseler kannte ihn nicht mehr, wie er Overbeck brieflich mitteilte
(vgl. Overbeck S. 200 Anm. 55).

8*

als diese und nicht so majestätisch wie jene; von der Strenge, die Abeken
zu erkennen glaubt, ist keine Spur zu finden. Das Haar, in dem eine
(unverzierte) Stephane ruht, ist wie bei dem ludovisischen Kopfe von dem
in der Mitte befindlichen Scheitel wellenförmig zu den Seiten gestrichen,
wo es die obere Hälfte der Ohren bedeckt; am Hinterkopfe scheint die
Haartracht dieselbe zu sein wie bei der Hera Pentini; mit dieser hat der
Kopf auch die Löckchen vor dem Ohre gemeinsam, deren Vorhandensein
allein schon verbietet, das Werk für älter zu halten. Gleich Nr. 4 und 5
gehört es der römischen Kaiserzeit an. Hierzu paſst auch der allein in der
Guattani'schen Abbildung (wohl richtig) erhaltene Zug, daſs die Augensterne
plastisch angegeben sind.

Abg. Guattani, *Mon. Ined. 1787, Aprile* Taf. I. — Vgl. *Ann. dell' Inst.* Bd. X
(1808) S. 22 (Abeken). Overbeck. Kunstmyth., Hera S. 88 f.

7 (V 62, f). Thronende Hera.   Terracottastatuette.   Berlin, Kgl.
Antiquarium.   Nach *Annali dell' Instituto.*

H. 0,26 m.   Aus Argos.   Die Füſse und ein Teil der Beine fehlen;
die linke Seite ist beschädigt.

Hera, mit einem gegürteten Chiton bekleidet, mit Halsband und
Armbändern geschmückt, auf dem Kopfe ein kalathosartiges Diadem, von
dem ein Schleier auf die Schultern herab hängt, sitzt auf einem Throne. Sie
zieht mit der Linken einen Zipfel des Schleiers nach vorn und legt die
Rechte in den Schoſs. Es liegt kein durchschlagender Grund vor, die
Statuette für archaistisch zu halten, vielmehr darf man in ihr ein echt
altertümliches Werk erkennen, welches vielleicht einen speciell argivischen
Typus wiedergiebt.

Abg. *Ann. dell' Inst.* Bd. XXXIII (1861) Taf. A. Conze, Heroen- u. Göttergest.
Taf. VI Nr. 1.   Overbeck, Kunstmyth. Hera S. 25 Fig. 4c. — Vgl. *Ann. a. a. O.*
S. 17 (Conze-Michaelis).   Conze a. a. O. S. 10.   Philologus Bd. XIX S. 169 (Conze).
Overbeck a. a. O. S. 26.

8. Hera.   Figur von einer archaischen Amphora.   München, Kgl.
Vasensammlung.   Nach Gerhard.

H. der Vase 0,327 m.   Aus der Sammlung der Candelori.

Die Vase gehört zu der von F. Dümmler (Röm. Mitth. Bd. II, 1887,
S. 171 ff.) besprochenen Classe ionischer Vasen, deren Heimat noch nicht
mit Sicherheit festgestellt ist. Dargestellt ist der Zug der drei Göttinnen
zum Parisurteil unter Anführung des Zeus und Hermes, keineswegs
parodistisch, wie man früher meinte und noch Overbeck annimmt, dessen
schiefe Beurteilung sich aus dem Irrtum erklärt. Dem Zeus und Hermes
folgen, nach links schreitend, Aphrodite, Athena, Hera. Schön sind

sie alle nicht, aber sicher ganz ernsthaft gemeint; der spitze Gesichtswinkel, die tiefe Einsenkung im Kreuz, das steife Schreiten sind archaisch, nicht archaistisch. Hera ist mit einem langen Chiton bekleidet, über den sie einen weiten braunen Mantel gezogen hat; die eine, mit einer Quaste verzierte Seite lüftet sie mit der rechten Hand.

Abg. Gerhard, Auserl. Vasenb. Bd. III Taf. 170. Panofka, Parodien Taf. 2 Nr. 6. 7. — Vgl. O. Jahn, Beschr. d. Vasens. König Ludwigs Nr. 123. Overbeck, Kunstmyth., Hera S. 30 ff.

9. Hera. Figur aus einem rotfigurigen Vasenbilde des Hieron. Berlin, Kgl. Antiquarium. Nach Gerhard.

H. der Vase 0,13 m. Dm. 0,37 m. Aus Vulci. Früher in der Sammlung des Principe di Canino.

Dargestellt ist das Urteil des Paris. Hermes tritt vor den sitzenden Paris, ihm folgen Athena, Hera, Aphrodite. Alle drei tragen den langen ionischen Chiton und darüber das schräge Mäntelchen, wie es Ende des sechsten Jahrhunderts v. Chr. in Athen üblich war. Hera (HEPA) hat ihr (kurzes) Haar mit einer bunten, in eine Zierschleife geschlungenen Binde umwunden; sie hält in der Linken eine Blütenranke und stützt die Rechte (am Armgelenk eine Spange) auf das mit einer Palmette bekrönte Scepter.

Abg. Gerhard, Trinksch. u. Gef. Bd. I Taf. XI—XII. Overbeck, Her. Gall. Taf. X Nr. 4. Wiener Vorlegebl. Ser. A. Taf. 5. Rayet-Collignon, *Hist. de la céram. grecque* S. 211 Fig. 81. Duruy, *Hist. des Grecs* Bd. I S. 109. Overbeck, Kunstmyth., Atlas Taf. IX Nr. 22. — Vgl. Furtwängler, Beschr. d. Vasens. Nr. 2291 (dort die ältere Litteratur). Klein, Vasen mit Meistersign.* S. 168 f. Nr. 14. Overbeck a. a. O., Hera S. 31 ff. Nr. d.

10 (LXV 834). Hera und Prometheus. Innenbild einer rotfigurigen Schale strengen Stiles. Paris, Cabinet des Médailles. Nach *Mon. dell' Instituto.*

Dm. des Bildes 0,19 m. Aus Vulci. Früher in der Sammlung des Herzogs von Luynes, der die Vase in Rom bei Basseggio kaufte.

Hera (HPA) sitzt auf einem hochlehnigen Throne nach rechts. Sie ist mit einem ionischen Ärmelchiton bekleidet, über dem sie ein Himation trägt; vom Kopfe fällt nach hinten ein Schleier herab. Sie streckt mit der Rechten eine Schale vor und stellt mit der Linken das mit einer Blüte bekrönte Scepter auf den Boden, indem sie zugleich mit derselben Hand eine zierliche, sich nach beiden Seiten verbreitende Palmettenranke hält. Ihr gegenüber steht in ruhigem Gespräche, sich mit der Rechten auf ein Scepter stützend, Prometheus (ΠΡΟΜΕΘΕΣ); er ist bekränzt und trägt Chiton und Himation, in das sein linker Arm ganz eingewickelt ist. Ein derartiges Zusammentreffen der Hera mit Prometheus ist sonst nirgends

überliefert. Man hat daher entweder das Bild für eine Darstellung der Aufnahme des Prometheus in den Olymp erklärt, oder es in Beziehung zu dem
einen der Aufsenbilder gesetzt, welches die Zurückführung des Hephaistos
darstellt, so dafs Prometheus hier den Vermittler gespielt hätte. Wahrscheinlich ist keine von beiden Deutungen richtig; von einer Einführung ist
hier nichts zu merken, und die Vermittlerrolle zwischen den Göttern und
Hephaistos fällt auch auf dieser Vase dem Dionysos zu, dessen Schwarm
den Hephaistos begleitet. Der Vasenmaler wollte wohl nur den attischen
Gott Prometheus der Hera als gleichberechtigt gegenüberstellen, wobei das
Gefühl seiner Identität mit Hephaistos mitgesprochen haben mag. Möglicher
Weise ist auch der hübsche Gedanke von Dümmler richtig, dafs Hera, an
ihren Sitz durch Zauberkunst gefesselt, vergeblich den kunstreichen Prometheus bemüht; er steht ratlos vor ihr, und so mufs denn Hephaistos selbst
herbeigeholt werden, wie das Aufsenbild zeigt.

Abg. *Mon. dell' Inst.* Bd. V Taf. 35. Overbeck, Kunstmyth., Atlas Taf. IX Nr. 25.
Duruy, *Hist. des Grecs* Bd. I S. 227. — Vgl. *Bull. d. Inst.* 1856 S. 114 ff. (E. Braun).
Arch. Ztg. Bd. IV (1846) S. 287 f. (Gerhard). Arch. Anz. 1850 S. 212 (de Witte).
1855 S. 43° (Gerhard). *Ann. dell' Inst.* Bd. XXIII (1851) S. 279 ff. (O. Jahn).
Welcker, Alte Denkm. Bd. III S. 194 ff. Overbeck a. a. O., Hera S. 31 ff. Nr. b.
Preller-Robert Bd. I S. 92 f. Anm. 3. Waentig, *De Vulcano in Olympum reducto*
(Diss. Leipzig 1877) S. 20. Bonner Studien f. Kekulé S. 81 (Dümmler). Hartwig,
Meisterschalen S. 672 ff.

11. Hera im Gigantenkampf. Von einer rotfigurigen Trinkschale
des Aristophanes und Erginos. Berlin, Kgl. Antiquarium. Nach Gerhard.

H. der Vase 0,13 m. Gefunden 1839 in Vulci.

Hera (HEPα), bekleidet mit einem dorischen, über dem Überschlag
gegürteten Chiton, schreitet in lebhafter Bewegung nach rechts, schiebt mit
der Linken den erhobenen rechten Arm des Giganten Phoitos (ΦΟιΤΟ≶)
bei Seite und stöfst mit der Rechten die Lanze nach ihm. Hera's Haar
ist kurz aufgesteckt und mit einem Zackendiadem bekrönt; sie trägt Armbänder und Ohrring. Phoitos ist fliehend in's linke Knie gesunken, wendet
sich um und schwingt mit der von Hera zurückgeschobenen Rechten ein
Schwert gegen die Göttin. Er ist bärtig, nackt und behelmt, hat am linken
Arm einen Schild und über der Brust das Schwertband (s. o. Taf. II Nr. 11).

Abg. Gerhard, Trinksch. u. Gef. Taf. II. III. Wiener Vorlegebl. Ser. I Taf. V.
Overbeck, Kunstmyth., Atlas Taf. V Nr. 3. — Vgl. Furtwängler, Beschr. d. Vasens.
Nr. 2531 (dort die ältere Litteratur). Overbeck a. a. O. Zeus S. 363 Nr. 16. Klein,
Vasen mit Meisters.' S. 184. M. Mayer, Gig. u. Tit. S. 348 ff. Roscher, Lexikon
Bd. I Sp. 1656 (E. Kuhnert).

12. Iuno Sospita. Terracotta-Stirnziegel. Berlin, Kgl. Antiquarium.
Nach Panofka.

H. 0,295 m. Herkunft unbekannt, wohl jedenfalls Italien.

Die Vorderseite des Ziegels zeigt in altertümlicher Arbeit den Kopf der auch in Rom eifrig verehrten I u n o S o s p i t a von Lanuvium. Sie hat, zahlreichen anderen Monumenten wie auch der Schilderung des Cicero (*de deor. nat.* I 29, 83) entsprechend, das Fell eines Ziegenkopfes, mit den Hörnern und Ohren, als Helm; darunter fallen jederseits vier Locken auf die Schultern herab. Über dem Ziegenfell trägt sie noch einen nach Art einer Mauerkrone gezackten Kopfschmuck, von dem Strahlen auszugehen scheinen; der Hals ist mit einem Halsbande geschmückt.

Abg. Panofka, Terracotten des Kgl. Museums in Berlin Taf. X. — Vgl. Overbeck, Kunstmyth., Hera S. 164. Roscher, Lexikon Bd. II Sp. 608. Vgl. auch die folgende Nr. und Taf. XI Nr. 2. XII Nr. 15—17.

13 (V 63, o). Iuno Sospita (?) und Hercules. Goldring. Besitz eines Herrn Waterton. Nach *Annali dell' Instituto.*

Die beiden hier abgebildeten Seiten eines Goldringes von sicher italischer Arbeit sind von Reifferscheid auf I u n o S o s p i t a und H e r c u l e s gedeutet worden. Jene, mit einem Ziegenfell über dem Gewande, den Ziegenkopf mit den Hörnern über den Kopf gezogen, hält in der Rechten ein Dolch-messer, nach Reifferscheid, welcher dem Ringe hochzeitliche Bedeutung zuschreibt, die *caelibaris hasta* (Ovid. *Fast.* II 560). Hercules ist mit dem Löwenfell bekleidet und hält in der Rechten eine Keule. Jedes von Beiden reckt die eigene Waffe empor und greift mit der Linken nach der Waffe des Anderen, wodurch sich der Ring schließt.

Abg. *Ann. dell' Inst.* Bd. XXXIX (1867) Taf. H Nr. 1, danach auch in Roscher's Lexikon Bd. I Sp. 2261. — Vgl. *Ann.* a. a. O. S. 356 f. (Reifferscheid). *Bull. dell' Inst.* 1858 S. 49. Roßbach, Röm. Hochz. u. Ehedenkm. S. 28 Anm. 50. Roscher, Lexikon Bd. I Sp. 2961 ff. (R. Peter). Vgl. auch die vorige Nr. und Taf. XI Nr. 2. XII Nr. 15—17.

14. Hera den Herakles säugend. Bild einer lucanischen Lekythos. London, British Museum. Nach Minervini.

H. der Vase 0,270 m. Aus Anzi (Basilicata).

Die Sage, daß Hera selbst den kleinen Herakles gesäugt habe (vgl. Preller-Robert Bd. I S. 171), ist in der archaischen Kunst nicht dargestellt worden und mag verhältnismäßig späten Ursprungs sein. H e r a ist hier nach links sitzend dargestellt, wie sie dem nackten, nur mit Arm- und Bein-spangen und einer Schnur um den Oberkörper (für περιάμματα, Amulete) geschmückten Knaben H e r a k l e s die Brust reicht; er steht (oder vielmehr schwebt) angelehnt vor ihr auf den Zehenspitzen und greift mit der Rechten nach der Brust. Hera ist reich gekleidet; sie hat Chiton und gestickten Mantel, sowie Sandalen, ferner ein Halsband, Ohrringe, ein hohes mit Pal-metten verziertes Diadem im aufgebundenen Haar und einen Schleier; im

linken Arme lehnt ihr mit einer Doppelblüte bekröntes Sceptor, die Rechte
legt sie dem Knaben auf dem Rücken, indem sie mütterlich das Haupt auf
ihn herab neigt. Vor ihr steht A t h e n a in Vorderansicht, den Kopf (ohne Helm)
ihr zuwendend, in einem dorischen, über dem Überschlag gegürteten Peplos, mit
Halsband, Armbändern und Sandalen. Ihr aufgelöstes Haar fällt auf Schultern
und Nacken herab; sie stützt die Rechte auf eine Lanze und hält Hera mit der
Linken eine Blüte (oder etwa ein Kinderspielzeug?) hin; über dem linken Arme
hängt die Aigis. Symmetrisch ist diese Mittelgruppe von zwei Seitengruppen eingefaßt, deren jede aus einer stehenden Flügelfigur und einer sitzenden Figur
besteht. Rechts erblickt man eine nach links sitzende weibliche Figur in
Peplos und Himation, mit Halsband, Armbändern, Ohrring und Sphendone,
die sich mit dem linken Ellenbogen auflehnt und mit der Rechten einen
Kranz erhebt. Über ihr befindet sich ein bisher nicht mit Sicherheit gedeuteter
Gegenstand (Fenster?). Vor ihr steht mit übergeschlagenem linkem Bein
die geflügelte I r i s in kurzem Chiton mit Kreuzbändern, mit Schuhen, Halsband und Armbändern, das Haar zum Knoten aufgebunden; sie faßt mit
der Linken nach einer Keule, welche dem Beschauer wohl anzeigen soll, daß es
sich um Herakles handelt. Die sitzende Figur hat man Alkmene genannt,
mit Unrecht; denn bei einer Scene, die im Olymp spielt, kann Alkmene
nicht gegenwärtig sein. Beide Figuren bilden vielmehr zusammen das Gefolge
der Hera, das sitzende Mädchen ist also H e b e zu nennen. Auf der anderen
Seite der Mittelgruppe erblickt man die sitzende A p h r o d i t e, gekleidet wie
Hebe (nur hat sie auch Schuhe an), den rechten Ellenbogen auflehnend,
mit der Linken einen Spiegel erhebend. Sie wird bekränzt von dem vor ihr
stehenden geflügelten E r o s, der bis auf die Schuhe und eine Ghirlande
quer über die Brust nackt ist; sein Haar ist zum Knoten aufgebunden, in der
gesenkten Linken hält er eine Binde, den Kranz streckt er mit der Rechten vor.

Abg. *Mem. dell' Accad. Errol. Napol.* Bd. VI (1853), Tafel. — Vgl. ebd. S. 317
(Minervini). *Bull. Arch. Napol.* Bd. I (1842) S. 6. Arch. Ztg. Bd. I S. 75 (Gerhard).
Jahn, Beschr. d. Vasens. zu München S. XLIX Anm. 297. Overbeck, Kunstmyth.,
Hera S. 141 Nr. L. *Brit. Mus., Cat. of the Greek and Etr. Vases* Bd. IV Nr. F 107
(H. B. Walters). Zur Sage und deren Darstellungen vgl. Paus. IX 25, 2.
Diodor. IV 9, 6. Gerhard, Etr. Spiegel Taf. 126. Arch. Ztg. XXXIV (1876) S. 190
(Klügmann). Furtwängler, Samml. Sabouroff Taf. 71 mit Text (auch Beschr. d.
Vasens. zu Berlin Nr. 2913). Roscher, Lexikon Bd. I Sp. 2130 f. (Roscher). 2222
(Furtwängler).

16. Iuno Pronuba. Gruppe von einem Doppel-Sarkophage. Rom,
Privatbesitz (Aquari). Nach *Bullettino comunale.*

H. 0,865 m. Gefunden 1877 in Vigna Aquari vor der Porta Latina.

Die Ehegöttin I u n o P r o n u b a erscheint häufig in den Darstellungen
der *dextrarum iunctio* des Ehepaares auf römischen Lebenslauf-Sarkophagen.

Über einem brennenden Candelaber oder Altar reichen sich die Ehegatten
die Hände, im Hintergrunde wird die Göttin sichtbar, welche Jedem der
Ehegatten eine Hand auf die Schulter legt, sie so vereinigend. Als Beispiel
für diese häufige Gruppe ist hier ein Specialfall gewählt, dessen schlichte
Darstellung etwas Ergreifendes hat. Auch hier reichen sich die Ehegatten
die Hände über einem brennenden Candelaber; auch hier erscheint im Hintergrunde Iuno Pronuba. Aber sie legt wohl der Gattin (mit schon bejahrten
Zügen und der Frisur der Otacilia Severa, der Gattin des Philippus senior
[244—249], vgl. Bernoulli, Röm. Ikonogr. Bd. II 3 Taf. XLIII) die Hand
auf die Schulter, nicht aber dem Gatten, einem bärtigen Manne, ebenfalls
in gereiften Jahren, — es ist nicht die Vereinigung für's Leben, sondern
der Abschied für's Leben dargestellt. Der Mann ist der Scheidende; mit
dem Reisekleide angethan, wendet er sich zum Gehen; Iuno Pronuba, deren
Macht die Gatten bisher vereinigte, zieht ihre Hand zurück und entläfst ihn;
aber scheidend blickt er noch einmal zur Gattin zurück und reicht ihr
schmerzbewegt die Hand, während sie ihm tief ergriffen die linke Hand auf
die Schulter legt.

Abg. *Bull. comunale* Bd. V (1877) Taf. XVIII. XIX. Vgl. ebd. S. 150 ff.
(Aquari). *Bull. d. Inst.* 1878 S. 66 f. (Lumbroso, Henzen, Helbig). Sitzungsber.
d. K. bayer. Ak. d. Wiss., philos.-philol. Cl. 1881 Bd. II S. 119 ff. (Brunn).
Beispiele der Vereinigung der Gatten durch Iuno Pronuba sind zusammengestellt
bei A. Rofsbach, Röm. Hochzeits- und Ehedenkmäler (Leipzig 1871), und Roscher,
Lexikon Bd. II Sp. 610 f. (J. Vogel).

TAFEL XI.

1. **Iuno Lucina (?).** Relief der rechten Nebenseite eines römischen
Grabcippus. Rom, Vatican, Museo Chiaramonti. Nach *Annali dell' Instituto.*
Auf der Vorderseite zwischen zwei brennenden Fackeln die Inschrift
D·M|C·POPPAEO|IANVARIO|POPPEA|IANVARIA|PA-
TRONO BE|NEMERENTI|FECIT. Linke Nebenseite: Betender
Priester an einem Opfertisch, unter dem sich ein Ferkel befindet.

Unter einem Baume, an welchem eine Binde hängt, steht eine weib-
liche Figur in Vorderansicht. Sie hält in der halb erhobenen Rechten
eine brennende Fackel und im linken Arme ein nacktes Kind, das an ihrer
Brust trinkt. Brunn hat diese Figur auf die römische Geburtsgöttin Iuno
Lucina gedeutet und scharfsinnig nachgewiesen, dafs dieser das auf anderen
Darstellungen (s. Taf. XII Nr. 12. 13) nicht erscheinende Attribut der Fackel

zukommt. Der Baum deutet einen heiligen Hain an; Stephani wollte wegen des Baumes und der Fackel auf Diana Nemorensis deuten.

Abg. *Ann. dell' Inst.* Bd. XX (1848) Taf. N. Overbeck, Kunstmyth., Atlas Taf. X Nr. 24. — Vergl. Beschr. Roms Bd. II 2 S. 86. *Ann.* a. a. O. S. 430 ff. (Brunn; jetzt auch in Brunn's Kl. Schriften Bd. I S. 46 ff.). Overbeck a. a. O., Hera S. 153 f. Roscher, Lexikon Bd. I Sp. 850 (Crusius). Bd. II Sp. 582 (R. Peter). Preller-Jordan Bd. I S. 271 ff., besonders 274 Anm. 1. Stephani, *Compte Rendu* 1850 S. 135. Über den Hain der Iuno Lucina vgl. *Bull. d. Inst.* 1845 S. 66 ff. (Stephani).

2 (V 63, a). Iuno Sospita. Colossalstatue. Rom, Vatican. Nach Visconti.

H. 2,75 m. Früher im Palazzo Paganica. Ergänzt (nach Helbig): Nase, Vorderseite des Untergesichts, Arme mit Attributen, die freistehenden Enden des Felles, Stücke am Gewande, der unterste Teil von etwas über den Füfsen abwärts mit Schlange und Plinthe.

Die Iuno Sospita, die in Lanuvium ihren Hauptcult hatte und auch in Rom zwei Tempel besafs, ist hier in der Weise eines altertümlichen Cultbildes dargestellt. Sie steht mit eng geschlossenen Beinen, ist mit einem fein gefältelten Untergewand und einem eng anliegenden Obergewand bekleidet, über welches sie die traditionelle Tracht des Cultes, das Ziegenfell, gezogen hat. Es bedeckt den Rücken, geht über die Schultern nach vorn und ist unter der Brust gegürtet; der Ziegenkopf ist als Helm über den Kopf gezogen, gerade wie bei Herakles der Löwenkopf, und die Zipfel auf der Brust verknotet. Die Attribute sind nach Analogie von Münzen (s. Taf. XII Nr. 15—17) und anderen Darstellungen (Taf. X Nr. 13) wohl jedenfalls richtig ergänzt (auch die Schnabelschuhe und die Schlange); danach schwingt die Rechte einen Speer, am linken Arme hängt der Schild. Der Kopf hat nichts archaisches, er bietet einen gewöhnlichen Heratypus; das Haar ist gescheitelt und nach den Seiten aus der Stirn zurück gestrichen, im Haare liegt eine Stephane. Dafs diese Statue ein Tempelbild war, ist schon der colossalen Gröfse wegen wahrscheinlich; sollte sie wirklich am Palatin gefunden worden sein, so wäre es schon mehr als blofse Vermutung, dafs wir in ihr das Cultbild des palatinischen Tempels der Iuno Sospita besäfsen. Der Arbeit nach stammt das Werk aus der Zeit der Antonine, wozu es sehr gut pafst, dafs der aus Lanuvium gebürtige Antoninus Pius den Cult dieser Göttin besonders pflegte und sie auf seine Münzen setzen liefs.

Abg. Visconti, *Mus. Pio-Clem.* Bd. II Taf. 21. Clarac, *Mus. de sculpt.* Taf. 418 Nr. 731. Conze, Heroen- u. Göttergest. Taf. V. Roscher, Lexikon Bd. II Sp. 606. Pistolesi, *Il Vatic. descr.* Bd. V Taf. 106. Overbeck, Kunstmyth., Atlas Taf. X Nr. 36. Baumeister, Denkm. Bd. I S. 784 Fig. 818. — Vgl. Beschr. Roms Bd. II 2 S. 229 Nr. 20. Zoega in Welcker's Ztschr. S. 338. Braun, Ruinen u. Mus. Roms S. 425 f. Overbeck, Kunstmyth., Hera S. 161 f. Helbig, Führer Bd. I Nr. 307. Zum Cult vgl. Cic. *de deor. nat.* I 20, 83 und Preller-Jordan Bd. I S. 276 f.

3. Statue der Hera. Neapel, Museo Nazionale. Nach dem *Museo Borbonico*.

H. 2,117 m. Griechischer Marmor. Früher in der Sammlung Farnese. Ergänzt (nach Overbeck): Kopf, rechter Arm von Mitte des Oberarmes ab, linke Schulter, linke Hand mit dem von ihr gehaltenen Gewandzipfel, die Zehen; aufserdem einige Flickstellen.

Dargestellt ist H e r a in stolz aufgerichteter, würdevoller Haltung; der Körper ruht auf dem linken Beine, das rechte ist etwas zur Seite gesetzt. Der linke Arm ist gesenkt, die linke Hand hielt wahrscheinlich eine Schale; der rechte Arm ist erhoben und stützte sich jedenfalls, wie auch der Ergänzer richtig vorausgesetzt hat, auf ein Scepter. Hera ist mit einem feinen Chiton bekleidet, der sich den Formen des Körpers anschmiegt, und mit einem dickeren Himation, das in schweren Falten sich von der linken Schulter um Rücken und Unterkörper herum zieht und schliefslich, am Rande zu einem Wulst gedreht, unter den linken Arm gesteckt ist. Auch dies Werk ist jedenfalls einer Tempelstatue nachgebildet; aber während die trockene Arbeit der Copie zeigt, dafs sie nicht älter als die Kaiserzeit sein kann, ist das Original viel früher, im vierten Jahrhundert v. Chr. entstanden. Dies beweist eine bessere Wiederholung, die sich in Wien befindet (s. u. Nr. 8).

Abg. *Mus. Borb.* Bd. II Taf. 61 (Finati). Braun, Vorschule d. Kunstmyth., Taf. 26. Clarac, *Mus. de sculpt.* Taf. 414 Nr. 723 B. Overbeck, Kunstmyth., Atlas Taf. X Nr. 31. — Vgl. Gerhard und Panofka, Neapels ant. Bildw. S. 35 Nr. 100. *Mus. Borb.* Bd. I S. 215 Nr. 140 (Finati). Overbeck a. a. O., Hera S. 112 f. Nr. 2. Roscher, Lexikon Bd. I Sp. 2113 (J. Vogel).

4 (V 58). Iuno. Terracottastatue. Neapel, Museo Nazionale. Nach Gargiulo.

H. 2,07 m. Gefunden im Tempel der Capitolinischen Gottheiten (sog. Aesculaptempel) zu Pompeji. In Einzelheiten stark mit Gips restaurirt.

Der früher Aesculaptempel genannte kleine Tempel wird durch die aufgefundenen Cultbilder als ein, wahrscheinlich von den sullanischen Colonisten begründetes, Heiligtum des Capitolinischen Dreivereins erwiesen; es sind dies zwei Statuen, Iuppiter und Iuno (früher auf Aesculapius und Hygiea gedeutet) sowie eine Büste der Minerva. I u n o ist ruhig stehend dargestellt, bekleidet mit einem hoch gegürteten Gewand mit kurzen Ärmeln; darüber hat sie ein kurzes Mäntelchen, welches den Rücken bedeckt, über die linke Schulter nach vorn hängend den linken Arm umhüllt und von rechts her um die Vorderseite des Mittelkörpers herum geführt ist. An den Füfsen hat sie Sandalen, in dem zurück gestrichenen und hinten kurz aufgebundenen Haar ein Diadem. Sie stützt die Rechte in die Seite und streckt die Linke ein wenig vor. Die Arbeit ist sehr gering, besser bei der Iuppiterstatue.

Abg. Gargiulo, *Recueil des monum. les plus intéress. du Mus. Royal-Bourbon*
Bd. II Taf. 2. Clarac, *Mus. de sculpt.* Taf. 420 A, Nr. 727 A. H. v. Rohden, Die
Terrac. v. Pompeji Taf. XXIX. — Vgl. Winckelmann, Gesch. d. Kunst Bd. I 2, 2.
V 1, 32. Nissen, Das Templum S. 195. Overbeck, Kunstmyth., Zeus S. 139. 574
Anm. 100. Hera S. 118. v. Rohden a. a. O. S. 20 f. 42 f. Zum Tempel vgl. Nissen,
Pomp. Studien S. 175 ff. Mau, Pomp. Beitr. S. 227 ff. Overbeck-Mau, Pompeji
S. 110 ff.

5 (IV 56). Colossalstatue der Hera.

Rom, Vatican. Nach Piranesi,
unter Vergleichung der Abbildung bei Visconti; der Kopf nach Morghen.

H. 3,186 m. Gefunden in Rom bei den Ausgrabungen des Cardinals
Barberini unter dem Kloster von S. Lorenzo in Panisperna. Ergänzt
(nach Helbig): die Nase, der ganze rechte Arm und der linke Vorderarm (beide Arme waren besonders gearbeitet und eingesetzt gewesen),
allerlei Splitter am Mantel, der gröfste Teil der Plinthe. Der bis auf
die Nase gut erhaltene Kopf ist ebenfalls besonders gearbeitet und in
das Bruststück eingesetzt.

Die unter dem Namen der Hera Barberini bekannte Statue war
lange Zeit das schönste Beispiel eines in mehreren Wiederholungen vor-
kommenden Typus; jetzt ist ihr in einer Statue der Sammlung Jacobsen in
Ny Carlsberg bei Kopenhagen eine ebenbürtige Genossin an die Seite getreten.
Das Heraideal der älteren Zeit ist in diesem Werke zu einer fast Aphroditeartigen Milde und Schönheit abgeklärt. Hera steht ruhig da, mit dem linken
Fufse fest auftretend, den rechten zur Seite setzend; der Kopf ist bereits
nach der Weise späterer Cultbilder leicht nach vorn, dem Beschauer zuge-
neigt. Zweifellos richtig liefs der Ergänzer die Göttin mit der linken Hand
eine Schale vorstrecken, die Rechte, mit horizontal erhobenem Oberarm, auf
ein Scepter stützen. Sie trägt einen feinfaltigen Chiton von dünnem Stoffe,
welcher die Formen des Körpers deutlich erkennen läfst und von der Brust
etwas herab geglitten ist. Darüber hat sie ein Himation, das den Unterkörper und linken Oberarm umhüllt; es ist vorn wie bei manchen Zeusstatuen mit einem Zipfel übergeschlagen; an den Füfsen trägt die Göttin
Sandalen. Das Haar, von einem Diadem bekrönt, ist gescheitelt, nach
hinten gestrichen und dort in einer Sphendone aufgenommen.

Dafs das Original dieses Typus ein Tempelbild war, leuchtet ohne
Weiteres ein. Auffallend ist für Hera die Entblöfsung des Busens, die
mehrfach zu anderen Deutungen (E. Q. Visconti: Venus oder Proserpina;
Gerhard: Kora oder Libera) Anlafs gegeben hat. Unzureichend ist es auch,
wenn Braun die Entblöfsung aus der Bedeutung als Hera Teleia erklären
will, denn die von ihm als Beleg angeführte Iuno Pronuba eines Sarkophags-
reliefs (*Mon. dell' Inst.* Bd. IV Taf. 9) giebt einen ganz anderen Typus
wieder, würde auch, wenn sie als Beispiel pafste, nichts für griechische Vorstellungen beweisen. Aber allerdings müssen cultliche oder künstlerische

Gründe die Entblöfsung veranlafst haben. Das Originalwerk hat jedenfalls
der attischen Kunst nach Pheidias angehört; die Behandlung des Chiton
setzt die Kenntnis der Parthenongiebel voraus. Bereits E. Q. Visconti hat
auf die Hera Teleia des Praxiteles in Plataiai (Paus. IX 2, 7) geraten, dies
aber später wieder aufgegeben. Erst E. Braun, dem sich Overbeck an-
schlofs, kam wieder darauf zurück. Klein, dem Overbeck und Collignon bei-
stimmten, schrieb die von Pausanias erwähnte Hera Teleia dem älteren
Praxiteles zu, dessen Existenz ja allerdings kaum mehr bezweifelt werden
kann. Dagegen wies Furtwängler mit Recht auf die grofse Verwandtschaft
der Hera Barberini mit der sogenannten Venus Genetrix hin; in der letzteren
erkennt er unter Beistimmung Petersen's mit grofser Wahrscheinlichkeit die
Aphrodite des Alkamenes. Ist diese Vermutung richtig, dann mufs man
auch das Original der Hera Barberini dem Alkamenes zuschreiben, wozu
sich die von Paus. I 1, 5 erwähnte Herastatue dieses Künstlers in einem
Tempel bei Phaleron bietet. Furtwängler scheint jedoch die Hera des Alkamenes mit Petersen vielmehr in dem bei Overbeck, Kunstmyth., Demeter
S. 461 ff. besprochenen Typus zu erkennen und an der Deutung der barberi-
nischen Statue auf Hera zu zweifeln.

Abg. Piranesi, *Statue* Taf. 22. Morghen, *Principj del disegno* Taf. 2, 3.
E. Q. Visconti, *Mus. Pio-Clem.* Bd. I Taf. 2. E. Braun, Vorschule d. Kunstmyth.
Taf. 25. Pistolesi, *Il Vatic. descr.* Bd. V Taf. 109. Overbeck, Kunstmyth., Atlas
Taf. IX 10. X 33. Baumeister, Denkm. Bd. II S. 647 Fig. 715. Roscher, Lexikon
Bd. I Sp. 2115. Brunn-Bruckmann Taf. 492. — Vgl. Beschr. Roms Bd. II 2 S. 229
(Gerhard). Zoega in Welcker's Ztschr. S. 310 f. E. Braun, Ruin. u. Mus. Roms
S. 423 f. Nr. 141. *Mon. Ann. Bull. dell' Inst.* 1855 S. 48 f. (E. Braun). *Ann. dell' Inst.*
Bd. XXIX (1857) S. 316 f. (C. L. Visconti). Overbeck a. a. O., Hera S. 54 ff. 93
115 f. Roscher a. a. O. Sp. 2114 f. (J. Vogel), vgl. 412 (Furtwängler). Arch.-epigr.
Mitth. a. Oest. Bd. IV (1880) S. 8 ff. (W. Klein). Röm. Mitth. Bd. IV (1889) S. 65 ff.
(E. Petersen). Overbeck, Plastik ⁴Bd. I S. 499. Helbig, Führer Bd. I Nr. 301.
Collignon, *Hist. de la sculpt. gr.* Bd. II S. 179. Furtwängler, Meisterw. S. 117. 742.
Frazer, *Pausanias* Bd. V S. 18 f. W. Klein, Praxiteles S. 66 f. (der das Original der
Hera Barberini ebenfalls dem Alkamenes zuschreibt). Die Jacobsen'sche Statue ist
abg. bei Klein a. a. O. S. 65.

6 (V 59). Iuno als weiblicher Genius. Bronzestatuette. Neapel,
Museo Nazionale. Nach *Antichità di Ercolano.*

H. 0,24 m. Aus Herculaneum.

Wie nach römischem Glauben jeder Mann seinen Genius hatte, so
hatte jede Frau und jedes Mädchen ihre Iuno; Iuno war in dieser Bedeutung
nichts weiter als die weibliche Form des Genius. Der Genius pflegte dargestellt zu werden mit Füllhorn und Schale (vgl. z. B. Visconti, *Mus. Pio-
Clem.* Bd. III Taf. 2). So giebt es auch eine Reihe von Bronzestatuetten,
welche eine weibliche, Iuno-ähnliche Figur mit denselben Attributen dar-

stellen; zu ihnen gehört die hier abgebildete, jedenfalls die I u n o e i n e r
K a i s e r i n oder einer angesehenen Frau. Sie ist mit Ober- und Untergewand bekleidet, hat auf dem Kopfe ein mit Perlen besetztes Diadem, im
linken Arme ein Füllhorn, und streckt mit der Rechten eine Schale vor.
Das Füllhorn, sonst kein Attribut der Iuno, kommt auch bei Iuno Regina
einmal vor auf einer Münze der Sabina (s. u. Taf. XII Nr. 11).

> Abg. *Antichità di Ercolano* Bd. VI Taf. 4. — Vgl. *Ann. dell' Inst.* Bd. XXXV
> (1863) S. 451 (U. Köhler). Overbeck, Kunstmyth., Hera S. 122 f.

7 (IV 57). Iuno. Marmorstatue. Rom, Garten des Vatican. Nach
Visconti.

> H. 1,79 m. Aus Castel Guido, dem antiken Lorium. Ergänzt (nach
> Overbeck): Mittelstück der Stephane, Nase, Oberlippe, Kinn; ferner
> das vom linken Arme herab hängende Gewandstück. Der rechte Arm
> mit der Schale ist dagegen bis auf einen Flicken am Unterarm antik.

Die Statue vertritt einen Typus der römischen Iuno, der nach Mafs-
gabe einiger Reliefs und Münzen wahrscheinlich als I u n o R e g i n a zu
bezeichnen ist. Die Göttin steht ruhig da, mit linkem Standbein, das rechte
Bein leicht zur Seite setzend; mit der rechten Hand streckt sie eine Schale
vor; was sie in der Linken hielt, ist nicht mehr auszumachen, doch kann
es nur ein kleiner Gegenstand, jedenfalls nicht ein Scepter, gewesen sein.
Scepterlos erscheint die Iuno Regina auch sonst bisweilen, während andere
Darstellungen ihr ein Scepter geben. Die Göttin ist mit einem gegürteten
Ärmelgewande bekleidet, über dem sie einen, vorn übergeschlagenen Mantel
trägt, welcher über den linken Arm fällt. Das gescheitelte Haar ist mit
einer hohen Stephane bekrönt, von der hinten und an den Seiten ein
Schleier herab fällt.

> Abg. E. Q. Visconti, *Mus. Pio-Clem.* Bd. I Taf. 3. Clarac, *Mus. de sculpt.*
> Taf. 417 Nr. 728. Overbeck, Kunstmyth., Atlas Taf. X 35, vgl. ebd., Hera S. 121 ff.

8 (V 60). Torso der Hera. Wien, Kunstakademie. Nach Overbeck.

> H. 1,73 m. Aus Ephesos. Es fehlen der Kopf, der rechte Arm
> und die linke Hand (beide soweit das Gewand sie nicht bedeckt). Die
> Bruchlinie in der Mitte des Körpers ist ein Irrtum der Abbildung bei
> Overbeck; der Körper ist ungebrochen. Die Rückseite ist weniger
> sorgfältig ausgearbeitet.

Die Figur, welche ohne Zweifel mit dem erhobenen rechten Arm ein
Scepter aufstützte und in der gesenkten linken Hand eine Schale hielt, ist
mit einem langen, den Körper vollständig bedeckenden, aber an einigen
Stellen glatt und faltenlos an diesem anliegenden, bei seiner Dünnheit die
Formen mehr zeigenden als verhüllenden, auf der Brust und unterhalb der-
selben gespannten linnenen Ärmelchiton und mit einem wollenen Himation,

welches den Oberkörper nach rechts hin nicht bedeckt, angethan und tritt mit dem linken etwas vorstehenden Fuße fest auf. Das Werk ist der schönste Vertreter eines bedeutenden, im Anfang des vierten Jahrhunderts v. Chr. entstandenen Typus der Hera; leider ist in keiner der erhaltenen Wiederholungen der Kopf erhalten (in der Neapler Replik, auf unserer Tafel Nr. 3, ist der Kopf ergänzt). Die vortreffliche Arbeit namentlich des Oberkörpers würde es nahe legen, in dem Wiener Torso ein Originalwerk zu erkennen; doch widersprechen dem einige Ungleichheiten im Einzelnen.

Abg. Overbeck, Kunstmyth., Atlas Taf. X Nr. 30. Roscher, Lexikon Bd. I Sp. 2114. Lützow's Ztschr. f. bild. Kunst Bd. XIII (1878) zu S. 150. — Vgl. Tübinger Kunstblatt 1838 S. 137. Welcker, Akad. Kunstmus.² S. 88. Overbeck a. a. O., Hera S. 112 f. Friederichs-Wolters Nr. 1273. Roscher a. a. O. Sp. 2113 (J. Vogel). Lützow's Ztschr. a. a. O. S. 150. 384 (K. v. Lützow). Klein, Praxiteles S. 63 Anm. 2.

9 (V 61). Hera. Relief vom Fußgestell eines Marmor-Candelabers. Rom, Vatican. Nach Visconti.

H. 0,287 m. Gefunden bei Tivoli im Gebiete der Villa des Hadrian während der Ausgrabungen des Cardinals Barberini. Früher im Palazzo Barberini.

Zwei als Gegenstücke gearbeitete korinthische Pracht-Candelaber zeigen in Relief an ihrem dreiseitigen Fußgestell die Figuren von je drei Gottheiten: an dem einen sind Zeus, Hera, Hermes, an dem anderen Ares, Aphrodite, Athena dargestellt. Die Candelaber sind Werke hadrianischer Zeit; aber die sechs Götterfiguren bilden, dem Geschmacke des Kaisers entsprechend, altertümliche Kunstwerke nach; so ist z. B. der Zeus dem schönen Typus der oben Taf. II Nr. 1 abgebildeten florentiner Statuette nachgebildet. In der Aphrodite erkennt Furtwängler (Roscher's Lexikon Bd. I Sp. 411) eine Nachbildung der Sosandra des Kalamis, in der Athena Loeschcke (ebd. Sp. 699) eine solche der Athena Hygieia des Pyrros. Auch bei der Figur der Hera dürfen wir die Existenz eines echt archaischen Originals derselben Zeit (also etwa Mitte des fünften Jahrhunderts v. Chr.) voraussetzen; hier ist auf dem Relief sogar die Statuenbasis wiedergegeben. Sie steht ruhig da, mit dem linken Fuß auftretend, den rechten zur Seite setzend; mit der Rechten stellt sie das Scepter auf, das sie tief faßt, den Oberarm dabei senkend; mit der Linken hält sie den Mantel fest. Sie ist mit einem Ärmelchiton bekleidet, dessen parallele Steilfalten über dem Standbein an attische Werke des fünften Jahrhunderts erinnern; darüber trägt sie einen Mantel, der über Rücken, linke Schulter und Arm geworfen unter dem rechten Arm nach vorn herum genommen ist und dort von der linken Hand gehalten wird. Ferner trägt sie Sandalen, und auf dem Kopfe über dem wellig zurückgestrichenen Haare eine Haube und ein Diadem. Zweifellos

ist uns in diesem Werk, wenn auch etwas verwässert, ein guter attischer
Heratypus erhalten.

Abg. Visconti, *Mus. Pio-Clem.* Bd. IV Taf. 3. *Ann. dell' Inst.* Bd. XLI (1869)
Taf. M. Pistolesi, *Il Vatic. descr.* Bd. V Taf. 30. Overbeck, Kunstmyth., Atlas
Taf. IX Nr. 28. — Vgl. Beschr. Roms Bd. II 2 S. 178 f. Braun, Ruinen u. Mus.
Roms S. 348. *Ann. a. a.* O. S. 282 (Schlie). Overbeck a. a. O., Hera S. 28 f.
Friederichs-Wolters Nr. 2124—2129. Fr. Hauser, Die neuatt. Reliefs S. 63 Nr. 92. 93.
S. 151 ff. 169. Helbig, Führer Bd. I Nr. 210. 211.

TAFEL XII.

Münztafel

A. Hera in ganzer Figur.

1. Perinthos. Kupfermünze des Nero. Berlin, Kgl. Münzcabinet.
Nach dem Original.

Vorderseite: NEPΩN KAICAP CEBACTOC. Kopf des Nero
mit Kranz nach rechts.

Rückseite: ΠΕΡΙΝΘΙΩΝ. Das altertümliche Idol der Hera steht
nach rechts auf dem Vorderteil eines Schiffes. Die Göttin trägt einen eng
anliegenden, die ganze Gestalt verhüllenden und über den Kopf gezogenen
Schleier und auf dem Kopfe einen Kalathos-ähnlichen Aufsatz. Die Unterarme sind horizontal vorgestreckt, von den Händen hängen Wollbinden*)
herab. Perinthos war eine Colonie von Samos; das Idol ist das samische,
von dem Aigineten Smilis verfertigte Heraidol. Das Schiff ist das auch auf
samischen Münzen erscheinende Wahrzeichen von Samos, die σάμαινα, deren
Schnabel die Form eines Schweinerüssels haben sollte. Dafs das Idol Hera,
nicht Isis (wie im britischen Katalog) zu benennen ist, lehrt die Beischrift
Ήρα auf anderen Münzen von Perinthos, die dasselbe Idol darstellen.

Abg. *Brit. Mus. Cat. Coins, Tauric Chersonese etc.* S. 148 Nr. 14. Overbeck,
Kunstmyth., Hera, Münztafel I Nr. 10. — Vgl. Berl. Mus., Beschr. d. ant. Münzen
Bd. I S. 209 Nr. 21. Mionnet, *Suppl.* Bd. II S. 399 Nr. 1177. Overbeck a. a. O.
S. 15. Zur σάμαινα vgl. Herodot III 59. Choirilos fr. 6 Kinkel. Plut. *Per.* 26.
Hesych. s. v. Σαμιακός τρόπος.

2 (V 61, b). Samos. Kupfermünze des Commodus. Winterthur,
Sammlung Imhoof-Blumer.

Vorderseite: M AYP KOMOΔOC. Bärtiger, lorberbekränzter
Kopf des Commodus nach rechts.

---

*) Die auf der Münze nur noch schwach erkennbaren Wollbinden sind der Deutlichkeit halber
nach der Abbildung eines anderen Exemplares bei Overbeck gezeichnet.

Rückseite: CAMIΩN. Das von Smilis verfertigte Xoanon der Hera von Samos, welches nach Varro (Lactant. *Inst.* I 17) ein *simulacrum in habitu nubentis figuratum* war, ist in Vorderansicht dargestellt. Hera ist bekleidet mit einem langen Chiton, der über dem Überschlag mit (auf anderen Exemplaren besser erkennbaren) Kreuzbändern befestigt ist. Darüber trägt sie den über den Kopf geworfenen bräutlichen Schleier. Auf dem Kopfe hat sie einen doppelten Kalathos. Die Unterarme sind vorgestreckt, von den Händen (jede hält eine Opferschale) hängen Wollbinden herab. Zu den Füfsen der Göttin steht jederseits ein (hier nur undeutlich erkennbarer) Pfau.

Abg. Overbeck, Kunstmyth., Hera, Münztaf. I Nr. 4. Lenormant, *Nouv. Gal. myth.* Taf. XII Nr. 9 (anderes Exemplar). — Vgl. Mionnet, *Suppl.* Bd. VI S. 416 Nr. 192. 193 (vgl. auch ebd. S. 413 Nr. 176). Overbeck a. a. O. S. 15. *Brit. Mus., Cat. Coins, Ionia* S. 374 Nr. 243.

3 (V 61, a). Samos. Kupfermünze. Berlin, Kgl. Münzcabinet. Nach Overbeck.

Vorderseite: Das Idol der Hera (HPA) von Smilis, halb nach links stehend, in langem Chiton, wie es scheint ohne den Schleier, mit dem Kalathos auf dem Kopfe. Von den vorgestreckten Händen hängen wieder die Wollbinden (oft fälschlich für Stützen erklärt) herab.

Rückseite: CAMI und (rückläufig) ИΩ. Schiffsvorderteil (die *σάμαινα*, vgl. zu Nr. 1).

Abg. Förster, Üb. d. ältesten Herabilder. Progr. Breslau 1868 S. 27 Nr. 1. Overbeck, Kunstmyth., Hera, Münztaf. I Nr. 2. — Vgl. Mionnet, *Suppl.* Bd. VI S. 412 Nr. 175.

4. Argos. Kupfermünze des Antoninus Pius. Winterthur, Sammlung Imhoof-Blumer. Nach Overbeck.

Rückseite: APΓEIWN. Hera sitzt nach links auf einem Thron, ähnlich wie der Zeus des Pheidias, das linke Bein etwas vorgesetzt, das rechte zurück gestellt, mit der Linken das Scepter aufstellend, die Rechte, in der sie einen Granatapfel hält, vorstreckend. Sie ist bekleidet mit einem eng anliegenden Chiton (dies auf Nr. 5 deutlicher), über dem sie ein Himation trägt, das auf der linken Schulter aufliegend hinten herum nach vorn genommen und über die Beine gelegt ist. Das Haar ist kurz aufgenommen, auf dem Kopfe trägt sie ein hohes, verziertes, Kalathos-artiges Diadem. Zu ihren Füfsen steht ein Pfau mit ausgebreitetem Rade zwischen ihr und der vor ihr stehenden, kleiner gebildeten Hebe, die, mit einem über dem Überschlag gegürteten Chiton angethan, ihr die Linke hinstreckt. Unzweifelhaft ist die Figur der Hera eine Nachbildung der berühmten Hera des Polyklet,

die Hebe eine solche der Hebe des Naukydes, welche neben dem Gold-
elfenbeinbilde im Heraion stand (Paus. II 17, 4). Der zwischen beiden abgebildete Pfau ist der von Hadrian im Heraion geweihte (Paus. II 17, 6).

  Abg. Overbeck, Kunstmyth., Hera, Münztaf. III Nr. 1. Roscher, Lexikon
Bd. I Sp. 2112. Collignon, *Hist. de la sculpt. gr.* Bd. I S. 516 Fig. 265. Imhoof-
Blumer *and* Gardner, *Num. Comm. on Paus.* Taf. J Nr. 15. Frazer, *Pausanias*
Bd. III S. 185 u. ö. — Vgl. Overbeck a. a. O. S. 41 ff. Overbeck, Plastik ⁴Bd. I S. 509.

  5 (V 62, e). Argos. Kupfermünze der Julia Domna. Winterthur,
Sammlung Imhoof-Blumer. Nach Overbeck.

  Rückseite: ᾿ΑρΓΕΙΩΝ. Wie auf Nr. 4 ist hier das Goldelfenbeinbild
der argivischen Hera von Polyklet dargestellt, ebenfalls von links gesehen.
Der Kopf ist undeutlicher als dort, dafür aber die Gewandung und der
Granatapfel deutlicher. Hebe und Pfau sind nicht mit dargestellt.

  Abg. Overbeck, Kunstmyth., Hera, Münztaf. III Nr. 2. Imhoof-Blumer *and*
Gardner, *Num. comm. on Paus.* Taf. J Nr. 12. Frazer, *Pausanias* Bd. III S. 185.
Collignon, *Hist. de la sculpt. gr.* Bd. I S. 511 Fig. 262. — Vgl. Overbeck a. a. O.
S. 41 ff. und die vorige Nummer.

  6 (V 62, c). Amastris (Paphlagonien). Silberstater aus hellenistischer
Zeit. Berlin, Kgl. Münzcabinet. Nach Overbeck.

  Vorderseite: Bartloser männlicher Kopf (Mithras?) nach rechts, mit
Lorberkranz und phrygischer Mütze, auf der ein Stern angebracht ist.

  Rückseite: ΑΜΑΣΤΡΙΕΩν. Nach links thronende Göttin in langem
Chiton, um die Beine mit einem Himation bekleidet, auf dem vorgeneigten
Haupte einen Kalathos-artigen Aufsatz. Sie setzt das linke Bein vor, das
rechte zurück, stützt sich mit dem linken Ellbogen auf die Seitenlehne des
Thrones, und hält auf der vorgestreckten Rechten eine geflügelte Nike, die
auf sie zu schwebend ihr einen Kranz darbietet. Das Scepter der Göttin
scheint an der rechten Seite des Thrones zu lehnen; es wird über dem
hinteren Thronbein und über der linken Schulter der Göttin sichtbar. Zu
ihren Füßen eine Granatapfelblüte. Unter dem Thron ein Monogramm. Die
Göttin wird von Overbeck, Lenormant u. A. Hera genannt; dagegen sucht
Wieseler (in der 3. Ausgabe dieser Denkmäler S. 72) die Deutung auf
Aphrodite wahrscheinlich zu machen, weil die Nike nicht zu Hera passe,
anstatt der Nike auf einer andern Münze Eros erscheine, Hera inschriftlich
bezeichnet auf Münzen von Amastris anders dargestellt vorkomme, und die
Blume besser zu Aphrodite passe. Von diesen Gründen scheinen der zweite
und dritte nicht ohne Gewicht; allein jene andere Münze (Overbeck, Münztaf. III
Nr. 4) ist eine solche der Königin Amastris, sie stellt eine ganz andere
Statue dar, und ob die geflügelte Figur Eros ist, steht keineswegs sicher;

und dafs auf Kaisermünzen von Amastris (vgl. Overbeck S. 123 Nr. 4) auch eine st e h e n d e, inschriftlich bezeichnete Hera vorkommt, kann nicht befremden, wo die Kaisermünzen dieser Stadt notorisch die verschiedensten statuarischen Typen wiedergeben. Dafs Nike besser zu Aphrodite als zu Hera passe, ist wohl kaum zu behaupten und die Blume ist eine Blüte des Granatapfels, dieser aber erscheint als Attribut der berühmtesten Herastatue, des Goldelfenbeinbildes des Polyklet. Zuzugeben ist Wieseler, dafs die in Amastris verehrte Gottheit wohl ursprünglich eine einheimische war, die man bald mit Hera, bald mit Aphrodite identificirte; für die hier abgebildete Münze jedoch mufs an der Deutung auf Hera festgehalten werden. Die auf der Münze wiedergegebene Statue war ein hellenistisches Werk, geschaffen in Anlehnung an die beiden grofsen Götterideale des fünften Jahrhunderts, den Zeus des Pheidias (von ihm die Idee der Nike) und die Hera des Polyklet (allgemeines Stellungsmotiv, Symbol des Granatapfels).

Abg. Overbeck, Kunstmyth., Hera, Münztaf. III Nr. 5. *Brit. Mus. Cat. Cnius, Pontus* Taf. XIX 2—4. Ein Exemplar des Caracalla bei Lenormant, *Nour. Gal. myth.* Taf. XIII Nr. 2. Andere bei Lenormant, *Numism. des rois gr.* Taf. V Nr. 10—12. Dumersan, *Descr. des méd. du Cab. Allier de Hauteroche* Taf. X Nr. 12. — Vgl. Mionnet, *Suppl.* Bd. IV S. 552 Nr. 8. Lenormant a. a. O. S. 83 f. Overbeck a. a. O. S. 123. 125. *Brit. Mus.* a. a. O. S. 84 Nr. 1—3. Imhoof-Blumer, *Monn. grecques* S. 229. Über die statuarischen Typen von Amastris vgl. Numismat. Ztschr. XXIII (J. v. Schlosser).

7 (V 62, d). Chalkis (Euboia). Kupfermünze des M. Aurelius. Berlin,

Kgl. Münzcabinet. Zuerst nach Eckhel, dann nach Wiczay (anderes Exemplar), jetzt nach Overbeck (der für die Abbildung noch ein Exemplar der Sammlung Imhoof-Blumer heranzog).

Vorderseite: AVT KAIC M AVPHΛ ANTWNINOC AV. Kopf des M. Aurelius nach rechts.

Rückseite: XAΛKIΔЄWN. Hera (HPA) sitzt nach links auf einem Sitze, welcher fast wie der delphische Omphalos aussieht, auf dem Apollon bisweilen in Münzbildern sitzt; auf anderen Exemplaren (auch dem Wiener, von dem Wieseler [3. Ausg. dieser Denkm. S. 74] das Gegenteil versichert, nach einer weiteren auf Wieseler's Wunsch durch Conze vorgenommenen Untersuchung) sieht er mehr wie ein Fels aus. Sie sitzt ähnlich wie die Hera des Polyklet (Nr. 4. 5), von der wohl auch diese Figur abhängig ist, mit vorgesetztem linkem und zurückgesetztem rechtem Bein, streckt wie diese die Rechte (mit einer Opferschale) vor und hat auf dem Kopfe ein Kalathosartiges Diadem. Das Haar ist im Nacken kurz aufgenommen; die Göttin ist in ähnlicher Weise bekleidet wie die Hera des Polyklet, nur liegt das Himation nicht auf der linken Schulter auf. Die Linke fafst das Scepter, aber nicht wie bei Polyklet, sondern viel tiefer, mit ganz gesenktem Arme, so

daſs es an der Schulter lehnt. In Chalkis war Hera hoch verehrt, vgl.
Hellanikos b. Steph. Byz. s. v. *Χαλκίς*.

Abg. (verschiedene Exemplare) Eckhel, *Numi aneed.* Taf. X Nr. 20. Panofka,
Ortsnamen I (1840) Taf. I Nr. 12 (beide das Wiener Exemplar). Wiczay, *Mus.
Hedervar.* Bd. I Taf. CIX Nr. 416. 417. Neumann, *Pop. et reg. num. vet. ined.*
Bd. II Taf. III Nr. 1. Overbeck, Kunstmyth., Hera, Münztaf. III Nr. 3. — Vgl.
Mionnet, *Descr.* Bd. II S. 307 Nr. 58. *Suppl.* Bd. IV S. 362 Nr. 79. Eckhel a. a. O.
S. 162. Cavedoni, *Spicil. num.* S. 114 *Ann.* 116. *Bull. Nap.* Bd. III S. 59 (Cavedoni).
R. Förster, Die Hochzeit d. Zeus u. d. Hera S. 11 f. Overbeck a. a. O. S. 123. 125.

8. Die Beschreibung folgt vor Nr. 18.

9. Halikarnassos und Kos, Homonoia-Münze. Kupfermünze des
Caracalla und Geta. München, Kgl. Münzcabinet. Nach Streber.

Vorderseite: ΑΥΤ ΚΑΙ ΑΥ ΑΝΤΩΝΕΙΝΟC *καὶ Π. Σεπτίμιος*
ΓΕΤΑC *σεβαστοί*. Lorberbekränzte Brustbilder des Caracalla (nach
rechts) und Geta (nach links) einander gegenüber.

Rückseite: ΑΛΙΚΑΡΝΑCCΕΩΝ ΚΑΙ ΚΩΩΝ ΟΜΟΝοια, im Abschnitt ΑΡΧ(οντος) ΕΥΦΡΑΝΤΑΚΟΥ Γ. Als Zeichen der Eintracht
beider Städte sind die Hauptgottheiten der beiden Städte neben einander
dargestellt. Als Vertreter von Halikarnassos steht Zeus Askraios, bärtig
(nicht, wie es in der Abbildung scheint, bartlos) in Vorderansicht zwischen
zwei Bäumen, auf deren Wipfel je ein Vogel sitzt; er trägt langen Chiton,
Himation und Strahlenkranz. Kos wird durch Hera vertreten, die ähnlich
auch allein auf Münzen von Kos erscheint. Sie steht nach links gewandt
zwischen zwei Pfauen, die Linke auf ein Scepter stützend (mit gesenktem
Oberarm), in der gesenkten Rechten eine Schale haltend; sie ist mit langem
Chiton und Himation bekleidet, hat das Haar im Nacken aufgenommen und
trägt Diadem und Schleier. Wie der Zeus Askraios, so giebt auch die Hera
zweifellos ein Tempelbild wieder. Weil die Göttin auf einer unter Antoninus
Pius geprägten Kupfermünze von Kos auf einem von zwei Pfauen gezogenen
Wagen fährt, so hat man geglaubt, dies sei auch hier dargestellt; allein der
Augenschein widerspricht offenbar, und man darf wohl annehmen, daſs das
Tempelbild zwischen den Pfauen stand, wie das samische Xoanon (Nr. 2).

Abg. Abh. d. philos.-philol. Cl. d. k. bayer. Akad. Bd. I Taf. IV Nr. 4.
Lenormant, *Nouv. Gal. myth.* Taf. XIV Nr. 15. Overbeck, Kunstmyth., Hera,
Münztaf. III Nr. 6. — Vgl. Mionnet, *Suppl.* Bd. VI S. 498 f. Nr. 312 f. Abh. d.
bayer. Ak. a. a. O. S. 226 ff. (Streber). Overbeck a. a. O., Zeus S. 210 f. Hera
S. 124. 126.

10 (V 64, a). Faustina d. J. Kupfermünze. Nach Lenormant.

Vorderseite: FAVSTINA AVGVSTA. Brustbild der jüngeren
Faustina mit Gewand nach rechts.

Rückseite: IVNONI REGINAE, im Felde S C. Iuno steht ruhig, nach links gewandt, das linke Bein leicht zur Seite gesetzt, mit der Linken das (hoch gefaßte) Scepter aufstellend, in der vorgestreckten Rechten eine Opferschale haltend. Sie ist mit einem langen Gewande bekleidet und mit einem Mantel, der von den Schultern hinten herabhängt; das Haar hat sie in einen einfachen Knoten geschlungen, Diadem oder Schleier sind nicht vorhanden. Zu ihren Füßen steht nach links ein P f a u, den Kopf zurückwendend und zu ihr aufblickend. Den Beinamen Regina führte Iuno als Gemahlin des Iuppiter Rex in der Capitolinischen Göttertrias; doch liegt kein Grund zu der Annahme vor, daß das Münzbild ein statuarisches Vorbild wiedergiebt.

· Abg. Lenormant, *Nouv. Gal. myth.* Taf. X Nr. 5. Cohen, *Méd. imp.* Bd. II S. 598 Nr. 184 f. III¹ S. 147 f. Nr. 130 ff. Zum Typus vgl. Overbeck, Kunstmyth., Hera S. 126 f. Zur Iuno Regina vgl. Preller-Jordan Bd. I S. 65. Roscher, Lexikon Bd. II Sp. 600 (Roscher).

11 (V 59, a). Sabina. Silbermünze. Nach Cohen.

Vorderseite: SABINA AVGVSTA HADRIANI AVG P P. Brustbild der Kaiserin S a b i n a mit Diadem und Zopf nach rechts.

Rückseite: IVNONI REGINAE. Iuno Regina, lang bekleidet, mit einem Mantel über der linken Schulter, der rechts herum nach vorn genommen ist, steht nach links, hält im linken Arm ein Füllhorn und streckt mit der Rechten eine Opferschale vor. Das Füllhorn ist kein Attribut der Iuno Regina; indem es ihr hier gegeben ist, wird angedeutet, daß unter der Iuno Regina hier die Iuno (d. h. der weibliche Genius) der Kaiserin verstanden werde. Der Genius pflegte mit Füllhorn und Schale dargestellt zu werden, vgl. zu Taf. XI Nr. 6.

Abg. Cohen, *Méd. impér.* Bd. VII (Suppl.) Taf. IV. II¹ S. 251 Nr. 45. Danach auch bei Overbeck, Kunstmyth., Hera, Münztaf. III Nr. 11. — Vgl. Cohen a. a. O. S. 133 Nr. 5. Overbeck a. a. O. S. 127.

12 (V 64, e). Lucilla. Silbermünze. Paris, Cabinet des Médailles. Nach Overbeck.

Vorderseite: LVCILLAE AVG ANTONINI AVG F. Brustbild der L u c i l l a nach rechts.

Rückseite: IVNONI LVCINAE. Iuno Lucina steht halb nach links gewandt, langbekleidet, mit Mantel und Schleier; im linken Arme hält sie ein W i c k e l k i n d; die Rechte streckt sie mit der Innenfläche nach oben gekehrt vor. Dieser Gestus ist der alte graeco-italische Gestus der Geburtshilfe, nach dem Glauben, daß die gesenkte oder geschlossene Hand einer bei einer Entbindung anwesenden Person die Entbindung hindere oder doch verzögere, während die offene oder gehobene Hand sie befördere. Iuno Lucina, die Göttin der Entbindung, erscheint seit der jüngeren Faustina auf Münzen römischer Kaiserinnen mit Beziehung auf deren Entbindung; so auch hier bei Lucilla, der Gemahlin des Kaisers L. Verus. Gewöhnlich wird sie sitzend dargestellt, vgl. die folgende Nummer.

Abg. Overbeck, Kunstmyth., Hera, Münztaf. III Nr. 14, vgl. S. 154. Cohen, *Méd. impér.* Bd. III S. 41 Nr. 14. III* S. 218 Nr. 38. Zur Iuno Lucina vgl. Preller-Jordan Bd. I S. 273. Roscher, Lexikon Bd. II Sp. 582 ff.

13 (V 64, b). Lucilla. Kupfermünze. Berlin, Kgl. Münzcabinet. Früher nach Lenormant (Exemplar der Iulia Domna). Neu gezeichnet nach dem Original.

Vorderseite: LVCILLAE AVG ANTONINI AVG F. Brustbild der Lucilla mit Gewand nach rechts.

Rückseite: IVNONI LVCINAE, im Abschnitte S C. Iuno Lucina, lang bekleidet, mit einem Mantel um die Beine, sitzt auf einem Thron mit hoher Rückenlehne nach links. Sie hält im linken Arme ein Wickelkind und in der vorgestreckten Rechten eine Blume. Über die besondere Bedeutung dieser Blume, wahrscheinlich einer Lilie, hat man verschiedene Ansichten geäufsert, ohne dafs eine sichere Entscheidung möglich wäre. — Vgl. auch Nr. 12.

Abg. Lenormant, *Nouv. Gal. myth.* Taf. X Nr. 10. Overbeck, Kunstmyth., Hera, Münztaf. III Nr. 13. — Vgl. Cohen, *Méd. imp.* Bd. III S. 41 Nr. 13. Overbeck a. a. O. S. 154 f. Zur Deutung der Blume vgl. Ovid. *Fast.* III 253 f. V 251 f. Clem. Alex. *Paidag.* II 213. Eckhel, *Doctr. num.* Bd. VII S. 100. 288. 419. Visconti, *Mus. Pio-Clem.* Bd. I S. 5. *Bull. d. Inst.* 1845 S. 70 (Stephani). *Rev. numism.* 1850 S. 177 (Duchalais). Overbeck a. a. O. S. 155 Anm. 8. Preller-Jordan Bd. I S. 273. W. H. Roscher, Stud. z. vergl. Mythol. d. Gr. u. Röm. Bd. II S. 38 f. 46. 92.

14 (V 64, c). Cornelia Supera (römische Kaiserin, wahrscheinlich Gemahlin des Kaisers Aemilianus [253 n. Chr.]). Silbermünze. London, British Museum. Nach *Num. Chronicle.*

Vorderseite: COR SVPERA AVG. Brustbild der Cornelia Supera nach rechts mit Gewand und Diadem, in einem Halbmonde.

Rückseite: IVNONI AVG. Iuno Lucina, mit Bezug auf die Entbindung der Kaiserin hier als Iuno Augusta bezeichnet, sitzt in ähnlicher Weise wie auf Nr. 13 nach links und hält in der vorgestreckten Rechten eine Blume. Dagegen hat sie kein Wickelkind im Arme, sondern hält in der erhobenen Linken einen kugelförmigen Gegenstand, den man für die Weltkugel, in später Zeit auch ein Attribut des Iuppiter, angesehen hat. Da jedoch die Weltkugel als Attribut der Iuno nur in wenigen, nicht sicher beglaubigten Darstellungen vorliegt, so darf man vielleicht eher an einen

Granatapfel denken, obwohl die charakteristische Krone zu fehlen scheint; doch bleibt es zweifelhaft, ob man die Iuno als Lucina deuten darf.

Abg. *Num. Chronicle* N. S. Bd. II Taf. I Nr. 2. Cohen, *Méd. imp.* V² S. 296 Nr. 3.

15. Rom. Denar des Q. Cornuficius, um 46 v. Chr. geschlagen. Paris, Cabinet des Médailles. Nach Overbeck.

Vorderseite: Kopf des Iuppiter Ammon nach links.

Rückseite: Q · CORNV | FICI | AVGVR · IMP. Iuno Sospita, langbekleidet, das gehörnte Ziegenfell über den Kopf gezogen, am linken Arme Schild und Lanze haltend, tritt von rechts her auf den in Vorderansicht stehenden, priesterlich gekleideten und den Lituus haltenden Augur Q. Cornuficius zu, im Begriffe, ihm mit der Rechten einen Kranz auf's Haupt zu setzen. Auf ihrem Schildrand sitzt ein Rabe.

Abg. Lenormant, *Nouv. Gal. myth.* Taf. XIII Nr. 10. Cohen, *Méd. cons.* Taf. XV Nr. 1—3. Overbeck, Kunstmyth., Hera, Münztaf. III Nr. 18. Babelon, *Monn. cons.* Bd. I S. 434 f. Roscher, Lexikon Bd. II Sp. 609. — Vgl. Overbeck a. a. O. S. 160 f. Zur Bedeutung des Raben vgl. Liv. XXIV 10. Zur Iuno Sospita vgl. das zu Taf. XI Nr. 2 Gesagte.

16. Siehe im Abschnitt B. vor Nr. 18.

17 (V 63, b). Rom. Gezahnter Denar *(numus serratus)* des L. Procilius, um 70 v. Chr. geschlagen. Früher nach Lenormant, jetzt neu gezeichnet nach Babelon.

Vorderseite: Kopf der Iuno Sospita, mit dem gehörnten Ziegenfell bedeckt, nach rechts gewandt. Im Felde S C.

Rückseite: Iuno Sospita, mit dem gehörnten Ziegenfell bekleidet, die Lanze schwingend, am linken Arme den Schild haltend, steht auf einem nach rechts sprengenden Zweigespann. Unter den Pferden bäumt sich ihre heilige Schlange empor. Im Abschnitt L · PROCILI · F.

Abg. Lenormant, *Nouv. Gal. myth.* Taf. XIII Nr. 12. Cohen, *Méd. cons.* Taf. XXXV *Procilia* Nr. 2. Babelon, *Méd. cons.* Bd. II S. 386. Roscher, Lexikon Bd. II Sp. 608. — Vgl. Overbeck, Kunstmyth., Hera, S. 160. Cohen a. a. O. S. 274 Nr. 2. Zur Iuno Sospita vgl. das zu Taf. XI Nr. 2 Gesagte. Die Vorderseite war in der früheren Ausgabe auf Taf. V Nr. 63 abgebildet, ist aber jetzt durch ein schöneres Exemplar der Gens Roscia (Nr. 16) ersetzt worden.

18. Siehe im Abschnitt B. vor Nr. 20.

19 (V 66, b). Samos. Kupfermünze. Paris, Cabinet des Médailles. Nach Lenormant.

Vorderseite: Kleiner schmuckloser weiblicher Kopf, wahrscheinlich Hera.

Rückseite: Die Attribute der Hera, ein nach rechts stehender Pfau, an dem ein Scepter lehnt. Der Pfau steht auf einem (in der Abbildung nicht deutlich wiedergegebenen, aber sicheren) Kerykeion; dasselbe kann entweder auf den Handel und Verkehr von Samos oder besser auf Hermes als Töter des Argos (aus dessen Blute der Pfau entstand) bezogen werden. Im Abschnitt ΣΑΜΙΩΝ; im Felde zwei Monogramme.

Abg. Lenormant, *Nouv. Gal. myth.* Taf. XIII Nr. 3. *Brit. Mus., Cat. Coins, Ionia* Taf. XXXVI Nr. 11. — Vgl. Mionnet, *Descr.* Bd. III S. 282 Nr. 160. *Brit. Mus.* a. a. O. S. 369 Nr. 201—208. Über den Pfau auf Münzen von Samos vgl. *Giorn. d. Scari di Pompei N. S.* Bd. II S. 15 f. (E. Brizio). Die Vorderseite war in der früheren Ausgabe auf Taf. IV als Nr. 54 i abgebildet, wurde aber jetzt als unerheblich fortgelassen.

B. Köpfe der Hera.

8. Tenedos. Silbermünze (Zeit 450—387 v. Chr.). London, British Museum. Nach dem britischen Katalog.

Vorderseite: Doppelkopf des Zeus (nach rechts, mit Kranz) und der Hera (nach links, mit Diadem und Ohrring), beide in schöner, edler Auffassung.

Rückseite: TENE ΔΙΟΝ. Doppelaxt, links Weintraube, rechts Kithara.

Abg. *Brit. Mus., Cat. Coins, Troas* Taf. XVII Nr. 10. — Vgl. Mionnet, *Descr.* Bd. II S. 673 Nr. 266 ff. Overbeck, Kunstmyth., Zeus S. 108 zu Münztaf. I Nr. 45.

16. Rom. Gezahnter Denar *(numus serratus)* des Münzmeisters L. Roscius Fabatus (um 64 v. Chr.). Nach Cohen.

Vorderseite: L·ROSCI. Kopf der Iuno Sospita nach rechts; das gehörnte Ziegenfell ist wie ein Helm über den Kopf gezogen. Links im Felde als Beizeichen eine Wage.

Rückseite: FABATI. Ein nach rechts stehendes Mädchen füttert eine vor ihr aufgerichtete Schlange. Im Felde als Beizeichen ein Diptychon.

Abg. Cohen, *Méd. cons.* Taf. XXXVI Nr. 1. Overbeck, Kunstmyth., Hera, Münztaf. III Nr. 19. 20. Babelon, *Méd. cons.* Bd. II S. 402 Nr. 1. Roscher, Lexikon Bd. II Sp. 609. — Vgl. Cohen a. a. O. S. 278 f. Nr. 1. Overbeck a. a. O. S. 160.

18 (V 64). Rom. Denar des Münzmeisters T. Carisius (um 49 v. Chr.). Nach Cohen.

Vorderseite: MONETA. Kopf der Iuno Moneta mit eigenartiger Haartracht: das sorgfältig geglättete Haar ist rings um eine Binde gewickelt, so daß nur am Halse und vor den Ohren jederseits ein Löckchen herabhängt. Die auf dem Capitolium verehrte Iuno Moneta, wie es scheint, eine Göttin der Frauen und der Ehe, gab der benachbarten Münzstätte den Namen.

Rückseite: T· CARISIVS.　Darunter Ambos, Hammer, Zange und bekränzter Pileus, darüber ein Olivenkranz. Man hat früher die Geräte für die zur Münzprägung gebrauchten angesehen, speciell den Pileus für einen Münzstempel, doch sind vielmehr die Attribute des Vulcan zu erkennen, die als solche natürlich auch mit der Münzprägung in Verbindung stehen.

Abg. Cohen, *Méd. cons.* Taf. X, *Carisia* Nr. 7. Lenormant, *Nouv. Gal. myth.* Taf. XIV Nr. 5. Overbeck, Kunstmyth., Hera, Münztaf. II Nr. 48. Roscher, Lexikon Bd. II Sp. 613 (J. Vogel). Babelon, *Méd. cons.* Bd. I S. 314 Nr. 1. — Vgl. *Ann. d. Inst.* Bd. XXXI (1859) S. 407 f. (J. Friedländer). Cohen a. a. O. S. 77 Nr. 7. Göttinger Nachr. 1872 Nr. 7 (F. Wieseler). Arch. Ztg. Bd. XXIX (1871) S. 162 f. (J. Friedländer). Bd. XXX (1872) S. 69 f. (F. Wieseler). Roscher a. a. O. Sp. 592 ff. (Roscher). Daremberg-Saglio, *Dictionn. des antiq. gr. et rom.*, Liof. 25 S. 403 (P. Couvreur).

20. Samos. Kupfermünze (Zeit 394—365 v. Chr.). London, British Museum. Nach dem britischen Katalog.

Vorderseite: Kopf der Hera nach links, mit Halsband und Ohrring. Die Haare sind rings um den Kopf aufgerollt; vor dem Ohr kräuselt sich ein Löckchen, in den Nacken fallen kurze Locken. Im Haar liegt eine mit Kreisen (Rosetten?) verzierte Stephane.

Rückseite: Kopfhaut eines Löwen.

Abg. *Brit. Mus.*, *Cat. Coins*, *Ionia* Taf. XXXV Nr. 18. — Vgl. Mionnet, *Suppl.* Bd. VI S. 410 Nr. 154. Vgl. auch die Gemme Taf. X Nr. 3.

21. Chalkis auf Euboia. Silbermünze (Triobolon). Nach Overbeck.

Vorderseite: Reich geschmücktes Brustbild der Hera in Vorderansicht, mit Andeutung des Gewandes. Das Haar ist über der Stirn gescheitelt und die auf die Schulter fallenden Locken mit Perlschnüren durchflochten. Der Kopf wird bekrönt von einem Strahlendiadem mit abwechselnd kürzeren und längeren Strahlen, die oben knopfartig enden (Perlen? Blüten?).

Rückseite: ΧΑΛ. Vorderteil eines Schiffes. Unten ΘΑΡΣΙ (Beamtenname).

Abg. Overbeck, Kunstmyth., Hera, Münztaf. II Nr. 47. — Vgl. Mionnet, *Descr.* Bd. II S. 304 Nr. 30. *Suppl.* Bd. IV S. 359 f. Nr. 56. 65—68. Overbeck a. a. O. S. 103. 106.

22 (IV 54, f). Samos. Kupfermünze. Winterthur, Sammlung Imhoof-Blumer. Nach Imhoof-Blumer.

Vorderseite: ΣΑμίων. Kopf der Hera nach rechts, mit ähnlicher Frisur wie auf Nr. 20, einer niedrigen Stephane im Haar und einem mit Perlen geschmückten Halsbande.

Rückseite: Kopfhaut eines Löwen, darunter der Beamtenname ΑΡΙΣΤΟΜΑχος.

Abg. Imhoof-Blumer, *Choix de monn. gr.* Taf. IV Nr. 125. Overbeck, Kunstmyth., Hera, Münztaf. II Nr. 4. — Vgl. Mionnet, *Descr.* Bd. III S. 282 Nr. 155 f. Overbeck a. a. O. S. 101 ff. Vgl. die Gemme Taf. X Nr. 3.

23. Alexandreia. Billonmünze des Nero. London, British Museum. Nach dem britischen Katalog.

Vorderseite: ΝΕΡΩ ΚΛΑΥ ΚΑΙΣ ΣΕΒ ΓΕΡ ΑΥ. Brust-bild des Nero mit Aigis und Strahlenkranz nach links.

Rückseite: ΗΡΑ ΑΡΓΕΙΑ. Brustbild der Hera Argeia nach rechts; sie hat über den Hinterkopf einen Schleier gezogen und trägt im Haare ein schmales Diadem; die Gesichtszüge haben etwas Porträthaftes. Im Felde Stern.

Abg. *Brit. Mus., Cat. Coins, Alexandria* Taf. I Nr. 133. — Vgl. Head, *Hist. Num.* S. 719.

24 (Bd. I Taf. XXX Nr. 132). Argos. Didrachmon (Zeit zwischen 421 und 350 v. Chr.). Nach Cadalvène.

Vorderseite: Jugendlich schöner Kopf der Hera nach rechts, mit auf-gelöstem Haar, welches in zierlichen Wellen in den Nacken fällt. Die Göttin trägt ein Perlenhalsband und auf dem Kopfe einen hohen, Kalathos-artigen Stephanos, der seitlich mit Ranken und Palmetten, oben mit Perlen verziert ist. Man hat früher angenommen, die Münze gebe das berühmte Goldelfen-beinbild des Polyklet wieder; dies kann jedoch nicht richtig sein, da die Hera des Polyklet nach Ausweis sicherer Nachbildungen (s. o. Nr. 4) das Haar nicht offen, sondern hinten aufgenommen trug.

Rückseite: ΑΡΓΕΙΟΝ. Bukranion, mit Wollbinden behängt, zwischen zwei Delphinen.

Abg. Cadalvène, *Rec. de méd. grecques* Taf. III Nr. 1. Mionnet, *Suppl.* Bd. IV Taf. VII Nr. 4. Millingen, *Anc. coins of gr. cities and kings* Taf. IV Nr. 19. Fox, *Gr. coins* Bd. I Taf. IX Nr. 99. Lenormant, *Nouv. Gal. myth.* Taf. XI Nr. 4. *Brit. Mus., Cat. Coins, Pelop.* Taf. XXVII Nr. 9. 11. Overbeck, Kunstmyth., Hera, Münztaf. II Nr. 6. — Vgl. Cadalvène a. a. O. S. 193. Mionnet, *Suppl.* Bd. IV S. 306 f., Nr. 68 ff. (fälschlich einem Argos auf Kreta zugeteilt). Millingen a. a. O. S. 62. Overbeck a. a. O. S. 101 ff.

25 (IV 54, d). Knosos. Silbermünze. Winterthur, Sammlung Im-hoof-Blumer. Neu gezeichnet nach Svoronos.

Vorderseite: Kopf der Hera nach links, geschmückt mit einem hohen, mit Palmetten und Blüten verzierten Stephanos. Sie trägt ein Perlenhalsband und Ohrgehänge, die nicht sehr langen Haare flattern stark bewegt nach hinten. Sehr verwandt der vorigen Nummer.

Rückseite: ΚΝΩΣΙΩΝ, darüber geradlinig quadratisches Laby-rinth. Im Felde links Α und eine Pfeilspitze, rechts Ρ und ein Blitz.

Abg. J. N. Svoronos, *Numism. de la Crète* Taf. VI Nr. 6, vgl. S. 73. Andere Exemplare: Combe, *Mus. Hunter* Taf. XVIII Nr. 12. *Brit. Mus., Cat. Coins, Crete* Taf. V Nr. 11, vgl. S. 21 Nr. 24 f. Combe, *Num. Mus. Brit.* 165 Nr. 4. Head, *Guide* Taf. 23 Nr. 39. P. Gardner, *Types of Gr. Coins* Taf. IX Nr. 23.

26 (Bd. I Taf. XXX Nr. 133). Elis. Silbermünze. Nach Stanhope.
Ende des 5. Jahrhunderts v. Chr.

Vorderseite: FA. Kopf der Hera nach rechts, mit kurzem Haar, in
dem ein mit Palmetten verzierter Stephanos liegt.

Rückseite: Adler, nach rechts mit geschlossenen Flügeln, steht
zurückblickend in einem Olivenkranz.

Abg. Stanhope, *Olympia*, letzte Tafel Nr. 9. *Brit. Mus.*, *Cat. Coins*, *Pelop.*
Taf. XIV Nr. 1. — Vgl. Mionnet, *Suppl.* Bd. IV S. 177 Nr. 23. *Brit. Mus.* a. a. O.
S. 68 Nr. 94.

27 (Bd. I Taf. XXX Nr. 134). Plataiai. Silbermünze. Paris, Cab. des
Médailles. Nach Landon.

Vorderseite: ΓΛΑ. Kopf der Hera nach rechts mit aufgenommenem
Haar und einem hohen, mit Palmetten verzierten Stephanos.

Rückseite: Böotischer Schild.

Abg. Landon, *Numismatique du Voyage du jeune Anacharsis* Taf. 25. Mionnet,
Suppl. Bd. III Taf. 16 Nr. 10. *Brit. Mus.*, *Cat. Coins*, *Central Greece* Taf. IX Nr. 3.
Overbeck, Kunstmythol., Hera, Münztaf. II Nr. 11. — Vgl. Mionnet, *Descr.* Bd. II
S. 107 Nr. 82. *Brit. Mus.* a. a. O. S. 58 Nr. 1. Overbeck a. a. O. S. 101. 103 f.

28 (Bd. I Taf. XXX Nr. 135, b). Kroton. Silbermünze. Neapel,
Museo Nazionale. Nach *Museo Borbonico.*

Vorderseite: Kopf der Hera Lakinia in Vorderansicht, mit flattern-
dem Haar, Halsband und hohem Stephanos, der mit alternirenden Palmetten
und Greifenvorderteilen geschmückt ist.

Rückseite: Bellerophon auf dem Pegasos aus der Höhe die
Chimaira bekämpfend.

Abg. *Mus. Borb.* Bd. VI Taf. 32 Nr. 10. Ähnliche Münzen von Kroton abg.
Overbeck, Kunstmyth., Hera, Münztaf. II Nr. 43. 44. — Vgl. Mionnet, *Descr.* Bd. I
S. 191 Nr. 870. *Suppl.* Bd. I S. 340 Nr. 988. *Brit. Mus.*, *Cat. Coins*, *Italy* S. 353
Nr. 88. Zur Hera Lakinia vgl. Overbeck a. a. O. S. 152 f. Roscher, Lexikon
Bd. I Sp. 2086.

29 (Bd. I Taf. XXX Nr. 135, a). Pandosia. Silbermünze. London,
British Museum. Nach Combe.

Vorderseite: Kopf der Hera Lakinia in Vorderansicht, mit flattern-
dem Haar, Halsband und hohem Stephanos, an dem Palmetten und Ranken
angebracht sind.

Rückseite: ΓΑΝΔΟΣΙ. Pan, nackt, sitzt nach rechts auf einem
Felsen. Jederseits ein aufspringender Hund. Im Hintergrunde lehnen
zwei Speere. Im Felde NIKO.

Abg. Combe, *Numi Mus. Brit.* Taf. III Nr. 26. *Brit. Mus.*, *Cat. Coins*,
Italy S. 371 Nr. 3. Vgl. auch die vorige Nummer.

30 (IV 54, e). Kromna (Paphlagonien). Silbermünze. Früher nach
Lenormant, jetzt nach Overbeck.

Vorderseite: Bekränzter Kopf des Zeus nach links.

Rückseite: KPΩMNα, im Felde Κ. Kopf der Hera nach links. Das Haar der Göttin ist im Nacken aufgenommen, unter dem Halse wird der obere Rand ihres Gewandes sichtbar; sie trägt Ohrringe und einen hohen, nach Art einer Mauerkrone mit zinnenförmigen Aufsätzen versehenen Stephanos, der aufsen in abgeteilten Feldern abwechselnd mit Rosetten und Palmetten verziert ist. Über dem Kopfe im Felde ein Hakenkreuz. Die Deutung des Kopfes auf Hera ist bestritten; wegen der Mauerkrone hat man an eine Stadtgöttin oder Tyche der Stadt Kromna gedacht. Allein die Vergleichung mit Nr. 24—29 spricht entschieden für Hera, ebenso die Verbindung mit Zeus auf der Vorderseite. Wegen der Svastika, an deren Stelle als Beizeichen auch der Halbmond vorkommt, erklärte Wieseler den Kopf für die bald mit Hera, bald mit Aphrodite identificirte Astarte, die auch mit der Mauerkrone geschmückt erscheint; doch ist die Svastika eben nur ein Beizeichen, das für die Deutung des Kopfes nicht in Betracht kommt.

Abg. Pellerin, *Recueil de Méd.* Bd. II Taf. XL Nr. 6. Lenormant, *Nouv. Gal. myth.* Taf. XI Nr. 10. *Brit. Mus.*, *Cat. Coins, Pontus* Taf. XXI Nr. 2. Overbeck, Kunstmyth., Hera, Münztaf. II Nr. 33. — Vgl. Mionnet, *Descr.* Bd. II S. 396 Nr. 54 f. Numism. Ztschr. Bd. II (1870) S. 304 (P. L. Sibilian). Overbeck a. a. O. S. 106.

31 (IV 54, a). Bruttium. Silbermünze. Nach Lenormant.

Vorderseite: Kopf der Hera nach rechts, im Haar eine Stephane, von der ein Schleier nach hinten herab hängt. Im Hintergrund, schräg über die linke Schulter gelegt, ein Scepter. Im Felde als Beizeichen eine Biene; die Beizeichen wechseln, es kommen noch vor: Amphora, Krater, Bukranion, Delphin. Wegen der Beizeichen (die jedoch mit dem Typus nichts zu thun haben) zweifelt Cavedoni an der Deutung auf Hera; R. St. Poole und F. Imhoof-Blumer deuten im Hinblick auf die Rückseite den Kopf als Amphitrite, letzterer mit Angabe von (unzureichenden) Gründen. Während für Amphitrite ein derartiger Typus unbekannt ist, kommen Schleier und hohe Stephane als charakteristische Kennzeichen des Herakopfes in den verschiedensten Zeiten so häufig vor, dafs die Deutung Hera gegen jeden Zweifel gesichert bleibt.

Rückseite: BPETTIΩN. Poseidon steht nach links, mit dem rechten Fufs auf das Capitell einer ionischen Säule hoch auftretend, die erhobene Linke auf den Dreizack gestützt, den rechten Arm vorgebeugt auf den rechten Oberschenkel legend. Im Felde ein fliegender Adler, in seinen Fängen einen Kranz haltend.

Abg. Lenormant, *Nouv. Gal. myth.* Taf. X Nr. 3. Overbeck, Kunstmyth., Hera, Münztaf. II Nr. 34. — Vgl. Mionnet, *Descr.* Bd. I S. 180 Nr. 767 ff. Millingen, *Considérations sur la num. de l'anc. Italie* S. 99. Friedländer-v. Sallet, Das Kgl. Münzkab. Nr. 549. Carelli, *Num. Ital. vet.* S. 94 Nr. 15 (Cavedoni). *Brit. Mus., Cat. Coins, Italy* S. 320 f. Nr. 9—14 (R. St. Poole). Overbeck, Kunstmyth., Poseidon S. 404 Anm. 38 (Imhoof-Blumer).